刘邦

汉民族文化的伟大开拓者

洪亮亮◎著

中国言实出版社

图书在版编目（CIP）数据

刘邦：汉民族文化的伟大开拓者／洪亮亮著. —
北京：中国言实出版社，2014.5
ISBN 978-7-5171-0556-5

Ⅰ.①刘… Ⅱ.①洪… Ⅲ.①汉高祖（前 256～
前 195）–人物研究 Ⅳ.①K827=341

中国版本图书馆 CIP 数据核字（2014）第 082909 号

责任编辑：郭江妮

出版发行 中国言实出版社
　　　　　地　址：北京市朝阳区北苑路 180 号加利大厦 5 号楼 105 室
　　　　　邮　编：100101
　　　　　编辑部：北京市西城区百万庄大街甲 16 号五层
　　　　　邮　编：100037
　　　　　电　话：64924853（总编室）　64924716（发行部）
　　　　　网　址：www.zgyscbs.cn
　　　　　E－mail：zgyscbs@263.net
经　　销 新华书店
印　　刷 北京毅峰迅捷印刷有限公司
版　　次 2014 年 7 月第 1 版　　2024 年 1 月第 2 次印刷
规　　格 710 毫米×1000 毫米　1/16　19.5 印张
字　　数 221 千字
定　　价 58.00 元　ISBN 978-7-5171-0556-5

前　言

　　汉高祖刘邦是中国历史上极富有争议的皇帝之一，他的故事为人们所津津乐道。在表扬刘邦的人眼里，刘邦以一布衣起于乱世，手提三尺剑，最终能拥有天下，可谓雄才大略。在批评刘邦的人眼里，刘邦危险的时候抛儿弃女，贪生怕死；老父亲要被项羽拿去炖汤的时候，他能喊出"给我留一碗"，不要脸到极致；拿敌人没办法，天天只会跑去问张良"为之奈何"，可谓无能。

　　刘邦究竟是英雄还是流氓？千百年来人们争论不休。但是任何人都无法否认一个事实，那就是刘邦是中国历史上"从平民到皇帝"的第一人！

　　没有显赫的家世可以炫耀、没有良好的教养可以凭借、没有过人的武功和出众的学识，刘邦不正是千千万万普通人的真实写照吗？我们是否可以说，刘邦的案例似乎说明"成功有捷径"？我们不需要勤奋学习，我们不需要刻苦练习，我们不需要受到礼貌教养的束缚？

不！成功从来都没有捷径！

刘邦白手起家，辛苦创业，努力拼搏，创立了中国历史上一个强盛帝国的两百年基业，这岂是凭"侥幸"可以取得的？我们今天对刘邦有种种误会，是因为我们往往对他"耍流氓"的"生动"场面印象深刻，却没注意到他在不经意间展示出的勇担责任、待人真诚、善于学习、知人善任等诸多优秀的内在品质。这些内容无法通过粗浅的阅读得出，需要静心挖掘方能收获。

本书就是要在大家耳熟能详的刘邦故事中挖掘出一个不一样的刘邦。这个刘邦既不是圣人，也不是流氓，他同我们千千万万的普通人一样，有喜、有怒、有哀、有乐，有七情六欲，也会偏心，也曾任性，但是平凡中却透露着不平凡，这就是刘邦。

一点说明：

秦朝以十月为岁首，也就是说每年的第一个月就是十月份。举个例子，《史记》记载：秦始皇三十七年十月，秦始皇出游；秦始皇三十七年七月，秦始皇病死沙丘。这不是时光倒流，而是秦代的历法就是这么编排的。为了防止调整过程中发生错讹，笔者直接按照史书描述的年月进行叙述，广大读者需要注意。掌握这个时间顺序不难，读者只要注意每一年的九月份后就是第二年的十月份，就对了。

洪亮亮

目　录

1
从浪荡少年到优秀公务员

浪荡少年

刘邦的出生

公元前 256 年，刘邦出生在今天江苏省丰县——那时候叫丰邑的一户普通农民家庭。刘邦的父亲叫刘煓，也叫刘执嘉，后人尊称为刘太公，其母亲被后世尊称为刘媪。刘邦称帝后，刘太公被尊封为太上皇，他母亲已死，被追封为昭灵夫人，吕后执政时期又被加尊称为昭灵后。

刘邦有两个哥哥和一个姐姐。刘家的三个儿子其实都没正经名字，两个哥哥的名字分别叫刘伯和刘仲，其实就是刘大、刘二。刘邦姐姐的名字现在已经搞不清楚了，只知道她后来被追封为昭哀后。刘太公给刘邦起名刘季，按照古代"伯仲叔季"的排名，也就是刘四的意思。"邦"则是刘邦发达后给自己改的"贵"名字，他的本名就是刘季。用直白点的话讲就是：丰邑的刘大爷家生了个叫刘四的娃。

和刘邦同日出生在丰邑中阳里（中阳社区）的是一个叫卢绾的孩子。当时，整个中阳里都轰动了，人们买来羊和酒，为这两个新生命祈福。欢庆的人群里，谁也不会想到其中一个孩子在五十四年后会成为这片土地的最高统治者。

刘太公在刘邦出生后不久又娶了一个女人。刘邦称帝后，他的这个小妈依然健在，刘邦就封她为太上皇后。这个新来的女人给刘邦带来了一个异母弟弟刘交。

刘邦的家庭只能算中等，但和睦温馨的家庭、平淡朴实的生活，给了刘邦一个颇为幸福的童年。刘邦、卢绾、刘交三人岁数接近，构成了一个玩乐的"铁三角"。三个人从小一直玩到大，感情非常醇厚。因为刘邦的母亲没文化，刘邦幼年似乎没有受到太严格的教育，有种放任自流的感觉。而刘交受到的管教则很严，长大后还接受了"高等教育"，一度求学于荀子学派的学者浮丘伯。

偶像信陵君

刘邦推翻秦朝建立汉朝，有人就据此认为刘邦生于秦朝，其实，刘邦出生时的秦还只是秦国，还没有统一天下，所以，刘邦是生于战国末期。

从刘邦出生的秦昭王五十一年（公元前256年）到秦王嬴政二十三年（公元前224年）秦军攻占刘邦的家乡之前，这32年间，丰邑和后来刘家迁居的沛县（今江苏沛县）都是属于楚国的领土。刘邦出生时实际上是战国时代的楚国人，他是以楚国人身份长大的。

刘邦作为楚国人，在家乡度过了一段无忧无虑的童年时期和颇为浪荡的青年时期。这期间楚国和秦国的战争形势日益紧张，前线不断传来坏消息，楚国屡战屡败，秦军日益逼近。刘邦见到许多儿时的玩伴被征发到前线后就没再回来。

刘邦出生在地道的农民家庭，假如出生在社会阶层固化的时代（比如西周），农民的儿子只能当一辈子的农民，但战国时代则不一定了。

战国时代是个动荡的时代，也是个思想空前活跃的时代。出生在这样一个时代的普通人是不幸的，但是对强者而言却是幸运的。因为这个时期列国争雄、百家争鸣，一切都没有标准答案，只有强者才能得到崇高的荣誉。

战国时代，国与国之间的竞争非常激烈。各国都将争取人才作为国家战略的重中之重。公元前三世纪最缺的是什么？人才！只要你是人才，哪怕只出一个"金点子"，国君也会把你当宝贝供起来。有理想的少年刘邦根本不愿意在家里"修理地球"，他想闯出去。

这是个自由和奋进的时代，社会允许刘邦做梦。他从出生起就听到各类英雄人物（孙子、吴起、孙膑、庞涓等）的传奇传说，这让他欣然神往。而最令他神往的人物就是魏国的信陵君。同其他传说中的英雄人物不同，信陵君是现实中就存在的英雄，他就生活在刘邦的家乡往西一百七十公里外的大梁（今河南开封）城内。

信陵君叫魏无忌，是魏安厘王的异母弟。因安厘王元年（公元前276年）被封于信陵（今河南宁陵县），所以后世皆称其为信陵君，与齐国的孟尝君田文、赵国的平原君赵胜、楚国的春申君黄歇并称战国四公子。信陵君礼贤下士，声名远扬，列国的人才都争相前去投奔他。

信陵君最为声名远扬的举动是"窃符救赵"。在刘邦出生前四年，秦赵爆发了长平之战，赵国精锐尽失，秦国统一天下的趋势已经非常明显了。刘邦出生前一年，秦军挟长平之战胜利的余威包围了赵都邯郸。信陵君"窃符救赵"，将魏军主力骗到手，和赵国、楚国、韩国通力合作，一举击退秦军。十年之后，秦军大举进攻魏国，魏安厘王紧急召回当时流亡赵国的信陵君。信陵君凭借自己的威望，获得各国的有力支持，统帅赵、魏、韩、楚、燕五国联军破秦军于河外，追击秦军至函谷关，秦军不敢出。信陵君几乎凭一己之力迟滞了秦国统一的步伐。

信陵君这样一位集谦、仁、信、义、智于一身的人物，必定在列国间被传颂，街坊巷间谈论不休。刘邦小时候深受浸润，与伙伴谈得眉飞色舞，崇拜之情溢于言表。

战国时有一种风尚叫"养食客"。能当"食客"，说明你有价值，并不是一件羞耻的事情。食客中有一种以功夫见长的，叫"游侠"，游侠也叫"任侠"，任侠恣意妄为，为了所谓的"友道"，目无法律，不顾一切。在乱世，这当然很"酷"，血气方刚又不知天高地厚的少年很有激情从事这种活动，如同今日影视剧里的"古惑仔"。韩非子却大骂游侠："受人请托，把亡命的罪人匿藏起来，这是抗拒法律的死罪啊。可是世人却说他有'任侠气'。"史书记载，刘邦"喜施，意豁如也。常有大度，不事家人生产作业"。这就是"任侠气"的体现，应该说，在战国秦汉之际，国民有重义轻生的风气，政府很头疼。

在刘邦看来，成为信陵君门客，追随信陵君，成就一番事业完全是一件可以触碰的梦想。游侠梦是刘邦童年时代一个挥之不去的美好梦想。但是事实上食客并不好混，因为吃人家的嘴短，吃人家就要拿出东西来，而往往要拿出来就是你的命。刘邦这种无产阶级供应"命",信陵君这种大贵人花钱买"命",基本的生态关系就是这样。此时思想还幼稚的刘邦对这并没有充分的认识,他以时代的有为青年自居,对食客生活充满了一种梦幻感,一心想要进入食客阶层。

面对刘邦这种幼稚的想法,刘太公又气又急,总教育刘邦要以他二哥为榜样,做一个勤劳踏实的农民,但生性顽皮又缺乏母亲管教的他根本听不进去。

少年的追梦之路

刘邦十四岁那年,他还没来得及去追寻他心目中的偶像,一个令他震惊的消息就传来了:信陵君去世了。刘邦当时的反应无据可考,但料想此时的刘邦应该会伤心大哭一场。

十七岁那年,热血青年刘邦终于成年了,他终于可以走出家乡,去追逐那年少轻狂的梦想了。怀揣着梦想和激情,憧憬着年少时无知的"追星幻想",刘邦离开他的家乡,投身到这个风起云涌的时代,成为这千千万万赶时髦的浪荡"游侠"之一。

当时,仍然青涩的刘邦就这样"上道"了。他集合了一群和他一样的少年,大抵有卢绾、周绁、奚涓、纪信这些人,拜了当时沛县"豪桀(黑社会大佬)"之一的王陵做大哥,正式开始"闯江湖"。偶像信陵君已经去世了,但是在离丰邑一百五十公里外的外黄(今河南民权县西北)出了个名人,也在招养食客。

这个名人叫张耳,是大梁人,曾经做过信陵君的门客。信陵君卒后,作为食客的他失去依托,流落到外黄,当时外黄有一位"白富美",恰好丈夫去世,她听过张耳的名声,就嫁给他。张耳财色兼收,就利用老婆家的财富,也模仿信陵君收养门客。

爱屋及乌的刘邦不辞辛苦,风尘仆仆地几次前往外黄去投奔这位名人。那时候没有汽车,交通基本靠腿,刘邦跑一趟外黄要走几天几夜，风餐露宿，也不是件享受的事情。

对刘邦而言，由于信陵君的早逝，他很遗憾没能亲眼目睹信陵君的风采，但能认识当年曾经侍奉过信陵君的张耳应该也是件能让刘邦寥以自慰的事情吧。而找到一家主君当食客应该也是他懂事以来魂牵梦绕的一个梦想，虽然他投奔的主君不是他心目中的信陵君。

张耳经过包装运作后，名气越来越大，还当了魏国的外黄令（相当于今天的外黄县长兼县委书记）。这个时期的张耳春风得意，情场、财场、官场场场得意，当时的他大概不会太注意到在他门下蹭饭吃的一个叫刘季的少年吧？

刘邦既然踏入黑社会，惹是生非那是少不了的。虽然今天我们已经查不到当年刘邦犯事的案底，但我们还是知道他闯的祸是不少的。刘邦还有好几次出事了，被迫外逃去躲风头，铁哥们卢绾也陪着他东躲西藏。

有一次，刘邦犯事了，被人追捕，有个叫单父圣的人向他提供了一匹马，使他得以逃脱，后来刘邦称帝，还因为这件事向他报恩。那时单父圣的举动也是异常的豪迈，当时一匹马的价值是很高的，可以抵得上一辆小排量汽车。

刘邦为了充老大，还时常带着小兄弟们到大嫂（刘伯妻）家里蹭饭吃。刚开始，大嫂客客气气地对待小叔子和他那帮狐朋狗友，但时间长了也烦。刘伯早死（刘伯谥号武哀，极可能是被抽壮丁拉上前线战死的），剩下她们孤儿寡母过日子本来就艰辛，小叔子又不体谅，刘家大嫂就想了个办法。

一天，刘邦又带着那帮小兄弟来大嫂家蹭饭，还没进家门就听见家里传来"唰唰唰"的刮刷锅底的声音，小兄弟们一听就明白，锅都洗了，还有饭吃吗？纷纷找借口告辞，刘邦当时的脸色红得像猪肝一样。朋友走后，他冲进厨房一看，锅里还是有羹的，才明白刚才大嫂是故意刷锅来轰赶他的朋友。两人有没有大吵一架史书上没记载，但刘邦确实为这事记恨了一辈子。

三十多年过去了，昔日的江湖游侠刘季已经变成大汉国的皇帝，然而皇帝依然对这事耿耿于怀，就是不肯给侄儿刘信（刘伯子）封侯。最后在刘老太公求情下才给刘信封了个侯，但也没好好封个侯，故意封了他一个"羹颉侯"让他难堪。"羹颉"就是拿勺子铲锅底的意思，特别纪念刘信老妈当年用这个办法轰走刘邦。这种事让人觉得刘邦实在调皮得很，当了皇帝还这么想不开。不过，刘邦封他大嫂为阴安侯，倒是没有刷锅底的意思。

公正地说，刘邦这事办得不厚道。大哥去世，大嫂孤儿寡母的生活很不容易，但刘邦自己"不事家人生产作业"，没有经济来源却要在朋友面前充胖子，把难题抛给了大嫂，为难大嫂。这些行为表明，这一阶段的刘邦心智依然是不成熟的，他是个很平凡很普通的叛逆期少年，青年人在那个阶段所应具有的毛病他样样俱有，并不出奇。

通过这些有限的事迹，我们大体可以勾画出一个青年刘邦的形象。

从十七岁傅籍（成年）到三十岁出头这段时间，青年刘邦模仿游侠，呼朋引伴，带着几个小弟兄在外黄和沛县之间的广大区域内游荡、交友、不事产业、挥霍大好青春。有青年人的冲动和浮躁，做了很多傻事，碰了很多次壁，多次逃亡。他学习江湖道义，混江湖习惯，不过混了多年的他身边依然只有几个死党，他没混出头来，仍只是江湖中最低层次的马仔（稍微高端点的应该是王陵、雍齿等，更高端的应该是张耳、项梁）。

刘邦虽然没有混出个样子，但是在这个行走江湖的历程中，刘邦饱尝人情冷暖，学会为人处世，培养出了一种大方豁达和重情讲义的性格。比起项羽和韩信，刘邦无疑更能体谅人、理解人。这些经历成为他日后人生的一笔巨大财富。

刘邦成功的第一条理由就是他丰富的江湖人生经历，刘邦可以理解他人的苦处，可以体贴他人的辛苦，也许有时候说话的方式不太文明，但最终还是能取得别人的认可。相比之下项羽和韩信早年的人生是扭曲和不幸的，因而他们两人在与别人相处上就显得有些偏执，也难以获得他人的认可，最终统统败下阵来。

项羽的出生

提到刘邦就不能不提项羽。秦王嬴政十五年（公元前232年），距离丰邑150多公里外的楚国下相（今江苏省宿迁市）诞生了一个男婴，重瞳子（眼睛里有两个瞳孔），天生异相，据说舜帝也是这样，这个婴儿就是项羽。只是这一年刘邦已经25岁，在江湖上都漂泊了七八年了。

由于刘邦和项羽总是交织在一起，很多人都误以为他们是同一代人。其实刘邦大了项羽24岁，差了整整一代，足够当项羽叔叔了。年龄的差异也是刘邦和项羽今后行事、做人风格巨大差别的一个起点。

项羽出生的公元前232年虽然也属于战国时期，但局面已经更加恶化了，楚国风雨飘摇。项羽八岁那年，他爷爷项燕干了件很威风的事情，大败秦将李信指挥的二十万秦军。但是第二年，秦国名将王翦带来了六十万秦军，项燕兵败逃亡，楚王负刍被俘，楚国灭亡。失利后的项燕不甘亡国，秘密组织爱国民众发动复国起义并一度占据楚都寿春（今安徽寿县），但于次年失败，自杀。

也就是说，从项羽懂事起楚国就不存在了，战国时代纵横睥睨的游侠游士的江湖浪漫传说并未进入他的脑海，他有的应该是国亡家破的刻骨铭心的仇恨。楚国灭亡后，项羽跟随叔叔项梁四处流亡，备尝艰辛。

项梁颇有才干，青年项羽一直在项梁的庇护下生活，这反倒让项羽缺乏与人交往的经验。项羽既缺乏人际交往经验又有国仇家恨的长期灌输，再加上十余年的颠沛流离，可以想象项羽很容易产生性格上的偏执和扭曲："我们为什么活得这么艰难？都是秦国人带给我们的！"刘邦虽然年少轻狂，懵懵懂懂混黑社会碰了十几年的墙壁，但好歹一步一个脚印认清了社会和人，人格一步步健康起来。

到了楚汉战争时期，项羽二十几岁，刘邦已经五十多岁了。当我们看项羽的所作所为，总是感受到他年轻人的心直口快，刘邦则显示了老年人的老辣沉稳，这种年龄和阅历上的差距是无法弥补的，也为项羽最后的失败埋下了一个伏笔。

优秀公务员

浪子回头

在刘邦流连于他的游侠食客生涯的时候，一个巨大的黑影从西边扑了过来，这就是强大的秦国军团。自商鞅变法以来，秦国就一跃成为强国。

对游侠们而言，秦国的到来就是他们游侠梦的终结。以前关东六国对"游侠"的压制是不成功的，因为国与国交界处有很多管理的薄弱环节，同时政府决策层的很多人都养食客，并不讨厌游侠。政府很难有效压制游侠。

秦政府则不同，奉行"军国主义"，作风朴素，讲求实效，管理上整齐划一，不给游侠活动空间。每当秦军占领新的土地，他们就会将土地、人口纳入秦政府的管理体系，设置行政机构，同时着手开展"打黑除恶"等系列专项行动，强化治安控制。随着秦军的压迫，刘邦等游侠的活动空间就一步步被压缩了。

到了秦王嬴政二十二年（公元前225年），32岁的刘邦迎来黑暗的一天。因为这一年秦国消灭了魏国。秦灭魏后立即着手消化战争果实，将魏国的土地、人口纳入秦政府的管理体系，设置行政机构，同时着手打压"黑恶势力"。

张耳被列入"反黑"名单，成了严打对象，不得不和他的干儿子陈馀（也是黑名单人物）开始他们的流亡生活。困境中，张耳、陈馀二人相约为"刎颈之交（表示要同生死、共患难）"。张耳"黑恶团伙"宣告瓦解，包括刘邦在内的食客们失去依靠，只能放弃门客的寄生生活，纷纷散去，刘邦被迫逃回老家。

倒霉的事情还没完。次年，秦王政二十三年（公元前224年），秦将王翦、蒙武攻楚，占领了刘邦的家乡，并在这一带建立泗水郡作为一级行政单位。33岁的刘邦突然从楚国人变成了秦国人。以前魏国被秦军消灭，自己尚可以逃回老家，现在老家被端了，自己又要逃到哪里去？相信此时刘邦的眼睛里应该充满着迷茫。

到了秦王嬴政二十六年（公元前221年），关东六国最后一个国家齐国被秦国消灭。秦王嬴政"奋六世之余烈，振长策而御宇内，吞二周而亡诸侯，履至尊而制六合，执敲扑而鞭笞天下，威震四海"。用短短十年时间做了结，横扫关东六国，结束了战国时代。秦王朝实现了中国历史上第一次的大一统。

从不识愁滋味的少年开始慢慢走向中年，此时的刘邦也逐步消减了年轻时候的火热激情，开始中年人生的烦恼了。年轻时候的干劲和激情越来越小，一晃十几年过去，总是在游荡来游荡去，刘邦的心也开始疲倦起来。

以前父亲的唠叨他是听不进去的，二哥对他不错，虽然对他浪荡的行为并不满意，但还是经常资助他，让他过得比较自在。渐渐的，刘邦想通了，他报了沛县的公务员学习班。秦朝的公务员培训采用的是"以吏为师"的教育方式，这是一种职业教育培训。在家族力量的帮助下，刘邦成为一名政府公职人员，有了一份可以养活自己的工作。

就这样，刘邦从游离于政府体制外的"混混"开始逐渐融入秦政府的行政机器。他从基层公务员做起，当上了泗水亭长（派出所所长兼招待所所长），成了政府体制内的"一颗螺丝钉"。秦代在社会基层设"亭"，主理基层治安，负责巡查乡里、稽察非违、捕拿盗贼等，就好比现在的"派出所"一般。

平淡的公务员生活

刘邦在亭长这个位置上干得如鱼得水，亭长这个位置实在是太适合他了，这得益于刘邦这十几年的浪荡。

首先，通过浪荡，他丰富了经历、增长了见识，比起日出而作、日落而息的"村氓"，他无疑狡黠和刁滑多了，要点流氓手段镇压村民，那简直是手到擒来。其次，刘邦本身就是沛县的黑恶势力，这次虽然漂白了，但本地黑社会那几张熟脸和他们的花招怎能瞒得过刘邦？每逢严打专项行动或政绩考评的时候，刘邦就放出风声让那几个"豪桀"老实点，看好手下弟兄，所以治安绩效考评对他来说根本不是问题。

刘邦在压制当地黑恶势力、维护地方治安上是很有成效的，也正因为这样，负责人事考核和日常事务的沛县主吏掾（相当于县政府的办公室主任兼人事局长）萧何，才会对刘邦另眼相看，多方包庇。如果没有刘邦，那么每年光治安考评就够沛县上下的官吏忙乎了。因为沛县政府和刘邦存在互相利用的关系，所以刘邦虽然在政府体制内混饭吃，却也不用夹着尾巴做人。

刘邦当个小亭长，权力不大，责任不小。靠山吃山，靠水吃水，为了改善生活肯定要找点小进项，刘邦的小进项就是吃回扣。回扣是这么来的，亭长的"亭"其实是县政府的一个行政据点，不但是派出所，还兼招待所、通讯站等多种职能。秦代市场经济尚不发达，出于安全考虑，来往的客商、旅人、公务人员总要在泗水亭留宿，这些人就成了刘邦过手的肥肉。刘邦软硬兼施，想办法拖着这些人去王媪、武负的酒馆消费，其他人当然都是付现钱，而刘邦是赊账消费，年底的时候王媪、武负就把刘邦的赊账单销掉。王媪、武负还编造了看见龙的传说，其实哪里是看见龙，不过是这些见不得台面的东西。

这段时间，刘邦还特地派手下去手工业发达的薛县专门定制了一种竹皮冠，刘邦经常佩戴它来彰显个性，说明他应该挺享受亭长的生活和社会地位。竹皮冠是一种毫无实用价值且具有极其夸张外形的冠，是非常典型的叛逆青年、嬉皮士的奇异服装。由于刘邦的标榜带头，这种嬉皮士服饰在未来竟成为帝国庄重场合的礼仪服饰，不得不让人感慨服饰方面的卫道士是多么可笑。

沛县人夏侯婴起初在沛县官府的马房掌管养马驾车，当临时工驾驶员。每当送客人或使者走后，路过沛县泗水亭，就会找刘邦聊天。两人很聊得来，每次都谈到很晚才分开。后来，沛县有了驾驶员的编制，夏侯婴就补员当正式工。

刘邦一次打闹时不小心弄伤了夏侯婴，被人告发了。刘邦是亭长，官吏伤人，加重治罪。刘邦和夏侯婴赶紧订立攻守同盟，一口咬定刘邦没弄伤夏侯婴，夏侯婴也为他作伪证。为这事，夏侯婴坐了一年多牢，挨了几百板，硬是咬牙不改口，终于让刘邦逃脱了罪责。夏侯婴是极其讲义气的一个人，物以类聚，刘邦一定也是很讲义气的人，否则两人根本走不到一起。

在秦政府内勤勤恳恳做了四五年公务员后，约在秦始皇二十七年（公元前220年）左右，刘邦37岁，或者略早，工作生活日趋稳定下来的刘邦和曹氏两情相悦，生了一个白胖小子刘肥。但不知为何，刘邦没有迎娶曹氏，刘肥成了私生子。

秦始皇三十四年，秦始皇指示各地"焚书"。刘邦经历的是职专教育，他喜欢那种循规蹈矩的工作方式和方法，对天花乱坠的儒生早看不惯了。得到命令的刘邦非常开心啊，他冲进儒生的家里，将一捆捆的《诗》《书》等著作当着儒生的面投入火中。刘交也因为这个事件，被迫中断儒学学习。后来，成为皇帝的刘邦在临终前给儿子刘盈写了一份《手敕太子文》，对自己当年做的这件荒唐事表示了后悔和歉疚。

从秦王嬴政二十三年到秦始皇三十七年逃亡芒砀山这段长达14年的时间里，小公务员刘邦每天就上班下班，和同事们打打闹闹（"廷中吏无所不狎侮"），喜欢喝酒看美女（"好酒及色"）。生活的节奏还是比较规律的，说平淡也平淡，说充实也充实。

暗潮涌动

楚国灭亡后，项燕的儿子项梁，带着侄儿项羽在吴中（今江苏省苏州市）躲避仇家。项氏一族在楚地民间的影响力巨大，吴中一带的名人贤士几乎都和项梁往来。项梁的能力也不错，每次县里有大的徭役和丧事，经常请项梁来主持操办。项梁借着这些机会秘密地对这些人员进行鉴定，为将来造反挑选人员。项梁在吴中招摇过市，这说明项梁在吴中的日子过得还是很滋润的，有两件事可以证明。

事件一：项梁在栎阳（今陕西省西安市阎良区）被捕入狱，家族赶紧托关系请蕲县（今安徽宿州）的狱掾曹咎写信给栎阳狱掾司马欣，事情就搞定了。可见，号称"法治"的秦朝，还是讲"人情"的。

事件二：陈胜吴广起义后，会稽（郡）守殷通就告诉项梁他也想"干一票"，希望项梁做他的军官。显然殷郡守完全知道项梁是楚国亡国遗孽，而作为政治犯的项梁居然可以在大街上招摇行事。

秦政府因其惊人的效率，一直给人严格的法治印象，但从这些情况来看，不能不让人怀疑秦政府以严格著称的"法治"体系。秦政府应该是"绩效"政府，以"实用主义"为操守。

项梁、刘邦都是黑恶势力，不同的是项梁是反政府级别的黑恶势力，刘邦仅仅是治安级别的黑恶势力。项、刘都不具备和秦政府全面对抗的能力，但足以给地方政府找麻烦。地方行政首脑为了将地方治理好，躲避苛刻、粗暴的政府绩效考评，既然压服不了当地黑恶势力，就反过来采取包庇的态度，双方进行合作。

这样做当然无异于饮鸩止渴。短时间内，当地的治安会有很大程度的改观。因为"复国运动分子"和地方政府形成了一定的合作关系。以项梁为旗帜的"复国运动"力量在项梁的约束下暂时中止了暴力抗争活动，带来了治安状况的好转，而地方政府则尽力包庇"复国运动"分子，为其通风报信，对其活动听之任之，形成了"复国运动"分子和地方政府"双赢"的模式。

"复国运动"分子和地方政府都"赢"了，但是中央政府却输了。在地方政府的包庇和纵容下，原本遭到重创的"复国运动"分子以更加隐蔽的方式存活下来，并悄悄地壮大起来，未来终于酿成了秦末各国贵族的"复国运动"。

刘邦的春天

秦始皇三十五年（公元前 212 年），沛县令的好朋友单父（今山东单县）人吕公，躲避家乡仇人逃到了沛县居住。在刚到沛县的时候，很多人便听说了他和县令的关系，于是人们都上门拜访，拉关系，套近乎。

刘邦听说了也去凑热闹，当时主持接待的是沛县的主吏掾萧何，由于拜访的人太多了，善于搞管理调度的萧何采用差异化的管理模式，宣布了一条规定："凡是贺礼钱不到一千钱的人，一律到堂下就坐。"

刘邦这种痞子听到这话心里很不爽，他虽然身上一分钱都没带，却对负责传信的人说："泗水亭长刘季贺钱一万！"然后大摇大摆的走进去。

此时刘邦的内心还流淌着战国时代"士"的风骨，他看重面子和尊严，不仅桀骜不驯的脾气没有改变，而且痛恨权贵瞧不起人。用通俗点的话讲，你可以不让我来，但你不能把人分成钱多钱少的来区别对待，这伤害我的自尊心，我今天就要故意砸你的场子。

吕公一听这么多钱，吓了一跳，赶忙出来亲自迎接。萧何和刘邦是老熟人了，一看就知道他玩什么花样，这让萧何很是尴尬，萧何就跟吕公说："刘季这个人整天讲大话，做事不靠谱，您别信他。"吕公这个人眼光和常人不同，他觉得刘邦器宇轩昂、与众不同，他非常喜欢刘邦，请刘邦入上席就坐。这次刘邦不但白吃一顿饭，酒足饭饱之后，吕公又将他盛情留下，提出将自己的女儿嫁给他为妻，刘邦自然喜出望外。

春天来得晚，但终究还是来了。45 岁的刘邦老牛吃老草（吕雉当时约 30 岁了，在那个时代绝对是超大龄剩女），幸福地结婚了。婚后，吕雉给刘邦生了两个娃，鲁元公主（鲁元是封号，真名已佚）和刘盈（汉惠帝）。

同年，秦始皇修筑经由九原（今内蒙古包头西）一直修到云阳（今陕西淳化县）的"高速公路"；另外，秦始皇认为咸阳人口多，先王宫廷窄小，就在渭水南上林苑内修建朝宫，即通常所说的阿房宫。为了完成阿房宫以及其他大型工程，秦始皇大肆征召天下的劳动力。他下令将徒刑犯七十多万人征发到阿房宫工地，此外，还征集了各地的劳力来服徭役。

命令下达到沛县，刘邦不敢怠慢，他告别了新婚妻子，按任务押解服徭役的人到咸阳。临走的时候，沛县同僚都来送他，每人按惯例给他三百文钱送行，萧何和他关系比较好，送了五百文，刘邦押解服徭役的人一路风尘仆仆地来到阿房宫工地。

刘邦在工地参与监工时，某天忽然传来一阵喧闹、躁动，只见秦始皇来视察。皇帝的车队浩浩荡荡，绵延数里，警卫身着黑衣黑甲，前呼后拥，剑戟森森，飘扬着数不清的旗帜。秦始皇威仪地坐在车上，恍如天人。乡巴佬刘邦大受震撼，感慨道："嗟乎，大丈夫当如此也！"

小结一下刘邦在 33 岁到 46 岁这一时期：刘邦做了秦政府的基层公务员，工作勤勤恳恳，业绩良好。和曹氏未婚生子，和吕雉结婚并生育了一女一子。

我们在探讨刘邦的时候，往往只关注战争期间他如何谋略，如何用人，却很少去考察刘邦造反前怎么样，不知道刘邦在战国时代生活了 33 年，这是属于他的人生经历，也是塑造他性格的一个时期。刘邦有个幸福而充满幻想的儿童时期（1 岁—17 岁），热血喷薄的青年时期（17 岁—33 岁）和兢兢业业的中年时期

（33 岁—46 岁）。从一个普普通通的小孩，到一个愣头青少年，再到一个沉着稳定的中年人，刘邦是一个很普通很正常的人，至少在 46 岁以前是这样，并不是从娘胎出来就是天生的造反派。

对刘邦而言，如果没有意外，未来应该会这么循规蹈矩下去，养儿饴孙，在家乡沛县终老一生。但是世事难料，意想不到的变故还是改变了刘邦的人生轨迹。

优秀公务员成了逃犯

疯狂的帝国

秦王朝统一后的第二年（秦始皇二十七年），秦始皇就下令"作信宫""作甘泉前殿""治驰道"。"驰道"通俗点说就是秦代的高速公路，连接首都到全国各地。目前有关学者以最保守的数字估算，驰道大略长度 700 公里，平均宽度 50 米，夯土路基厚 50 厘米。以此计算，秦驰道的夯土土方量大约 1750 万立方米，如果堆筑成高 1 米、宽半米的土墙，几乎可以绕地球赤道一圈。虽然秦国修筑"驰道"是一个周期比较长的工程，但工程量依然是骇人的庞大。

秦始皇二十八年，"东行郡县""封泰山""禅梁父"。

秦始皇二十九年，"东游"。

秦始皇三十二年，北巡"之碣石""使将军蒙恬发兵三十万北击胡，略取河南（黄河河套以南，今属宁夏、内蒙）地。"

秦始皇三十三年，"发诸尝逋亡人、赘婿、贾人略取陆梁地（今两广地区），为桂林、象郡、南海，以适遣戍"。

秦始皇三十四年，"适治狱吏不直者，筑长城及南越地"。

秦始皇三十五年，"除道，道九原抵云阳，堑山堙谷，直通之""始皇以为咸阳人多，先王之宫廷小……乃营作朝宫渭南上林苑中。先作前殿阿房，东西五百步，南北五十丈，上可以坐万人，下可以建五丈旗。周驰为阁道，自殿下直抵南山。表南山之颠以为阙。为复道，自阿房渡渭，属之咸阳，以象天极阁道绝汉抵营室也""隐宫徒刑者七十余万人，乃分作阿房宫，或作丽山。发北山石椁，乃写蜀、荆地材皆至"。

为修筑阿房宫动用了七十万人，而阿房宫还仅仅是上林苑的一个前殿；还要修筑秦始皇陵，秦始皇陵墓是在骊山上打洞的工程，"（秦始皇陵墓）穿三泉，下铜而致椁，宫观百官奇器珍怪徙藏满之。令匠作机弩矢，有所穿近者辄射之。以水银为百川江河大海，机相灌输，上具天文，下具地理。以人鱼膏为烛，度不灭者久之"。

从这些文字里我们可以看出，秦始皇所谓的"雄才大略"，就是不计成本、不计收益，搞"大战争""大工程"，这种大气魄对统治者来说是舒服的，他可以时刻享受到征服一切的快感和虚荣，反正工程是老百姓修的，秦始皇皮不痛肉不痒，没什么感觉。他杀气腾腾地将油门一踩到底，秦帝国牌汽车在他愉悦的口哨声中一骑绝尘而去，不顾车身时常发出吱呀呀的开裂声。

秦始皇是被伺候舒服了，享受了飙车的快感，可是秦朝的老百姓以及包括刘邦在内的基层公务员的日子却不好过。

斩白蛇

秦始皇三十五年兴起骊山徭役，三十六年、三十七年工程继续实施。秦政府不间断地征发徭役，刚参加完骊山徭役的刘邦回家还没来得及喘口气，又要押解新的一批徭役民众前往骊山了。

工程连年不断，繁重的徭役逼迫得老百姓再也无法忍受了。

老百姓主要的生计就是种田，"徭役"是统治者强加给劳动人民的无偿义务，徭役一多，就顾不上种田，老百姓不累死也会饿死。被逼无奈，老百姓开始用脚投票，进行着"屁民式"的反抗——逃跑。

徭役押解任务一年比一年难做。到了这一年，徭役押解任务对亭长刘邦来说已经是不可能完成的任务了。对被强征服徭役的人来说，不逃一定会死，逃却有可能不死。逃跑和不逃跑之间的风险收益比开始反转，智力正常的人都不难做出选择。被强征服徭役的民众一有机会就逃跑，刘邦再也控制不住局面了。

刘邦一边喝酒一边在发愁：照这情况，还没到咸阳人就跑光了，交不了差事按照律法要判刑的。到了丰邑西的泽中亭，刘邦想通了，他狠下心来，趁着夜色解开捆绑那些人的绳索，告诉他们："你们走吧，我也要逃亡了。"在严刑峻法和强化治安的网格下，这些人其实也没有太多出路，队伍里一下有十几个青年表示要和刘邦一起逃亡。

一行人商量了一下，决定前往芒砀山落草为寇。选择芒砀山是有原因的，那里有山有水有林，可以匿藏，而且那里属于泗水郡和砀郡的结合部，秦朝统治比较薄弱。同时离沛县比较近，一行人都是沛县人，不希望离家太远。

刘邦带领着他们前往芒砀山落草，路上碰到一条大白蛇挡住去路，刘邦借酒醉斩了白蛇，这就是所谓的"汉高祖斩白蛇起义"。大蛇被斩成两截，阻挡没有了，一行人继续往前走了几里，刘邦醉得厉害了，就躺倒在地上。

走在后边的人来到斩蛇的地方，看见有一老妇在暗夜中哭泣，问她为什么哭。老妇人说："有人杀了我的孩子，我在哭他。"这些人再问："你的孩子怎么被杀的?"老妇说："我的孩子是白帝之子，变化成蛇，挡在道路中间，如今被赤帝之子杀了，我就是为这个哭啊。"众人以为老妇人是在说谎，正要打她，老妇人却忽然不见了。这些人赶上了刘邦，把刚才的事告诉了刘邦，刘邦心中暗暗高兴，更加自负，那些追随他的人也渐渐地畏惧他了。

这当然是个荒诞不经的传说，也不排除刘邦指使亲信（比如卢绾、樊哙、奚涓等人）布局，制造神秘气氛，欺骗不明真相的逃亡者，稳定大伙的情绪。毕竟这事陈胜、吴广也曾干过，只不过陈胜失败了，被揭发出来属于造谣。刘邦成功了，事情被煞有介事的记入《史记》，成为正史，供后人敬仰。

但是，在这里笔者也有点疑惑，这个传说有两个谬误：一是把秦当成金德（尚白）了，实际上秦是以水德自居的，尚黑；二是刘邦以火德自居，那么碰到水德，不是自找晦气吗？如果真的要灭水德，应该选择土德（土克水），或木德（水生木），用黄色旗帜或绿色旗帜。后来读到《史记·封禅书》才大概看明白，真正的原因是逃亡队伍里都是土包子，没文化，本来"赤帝子斩白帝子"就是骗骗"不明真相的群众"，既然群众已经上当，就不用再去追究是否符合五行学术理论。

但此时的刘邦从严格意义上说尚不能算起义，因为他没有任何推翻现政府的打算，他的行为只是因为秦法苛严，又完不成任务的一种被迫选择。可以想象，当时类似刘邦这种小规模的"逃犯集团"一定是数不胜数。他们并非革命者，如果此时秦政府向其发放特赦令，终止各种徭役工程，与民休息，全国各地的刘邦们一定会乖乖地放弃落草，重新回到秦国政府的怀抱做顺民。

可惜历史没有假设，频繁的徭役令民众苦不堪言，数不清的刘邦们被迫逃亡山野林泽之间躲匿，他们散布在帝国的各个角落里，成为一个个待爆的火药桶，等待着大泽乡的火星来点燃，一旦点燃就将绽放出耀眼的历史烟花。

帝国接班人胡亥

始皇三十七年十月，秦始皇开始了他生平的最后一次出游。之前秦始皇已经出游了四次，这是第五次出游。这次出游，秦始皇最小的孩子胡亥要求一起跟去玩，秦始皇答应了。车队从武关（关隘名，位于今陕西省丹凤县东南）出，沿着长江到达会稽郡（大体在今天浙江省北部、江苏省南部一带），并在那里祭祀了大禹。

始皇帝不会知道此时的围观人群中有一对叔侄，他们正冷冷的看着这一切。侄儿说："彼可取而代也！"叔叔赶紧捂住他的嘴，说："毋妄言，族矣！"这对叔侄就是项梁和项羽。那一年的项羽23岁。

秦始皇在返程的路上病倒了。为此，他派出亲信大臣郎中令蒙毅去向山川祷告，还没回来的时候，秦始皇就病死了。秦始皇三十七年七月丙寅（公元前210年8月28日），一代雄主秦始皇嬴政病死沙丘宫。秦始皇晚年不惜一切追求长生不老，可是最终也没能逃脱死亡这一自然规律。

秦始皇的突然死亡带来了政局扑朔迷离的变数，但是由于文官集团的有效运作，秦帝国中央政府的政局并没有发生剧烈的动荡，胡亥非常顺利地接手了帝国的最高权力，称为二世皇帝，政局很快就稳定下来了。

第二年的春天，二世皇帝就在丞相李斯的陪同下向东巡视郡县，一直到帝国的最东端，昭显他对帝国最高权力的执掌。对刘邦等草民而言，他们只知道秦始皇死了，秦始皇的长子公子扶苏自杀，秦始皇最小的孩子胡亥继承了帝位。

由于草民的不断反抗和逃亡，帝国的版图内到处弥漫着浓浓的火药味，然而，坐在咸阳宫里的二世皇帝并没有任何警觉，他拥有天生的优越感，他蔑视一切民众。但是此时的他心里却闷闷不乐，带给他这种情绪的是他周边的人——哥哥们和元老们。

胡亥以小孩子的身份继承帝位，自然遭到他哥哥们的嫉恨，而百官多是先帝老臣，能力和资历都足以让他们对这位稚嫩的皇帝有种说不出的傲视，即使表面上非常客气，也无法掩盖朝廷上沉闷的气氛。胡亥虽然是个孩子，但非常聪慧，看出这点后，他把这点苦闷和他心灵的导师郎中令赵高商量。

赵高给他出了个主意，大体就是折腾、反复折腾，让所有人都没有安全感，匍匐于他的权威之下。做法如下：一方面罗织罪名、无限"上纲上线"，找公子、老臣、重臣们的茬，用死刑、灭族等恐怖政策炮制"白色恐怖"，打击这些老头子倚老卖老的嚣张气焰；另一方面借机清除掉官员空出官位，快速提拔一些"自己人"去填补这些空位，让这些人感恩戴德。恩威并用，赵高的计策是非常有针对性的。

在赵高的指导下，秦二世政府开展了中国历史上的第一场"大革命"，一时间秦政府的官场内哀鸿遍野。一些官员莫名其妙地无辜冤死，轻浮的投机分子火箭般的速度上审。其实我们国家历朝历代凡是交接班时期都能看到类似的场景，只不过是激烈程度上的差别罢了。

二世皇帝的几个亲兄弟、亲姐妹是重点打击的对象，死得尤其惨烈，十二个兄弟被戮杀，十个姐妹被砑死（肢解处死）。公子高想逃亡，又害怕家人遇害，走投无路，只好含着眼泪主动上书要求为秦始皇殉葬，二世皇帝以虐猫的心态开心地赏赐十万块钱给他办葬礼，不知道公子高拿着这十万块钱心里是什么感受。公子将闾平时最谨慎，从不失礼节，然而，秦二世却要以"不臣"的罪名将他处死。临死前，将闾含着眼泪抗议，要求把话说"清楚"，可惜在专制体制下君王是不需要说"清楚"的，将闾三个兄弟只能含泪拔剑自杀。

皇子王孙的穷途哀鸣，令人心酸。这是对秦国这个"法治"国家的公然嘲讽。面对这样的事实，不知道坟墓中的秦始皇会不会哭泣？会不会为他的决定感到后悔？会不会为曾经那么天真可爱的稚童变得如此暴虐而心痛？

赵高揭发蒙毅曾经阻挠秦始皇立胡亥为太子，于是二世皇帝以此为罪名准备处死蒙恬、蒙毅兄弟，胡亥的堂哥公子子婴进行了劝谏，但二世皇帝拒绝了他的劝谏，蒙毅被处死，蒙恬被逼自杀。

在一连串恐怖政策的打击下，"宗室振恐。群臣谏者以为诽谤，大吏持禄取容，黔首振恐"。赵高的策略是有效的，二世皇帝通过这场"大革命"运动向宗室、官员、百姓表明"法律不是你们的挡箭牌"，任何法律都保护不了你，服从二世皇帝未必安全，但不服从一定让你完蛋。胡亥达到了他快速巩固政权、确立自己核心地位的目的，这也再次验证了他的策略是行之有效的。

这场运动下，宗室、官员、百姓确实都是输家，但胡亥一样不是赢家。因为这么乱来意味着没规矩，虽然元老官僚们慑于胡亥的淫威而变得谨慎和畏惧，但从此离心离德。而在这次运动中投机获利的新官僚也没有死心塌地的效忠胡亥，当其他利益集团可以提供更大收益的时候，他们也纷纷离去。这些都注定了未来他在望夷宫的死是多么合理，胡亥终究是自食其果，这场运动虽然确实在一定意义上帮了胡亥，但更像是饮鸩止渴。

　　在巩固独裁专政的同时，二世皇帝对于父亲留下的大工程并没有叫停，他崇拜父亲的权威，他渴望模仿父亲，他要让帝国从辉煌走向辉煌。修筑骊山秦始皇陵完毕后，施工队伍没有解散，立即又投放到阿房宫的建设中。同时继续推行秦始皇的对外战争政策。

　　此时是二世元年的四月，他成为皇帝后的第九个月，他没想到仅仅过了两个月多，忍无可忍的民众就在大泽乡造反了，又过了两年零一个月，他年轻的生命就到了尽头，那时的他年仅24岁。

2

风起云涌

揭竿而起

刘邦落草后

　　刘邦落草以后，地方政府害怕影响政绩，对刘邦团伙以"地域管辖"等为借口相互推诿扯皮，采取睁一只眼闭一只眼的态度。刘邦虽然有家不能回，但没有遇到被清剿、被追杀的情况，日子倒也逍遥。刘邦让他的连襟樊哙担任联络员，往来沛县和芒砀山，及时了解情况。

　　刘邦是没什么事情，但是吕雉就遭殃了。沛县政府逮不到刘邦，就根据株连法则逮捕他老婆。这种恐怖的绑架政策被后来的法西斯使用得淋漓尽致。于是，吕雉被收监了。中国的监狱是中国最阴暗的角落，不管你之前有多尊贵，一旦进去了就再也没有尊严、道理可讲。可想而知，进了监牢的吕雉会有什么遭遇？《史记》简单记载了一句"（吕雉）遇之不谨"供读者们想象。

不幸中的万幸，刘邦在沛县的黑社会混久了，势力如老树盘根，遍布沛县的各个角落。狱吏里边有个叫任敖的和刘邦关系很好，出头殴打了对吕雉要流氓的狱吏，才使得吕雉免于受辱。

刘邦起兵后，任敖追随刘邦闹革命，有些苦劳，封广阿侯。吕后称制期间，任敖一度担任御史大夫，这是后话。以任敖平庸的才能最后居然升到御史大夫这么高的位置（官位排名前三），这顿拳脚的功劳恐怕要占95%以上吧？

就这件事，笔者要反思一下：你会为一个被通缉的朋友去得罪同事吗？如果任敖圆滑点，当时他大可以装作什么都没看见，这样既不会得罪同事，刘邦也无法责怪他（"看守监狱的狱卒那么多人，又不止我任敖一个，那天我忙某某事情，监狱里黑灯瞎火我真的没看到。"类似的辩解是完全合理的，谁也找不出一点问题的）。可以想象，当时的任敖必定是义气盈胸，一心维护朋友，才会做这种"傻"事。当然，最后好人好报。人有时候做事是需要点正义感的，不用怕。

刘邦强大的关系网里除了黑道弟兄，还有白道的沛县主吏掾萧何、狱掾（司法局长）曹参等人，在黑白两道的联手包庇下，吕雉没吃太大的亏，很快就又放了出来，并且还几次上山去见刘邦。

豪杰并起

二世元年七月，一支900人左右的队伍行进前往渔阳（今北京密云一带，当时的边疆地区）卫戍的路上。这些都是"闾左"人，更准确地说他们都是在家乡失地的农民，流亡到外地为人

"佣耕"，相当于现在的外出打工人员。秦政府对这类"盲流"是非常痛恨的，将他们视为帝国身体内的毒素，经常把他们谪发去戍边，借此消灭他们。

这支队伍行军到大泽乡（今安徽宿州东南）的时候遇到了大雨，按照法令耽误了期限的他们会被处斩，于是这些早就无牵无挂的人们选择了造反。带头的人一个叫陈胜，一个叫吴广。

有了挑头造反的陈胜、吴广，藏匿在山涧水泽逃亡的人们纷纷聚集过来，队伍规模不断扩大。起义军攻打大泽乡后又打下蕲县（今安徽宿州），从蕲县向西连续攻克铚（今安徽省宿州西南）、酂（今河南永城西）、苦（今河南鹿邑）、柘（今河南柘城西北）、谯（今安徽亳县）等县。一个月不到的时间起义军就攻入了当时淮阳郡的首府陈县（今河南淮阳），并以此为首都建立了张楚政权以对抗秦政府。战事顺利得出乎意料。

二世元年九月，此时的刘邦已经带着队伍在芒砀山落草一年多了。一天，樊哙从沛县匆匆赶回，带回来一个惊人的消息：两个月前，有个叫陈胜的人造反了，顺利攻占了很多县，现在全国各地到处都是起义的烽火。沛县县令不是沛县人，在沛县的根基不稳，害怕沛县也会发生反秦暴动并杀死他。在巨大的压力下，县令接受了萧何、曹参等人的意见，准备起兵反秦，化被动为主动，要求刘邦将队伍带到沛县作为沛县反秦义军的军事骨干，去挟制和统领沛县子弟组成一支有一定规模的起义军。

得到消息的刘邦立刻开展了行动，带着这支约数百人的队伍向沛县进发。到了沛县却发现情况有变，沛县关闭了城门，摆出一副准备抵抗刘邦的姿态。刘邦正在疑惑之际，萧何、曹参二人跳城墙逃了出来。原来沛县县令中途又反悔了，打算中止起义行动，杀掉萧何、曹参，抵抗刘邦。

摸清楚情况的刘邦写了封劝告书，用箭射入城中。劝告书的大体内容是："天下人受到苛刻的秦法压迫很久了，现在各地诸侯并起，沛县的父老乡亲却在沛县令的逼迫下进行守城顽抗，顽抗将会招致屠城。沛县的父老乡亲应该行动起来，共同诛杀掉沛县令，选举一个可以信赖的人当领导人，响应诸侯的号召，这样家室才能得以保全。如若不然，诸侯军队屠城，我也救不了你们了。"这份劝告书在内容上写得还是很到位的，于是沛县人动手杀死县令，打开城门迎接刘邦。

秦政府故意采用非本地人做县令，以避免县令与当地民间势力进行勾结，进而形成割据，破坏中央集权。非本地人县令由于根基浅薄，不得不仰赖中央的权威。当天下大乱，中央的权威不足恃的时候，县令就无法立足，被杀也是情理之中。

刘邦进城后，沛县人就打算让刘邦担任沛县令，刘邦推辞说："现在天下大乱，诸侯并起，如果我们领导人选择不当，就会一败涂地，我不敢爱惜自己的性命，只是害怕自己能力太浅薄了，不能保全父老乡亲们。这是大事，大家还是推举更适合担任的人吧。"

就刘邦所说的这段话，可谓入情入理，情真意切。萧何、曹参等人社会地位比刘邦高，知识文化水平也比刘邦高，从技术角度看有文化有知识才能更好地做出分析判断，萧、曹等人当然比刘邦更适合担任起义军首领。

可是当领导人唯一不可缺少的特质恰恰不是"智慧"和"品德"，因为"智慧"、"品德"还有其他的东西可以通过团队来弥补（比如张良弥补智慧、萧何弥补品德），当领导真正不可缺少的特质是一往无前的坚定信念和决心。这是因为领导就是一支队伍的灵魂，其他人可以犹豫彷徨，但是领导人一定要自信坚定，这样军心才能稳定，队伍才能前行，将士们才能将未来寄托给你。或者说当领导必须要有点牺牲精神，有股子"憨"劲。"傻子"不一定都是领导，但领导一定都是"傻子"。这点萧、曹等人可没有，他们是小算盘算得太精的人。他们确实知道"贼吃肉"的快感，但更想过"贼挨揍"的风险，一想到危险，腿就先软了，哪敢挑头造反？

结果起义军领导人这个重任推来推去只能落到刘邦的肩上。刘邦之所以当领导，还有两点比较小的原因：第一点刘邦原本就是领导，起义的核心队伍原本就是追随他的；第二点他在黑白两道都有一定的影响力，算是政治妥协的一个产物吧。

刘邦就这样拉起一支队伍，收编沛县子弟兵，大概有两三千人的规模。因为刘邦以赤帝子自居，部队采用赤色（红色）的旗号。刘邦的父亲和二哥不愿意参与造反，依然呆在沛县过他们的生活。刘邦的母亲刘媪舍不得小儿子，毅然从军成为随军家属。后来，在行军的颠沛流离中病死在陈留（今河南省开封市陈留镇）附近的小黄城北，没能亲眼看到他的儿子成为汉王、成为皇帝。当时，戎马倥偬的刘邦只能草草安葬了母亲。

二世元年九月，在刘邦起义的同月，秦朝会稽郡守殷通对陈胜吴广起义接连取得胜利的消息颇为心动，他向项梁表达了他的意思："江西（长江以西，长江在九江——南京一段为西南东北走向，故分江东、江西）到处都在造反，这是老天爷要灭亡秦朝的时候。我听说先发制人，后发就会被人控制。我想要起兵，由你和桓楚担任将军。"

项梁就告诉殷通："桓楚现在正在逃亡，你们谁都找不到他，只有我的侄儿项籍知道他藏身之处。"然后项梁出去和项羽吩咐了一下，让项羽带剑在外边等，然后又进去和殷通说："请您召见我的侄儿项籍，命令他去把桓楚招来。"殷通说："好呀。"

项羽就进去，过了一会儿，项梁用眼神示意项羽："行动。"项羽拔剑一把砍下殷通的脑袋，抢夺了他的印信。殷通的手下没想到项梁会这样干，一下乱套了，本能的冲过来要捕杀项梁他们。这时，项羽大展神威，连杀几十人，把这些人全镇住了，再加上殷通已死，这些人也不知道要怎么办了，最后就向项梁叔侄投降。

项梁将多年来栽培起来的骨干召集起来，宣布起义并迅速接收了会稽郡，募得八千精兵。项梁自领了郡守，项羽作为裨将（副将）。此时的项羽才 24 岁。这八千江东子弟就是未来项羽军队核心中的核心，精锐中的精锐。这是血与火的感情，八千江东子弟"无一生还"成了项羽临死前呼喊无颜见江东父老的唯一理由。

与此同时，各地逃亡的人们也纷纷采取行动，不断爆发新的起义，攻占县城。比较有名的除了刘邦起沛县，项梁起吴中，还有陈婴起东阳（今江苏盱眙东南），吴芮、黥布（即英布）起番县（今江西省鄱阳县），秦嘉等起郯（今山东郯城县），田儋三兄弟起狄（今山东省高青县南）等等，老成圆滑的彭越则躲在巨野泽里观望。

幸福来得太快

刘邦在沛县拉起了队伍，并向周边扩展，占据了包括丰邑在内的沛县周边。到了次月（二世二年十月），刘邦的势力逐步扩展，开始进犯胡陵（今山东金乡东南，在沛县北）、方与（今山东金乡北，比胡陵更北）等地。

泗水郡政府作出应对，由泗水郡监御史（纪委书记）平（名平，姓不详）领兵向刘邦进攻，刘邦把军队撤入丰邑进行防御，这位监御史大人攻打了两天没能攻下丰邑。攻势受挫后，政府军士气下降，刘邦主动出城迎战，曹参、周勃等人奋勇拼杀，平御史大败，退入胡陵防守，反被刘邦团团包围。驻扎在薛县（今山东滕县东南，沛县东北）的泗水郡守壮（名壮，姓不详）赶紧派兵进行救援，泗水郡政府的部队一度攻打到沛县附近。

不知为何，泗水郡郡守的驻地却在泗水郡东北方向的薛郡，可能泗水郡大部分已经沦陷"贼"手，毕竟大泽乡是在泗水郡境内，"贼"势炽热，泗水郡守大概"避敌锋芒"，"转进"到邻近的薛郡。

经过战争磨练后的刘邦信心大增，派雍齿守丰，自己领兵击退了泗水郡政府的部队并挺进薛县。壮郡守领兵迎击，双方在薛县以西展开会战，这场会战以壮郡守的惨败而告终。

但壮郡守的倒霉不仅于此，薛县其实不是他该来的地方。司马迁曾实地考察了薛县，发现那里的风俗同附近的邹（今山东省邹城东南）、鲁（今山东省曲阜）不一样，街坊里很多"暴桀"子弟，原因是薛县是原战国四公子之一的孟尝君的封地，孟尝君"招致天下任侠，奸人入薛中盖六万馀家"。这些人怀着理想和激情去投靠名满天下的孟尝君，身无长物，只有贱命一条。孟尝君死后，这些人失业了，流落到街头变成不稳定因素。薛县"庙小妖风大，池浅王八多"，"维稳"形势非常严峻。

当壮郡守在薛县城以西被刘邦打败后，失业人员遍地的薛县马上局面失控，到处都是"打砸抢"。壮郡守想退回城里也退不回去了，只好绕城继续向东逃窜。刘邦派出左司马（副参谋长）曹无伤带兵追击，曹无伤在戚县（今山东滕县南）追上壮郡守，抓住直接一刀把他杀了。

曹无伤此刻一定感到非常痛快，打了这么久的仗，终于抓到个大官，咔嚓一下，赚个快活，心里边不由得产生类似阿Q参加革命飘飘然的感觉。刘邦的队伍在这一阶段的流寇习气还是很足的。

这里说句题外话，曹无伤这个人非常可惜。建军之初，刘邦部队数量不多的时候，曹无伤就已经独立带兵了，此时的曹参、周勃等人还只是"中涓"（参谋），倘若曹无伤没有变节的话，《史记》应该会有一章《曹无伤世家》，可惜历史没有假设，因变节而被诛杀的曹无伤在历史的荧屏中只留下含含糊糊的几行字，其余的部分我们只能通过猜测来填补了。

打败壮郡守的刘邦领兵回到胡陵，被困在胡陵的平御史正在犯愁，损兵折将，前怕秦政府追究，后怕起义军不放过他，真是左右为难。刘邦派出和平御史关系很好的萧何、夏侯婴对其劝降。《史记·萧相国世家》曾记载萧何当沛县主吏掾的时候有个御史很器重他，极力推荐他升官，萧何全力推辞才推掉，可能就是这位平御史。平御史在刘邦的军事压力和政治劝诱下向刘邦投降了。胜利后的刘邦又继续推进，占领亢父（今山东济宁南）、方与等地。

一连串的胜利使得刘邦不断扩展势力，到了二世二年十一月，不到三个月，刘邦已经占据了丰、沛、薛、胡陵、亢父、方与等县城，占有泗水郡的北部、薛郡的西南部的地盘，实力开始膨胀。刘邦迎来他起兵后的第一个小高潮，不知道此时的他是否踌躇满志？

一夜回到解放前

这时候，魏相国周市领导的另一派起义军也来到方与，双方迎面撞上了。双方都明白火并没有好结果，均保持了克制，在方与一带对峙。周市这个人比较狡狯，担心硬碰硬占不到便宜，鬼点子一动，去挖刘邦的后院。

周市就派人去劝说丰邑的守将雍齿："魏国灭亡以后，丰邑是魏王室被遣送看管起来的地方，等于是魏国临时的都城，现在魏国复国了，已经拥有了几十座城池（实力雄厚）。雍齿你投降我们魏国，魏国就封你为侯，并让你继续守备丰邑。如果你拒绝，我们魏国就屠灭你们丰邑。"

雍齿、王陵是丰沛一带的黑社会大佬。王陵是刘邦的黑道大哥，由于不愿意接受刘邦的领导，王陵很早就脱离刘邦带部队去南阳郡（今河南省西南部）自己创业。雍齿的黑道地位并不亚于王陵，一直以来都不是很甘心接受昔日小字辈（刘邦）的领导。周市拿出老牌贵族的招牌，再威逼利诱一下，雍齿就向魏国投降了，此时是二世二年十二月。

雍齿反水的消息令刘邦大吃一惊，刘邦的根基主要在丰邑，丰邑老巢被端，而新占领的土地尚未消化，等于队伍被吊在半空中。腹背受敌的刘邦只好回头，向丰邑方向撤退，周市迅速后脚跟进，撵着刘邦跑，将刘邦原先占领的方与、胡陵等地悉数收入囊中。回到丰邑的刘邦要求雍齿回头，此时的雍齿当然不可能回头，刘邦试图强攻丰邑，但未能攻克。

新旧根据地瞬间易手，刘邦一夜回到解放前，为此刘邦记恨了丰邑的父老一辈子，直到称帝以后，对这事仍然念念不忘。试想刘邦创业之初，正是最艰难最需要帮助的时候，而他最信任最亲近的丰邑父老乡亲居然背叛他，令他进退失据，差点丧命。刘邦怎能不恨？怎能不气？

困境中的刘邦只好去投靠更大的势力。二世二年十二月，刘邦带领队伍向南转移，投靠了景驹（秦末楚王），想借兵去夺回丰邑。到达留县（今江苏沛县东南，已被微山湖湖水淹没）的时候，刘邦巧遇一位传奇人物，给他未来的事业带来巨大的帮助。

磨难与成长

章邯的反击

二世元年七月，陈胜大泽乡起义。同月，攻占陈县。陈胜派吴广带兵西征，进攻秦政府的核心地区——关中。西征大军在路上被秦三川郡守李由阻挡于荥阳，陈胜又增派周文支援。

二世元年九月，周文的部队绕过荥阳，沿路招降纳叛，居然膨胀到数十万之众，最后，这支军队一举攻破了函谷关。眼看秦帝国灭亡在即，时任少府（皇家内务部部长）的章邯提出一个紧急方案，希望秦政府能够利用骊山工地几十万徒刑犯紧急拼凑一支大军，来阻挡周文的进攻。秦政府批准了章邯的建议，在章邯的带领下，这支由囚徒组成的军队向周文义军发动突然袭击并击退了义军。

为了有效打击关东义军，秦政府将全国划分为两块防区：河北区和河南区。

河北区（即黄河以北）以王离指挥的北方集团军（即原蒙恬兵团，驻地在九原郡）为核心，统一协调河北各郡县政府军对义军进行镇压。二世二年十月，即章邯击退周文的次月，王离的北方集团军东调，渡过黄河，进入太原郡境内，并计划越过太行山，平定河北一带的燕、赵义军。

河南区（即黄河以南）的叛军则由章邯来镇压。除了中尉军、徒刑犯军外，秦政府还下达动员令，增派关中的国民兵参战，指挥官是长史（郡军分区司令）司马欣和都尉董翳。

二世二年十一月，章邯率领的秦军休整完毕。随后，章邯率军在曹阳、渑池两次大败周文，周文兵败自杀。章邯接着连续击败张楚军部将田臧、李归，解救了孤军坚守四个多月的三川郡守李由。章邯随后向陈县快速推进，一路势如破竹，连续击败张楚军邓说部、伍徐部，击败张楚军上柱国蔡赐、张楚军部将张贺。

二世二年十二月，章邯攻克陈县，陈胜南逃。原计划攻打武关的张楚军宋留部，听闻陈胜败退的消息，被迫东撤，准备同陈胜会师。得到消息的章邯一方面派部将追击陈胜，一方面亲帅主力南下，终于在新蔡（今河南新蔡）一带截住了宋留。宋留被迫投降，随后被押送至咸阳以车裂处死。陈胜逃亡到下城父（今安徽涡阳东南）时，贴身警卫员庄贾等人承受不住压力，杀掉陈胜向秦军投降。至此，张楚政权彻底覆灭。前后不到半年，张楚政权就如同一颗流星一闪而过，陈胜"其兴也渤，其亡也忽"。

陈胜被击败后，革命形势空前低靡。此时，陈胜的中涓（参谋）将军吕臣勇敢地站出来，他在陈郡东南的新阳县（今安徽省界首县北）收罗溃兵，突袭了陈县，处死叛徒庄贾。在这个万马齐暗的时候，勇于战斗的吕臣成为张楚系的一面旗帜。

吕臣的反击很快被证明是螳螂挡车。章邯的主力部队完成截击宋留的任务后，重新北上反攻陈县，轻松击退了吕臣。

此时，关东的起义队伍中，上得了台面的从北往南应该是这么几位：

一、燕王韩广，占据了今河北省西部和辽宁的东部。

二、赵王武臣，占据了今河北省的中部和南部，并且还试图越过太行山侵入今山西省的北部和东南部。

三、齐王田儋，占据了今山东省大部，兵精粮足。

四、魏王魏咎和魏相周市，占据了今河南省东北部和山东省西部一带。

五、吕臣，陈胜的残余势力，盘踞在今河南省和安徽省的交界一带。

六、东海义军，由秦嘉等多股起义势力合成，占据了今安徽省东北部和江苏省北部一带。

七、陈婴，占据了今江苏省中部，拥有两万人的规模，势力不小，可惜此人无甚胆勇。

八、项梁，占据了今江苏省南部和浙江省北部。

未来秦军的重点打击对象应该是上面这几位仁兄。而刘邦此时只有两三千人，夹在魏、齐、东海义军之间，根本上不了台面。

陈胜已死，余部吕臣、召平等人已是势穷力竭，张楚义军已经基本被镇压下去了。基于这种情况，章邯调整了军事部署，将攻击目标锁定位于临济（今河南封丘东）的魏政权。

再次收复陈县后，章邯兵团立即沿着鸿沟（中国古代最早沟通黄河和淮河的人工运河，战国魏惠王十年即公元前360年，兴建）北上，直扑临济。秦军攻势凌厉，魏军被打得溃不成军，退入临济城坚守。二世二年一月，章邯将魏王咎包围在临济城内。

历史上黄河数次改道，比如今天的济南市在黄河南岸，实际在秦代它是位于古济水的南岸，所以叫济南。而今天黄河的部分河道侵夺了古济水的河道，所以济南"跑到"了黄河的南岸。当时的章邯围攻的临济城是在古黄河以南，古济水的北岸，也就是说章邯军队的魏国战斗还是在黄河以南，并未跨河。

项梁北上

陈胜起义初期，曾派召平攻略广陵（今江苏省淮安市），向东南方向扩展势力。二世二年十二月，陈胜败亡，革命情势急剧恶化。次月（二世二年一月），深感危险的召平渡过长江，伪造了一份张楚王陈胜的命令，拜项梁为楚国上柱国，要求项梁渡江北上和秦军作战。项梁就率领八千江东子弟兵从会稽郡出发，北渡长江。项梁北上的时机非常好，这给他带来了很大的好处。

起义的初始阶段，各军阀都争先恐后扩张地盘、维护地盘，项梁若此时北上，难免要有一番血战。随着陈胜的败亡，召平等张楚义军残部开始对前途失去信心，急需重找主心骨，项梁的到来就是黑夜里的一盏明灯。对于非张楚系的义军来说，秦军的军事压力也迫使他们寻求外援，而不是将项梁驱赶出自己的地盘。东阳县的陈婴就是一个很典型的例子。

陈婴，原先是东阳县的令史（县长秘书），在县里一向诚实谨慎，人们称赞他是忠厚老实的人。东阳县的暴桀青年杀了县令，聚集起数千人。为了区别于其他军队，他们用青巾裹头，号称"苍头军"。这些人想推举陈婴做领袖，陈婴推辞不掉只好答应，后来，这些暴桀青年又想拥立陈婴为王。面对暴风骤雨般的情形，忠厚老实的陈婴自然非常惶恐和踌躇。这时，他母亲告诉他："冒头很危险，称王需谨慎。"想通后，陈婴以"显贵"、"名望"为借口带领军队投靠了项梁。

陈婴的苍头军有两万人，是项梁军的两倍多。这次合作明显违反了大企业兼并小企业的市场规律。不过这是在特殊时期，面对严峻形势，没有点胆量谁乐意冒险去当"头家"呢？因此说奇怪其实也不奇怪。除了陈婴，沿路又有吕臣、黥布、蒲将军等多路人马拜在项梁的令旗下。二世二年三月左右，项梁到达下邳（今江苏邳州市），此时他的部队已有六七万人。

随着这些队伍并入项氏军事集团，项氏军事集团的力量急剧膨胀起来。但是，集团内部也悄然形成各派势力，为今后集团的内部分裂埋下了伏笔。项羽作为项氏军事集团的第二代领导核心，未能对这些势力进行成功整合，他为此付出了惨痛的代价，这是后话。

项梁一路北上，直到下邳都是非常顺利的。再往北就进入东海义军的地盘，两个月前东海义军的领袖景驹自称楚王，接过了反秦大旗。

"王者师"张良

二世二年十二月，刘邦被周市给玩了，丧失了大量土地，被迫南下投靠景驹。在南下的路上，刘邦遇到了他一生的贵人——"王者师"张良。

张良是韩国人，他的祖父韩开地担任过韩昭侯、宣惠王、襄哀王的丞相，父亲韩平担任过韩厘王、悼惠王的丞相，这就是大家所津津乐道的张良家"五世相韩"（担任过五代韩王的相国）。由此可以推测，张良对韩国有很深的感情。

韩国灭亡时，张良家还能保有三百多仆役。富裕的生活没有消磨张良的意志，他对灭亡韩国的秦国始终怀抱着深深的仇恨。为了报仇，当时思想还不成熟的张良想到了搞"恐怖活动"。张良将家产全部变卖用于雇佣杀手，准备刺杀秦始皇。在秦始皇出游到阳武县博浪沙（今河南中牟）的时候，张良让一个大力士向秦始皇的驾车抛掷了一枚120斤的铁锥。由于没有GPS精确定位，铁锥只命中了副车。侥幸躲过一劫的秦始皇异常恼怒，他严令搜捕刺客。张良变更姓名，躲在下邳幸运地逃过了这次搜捕。在下邳期间，张良救了项伯一命。

张良的生平绝学就是所谓的《太公兵法》。张良得到它的过程非常富有传奇色彩。一天，张良在下邳的桥上散步，这时有一位穿着粗布衣裳的老人来到张良所在的地方。老人径直把自己的鞋丢到桥下，回过头对张良说："年轻人，下去给我把鞋取上来！"张良非常吃惊，想要打他，不过，看他年老，就竭力忍住，走下桥把鞋取了上来。

老人说："给我把鞋穿上！"张良想，既然已经替他把鞋取上来了，那就再给他穿上吧。老人伸出脚穿上鞋，大笑而去。张良非常吃惊，目送他离去。

老人走了将近一里路，又转回来，说："孺子可教也。五天之后天亮时，在这里跟我相会。"张良感到很奇怪，下跪说："好。"

五天之后天亮时，张良到那里去。老人已经先在那里了，他非常生气地对张良说："跟老年人约会，比老人来得还晚，怎么可以这样？五天之后早点来。"老人说完就走了。

五天之后鸡叫时，张良就到那里去。老人又已经先在那里了，他又非常生气地说："你又比我还来得晚，怎么可以这样？"说完就走，并留下一句话："五天之后再早点来。"

五天之后，张良不到半夜就到了那里。过了一会儿，老人也到了，他很高兴地说："应该像这样才对。"老人拿出一卷书，说："你读了这个就可以成为帝王的老师了。今后十年你将建立一番事业，十三年后你将在济北见到我，谷城山下的黄石就是我了。"说完就走了，再没有说别的话，也不再出现。第二天张良看那卷书，原来是《太公兵法》。他感到很惊奇，常常反复地诵读它。

张良遇到刘邦时，他自己也拉了一支一百来人的队伍，计划去投奔景驹，结果半路上遇到刘邦。刘邦和张良两人进行了交流，张良将《太公兵法》讲给刘邦听。一般人听张良讲《太公兵法》，都听得一愣一愣的，只有刘邦一听就懂，一点就通。张良感慨道："沛公你真是天降的奇才。"两人越聊越投机，张良索性投靠刘邦，刘邦让他当厩将（军马科科长）。考虑到此时刘邦的部队规模比较小，封官应当是给知识分子落实待遇，而不是让张良当"弼马温"。

后来，刘邦和张良两人相互欣赏，合作共赢，成就了一段佳话。

差点成了炮灰

刘邦南下见到景驹，正在用人之际的秦嘉、景驹对刘邦的到来还是很高兴的。这时传来一个坏消息：章邯的部将屠戮了相县（今安徽濉溪县西北），攻入砀郡。这样一来，楚都彭城（今江苏徐州）和景驹驻地留县都已经受到秦军的直接威胁，军情十分危急。于是，景驹派东阳宁君和刘邦一道向西抗击秦军。

刘邦原想借助景驹的势力来恢复丰邑，没曾想却被人当炮灰，这让他郁闷得不得了。可是"人在屋檐下，不得不低头"。此时的刘邦也没什么办法，只好带上本部人马同东阳宁君一起向西迎战秦军。刘邦等人出留县不远就在彭城西的萧县（今安徽省萧县）迎面撞上秦军，双方展开了血战。战斗的结果是刘邦吃了点亏，败退留县休整；秦军伤亡也不小，被迫停止进军，秦军的攻势得到了遏制。

次月（二世二年二月），休整完毕的刘邦主动向驻扎在砀郡的秦军发动进攻，血战三日，攻克了砀郡。砀郡之战是刘邦对秦中央军（之前打的是地方部队）取得的第一场胜利。刘邦血战三天取得胜利，显示了同以往不同的韧性和决心，宣告刘邦从此告别了暴民流寇模式，成为一支能打硬仗、恶仗的正规部队。不论是否有张良暗地为他分析，此时的刘邦应该完全意识到自己已经走投无路了，必须通过战争和鲜血来体现他的价值，为自己以及兄弟们赢得一个生存空间。

三月，刘邦又陆续攻克了砀郡的下邑（今安徽砀山县）等地，并征召砀郡人当兵，共收编了约六千砀郡人参军，再加上之前的三千丰沛子弟兵，刘邦的军队增至九千人。此时心有不甘的刘邦再次攻打丰邑，但是依然未能攻克。

这个阶段的刘邦占据砀郡东部的土地，拥有了一块地盘，这使得他在政治上更加独立，在军事上更具实力，这是刘邦开始逐步走向成熟的一个标志。

有人分析说刘邦从起兵之初就思维清醒、目标明确、务求必胜，这使得他最终得以战胜了项羽。这是想当然的论调，刘邦虽然有一定的想法，但一直是边走边看边改，在战斗中不断发展、蜕变、成熟，他并不是一开始就有很明晰的目标。刘邦的成功原理恐怕更应该归结为"多做少说"。真真正正所谓的"思维清醒、目标明确"的人，应该是梁王彭越，但是很遗憾，他因为太过谨慎而失去了发展的最佳时机，失去了和项羽、刘邦逐鹿天下的机会。

丰沛系

丰沛系是专制体系下的一个产物，也是隐藏在幕后的刘邦成功的奥秘之一，只有说清楚了，才能帮助广大读者更好地看清楚刘邦所作所为的原因和过程。

二世元年九月，刘邦被推举为沛公，发动了起义，在沛县招募了三千子弟兵，并向沛县周边扩展。这是刘邦核心利益集团初步形成的一个萌芽，这个时候刘邦身边的人主要是丰邑、沛县的子弟兵。之后半年左右的时间，刘邦团队在沛、丰、胡陵、薛、留等地通过战斗不断吸收新力量。

到了二世二年二三月间，刘邦占领砀郡一部以后，他的团队内又增加了六千砀郡子弟兵，至此，未来建立西汉帝国的核心利益集团此时算是基本成型。人员构成为沛县、丰邑人，再加上这期间在周边这一带战斗时加入的这一批人，这些人构成了西汉帝国未来的核心军功利益集团。

这个核心军功利益集团被称为"丰沛系"，或者称为"沛—丰—砀集团"，因为该集团中来自这三地的人最多。这个核心军功利益集团将成为未来西汉帝国新政权真正的核心和大脑，它是未来推动刘邦决策变化的真正内在因素。

以血缘、乡情、友情等复杂的人际关系和感情为纽带，编织形成了一个较为稳定的利益网，这就是"丰沛系"的实质。像战争这种残酷的活动，没有亲情、友谊、乡谊等感情纽带联结，队伍是很容易崩溃的，纵观世界并无例外。如中世纪称雄欧洲的瑞士长戟兵，其成功的秘密武器其实并非长戟，而是乡情。当时中世纪欧洲封建领主的军队多是雇佣兵，对抗中往往缺乏战斗意志。而瑞士长戟兵一个编制内的士兵都是一个镇里一起长大的，战场上生死相依，作战顽强，战斗力远远高于封建领主的军队。

"打虎亲兄弟，上阵父子兵"，"丰沛系"形成的价值也在这里。血缘、友情、乡情将"丰沛系"成员牢固地绑在"刘邦牌"战车上，形成了政治上绝对忠诚可靠的小圈子，这是刘邦最可信赖和依靠的队伍。这当中有很有名的成员，比如顶替刘邦被烧死的纪信，宁死不降的周苛、枞公，长期在后方坐镇的萧何，危机时刻奋不顾身冲入项羽帐篷解救刘邦的樊哙等。未来，这些人同刘邦风雨同舟，是刘邦在政治、军事斗争中的绝对依托，也是刘邦真真正正的财富。

"丰沛系"并非刘邦有意栽培的产物，而是在漫长的战斗过程中自然而然形成的。经历过残酷的战争洗礼后，这些人中的一部分因死亡而被淘汰，没有死亡的则逐步走上领导岗位。他们不仅担任丞相、太尉等高级领导，更是牢牢占据了师长、团长等中层干部的位置，忠诚地履行了职责，默默地支持了刘邦事业的发展。

再后来新加入的成员都会遭到"丰沛系"明里暗里的排挤，即使身居高位（如楚王韩信、韩王信等），也不过是"丰沛系"的鹰犬而已，难以得到"丰沛系"认同。甚至可以说，"丰沛系"

才是西汉帝国真正的主人，是"西汉股份公司"的大小股东，非"丰沛系"的人就是打工仔、职业经理，虽然某些时候他们也可以获得高工资，但早晚会被排挤出去。

当然，"丰沛系"的划分也不是绝对的，个别比较有手段的人（比如陈平、张苍等人）通过机缘和努力也是可以挤进去的。

刘邦与项梁

这个楚王不好当

二世二年十二月，陈胜败亡。得到消息后，二世二年一月，东海义军推举景驹为楚王，景驹接过反秦大旗。这支东海义军在东海郡一带自成一家，规模还是比较大的。

在陈胜起兵初期，陈胜曾派出武平君试图吞并这些人，但是遭到抗拒，武平君被杀。东海郡义军带有很强烈的联盟军的意味，明显是由东海郡的多支义军整合而成的。粗略估计，应该有秦嘉、董绁、朱鸡石、郑布、丁疾、景驹、徐樊君等人。

景驹之所以被推举为楚王，可能是因为他是义军领袖中有楚国王室血统的人（景氏是楚国王室的分支）。但是有一点笔者一直感到奇怪，就是在任何阶段，楚国都不存在两个楚王的情况。整个反秦战争期间，没人搞两个楚国。

二世元年七月至二世二年十二月，陈胜担任楚王（张楚）；

二世二年一月至二世二年四月，景驹担任楚王；

二世二年五月楚王位置空置；

二世二年六月起，熊心担任楚王（楚怀王）。

由此可以得知：首先，楚国人不找个国王出来作为精神支柱就会失落；其次，担任楚王不一定要有楚国王室血统；再次，楚王只能有一个，不允许各自称王，各干各的。

从陈胜到景驹，再到熊心，毫无血缘、政治继承关系的三个人，却按次序共同继承楚国国王，似乎任何人只要自称楚王就可以继承楚王的法理统治权，其他势力都会主动躲避，承认其法理上的正统性。

陈胜建立张楚政权以后，楚地的各个政权都以陈胜作为法理上的领导。例如秦嘉等人是东海义军的领袖，陈胜派武平君作为东海义军的领袖，秦嘉等人自然不乐意接受，于是杀了武平君，但他们杀掉武平君时居然需要诈称是陈胜的命令；项梁在会稽郡起兵北上，接受了召平伪造的所谓陈胜授予的上柱国封号。景驹称王也是在陈胜败亡后才进行的。

陈胜本身不是楚国王族，不存在什么法理上的优势。东海义军、项梁同陈胜毫无隶属关系，从建军之初就未接受陈胜的任何援助和支持，完全可以凭自身实力自立。但是，不知为何还要尊奉陈胜为领导人。

到了景驹自称楚王后，景驹就占据了法统上的主动。项梁完全不服景驹等人，从下邳北上挑战秦嘉、景驹等人。可是景驹称王在先，项梁觉得自己法理上吃亏了，不得不寻求陈胜法统的庇护。开打前，项梁先向楚军将士动员："陈王先首事，战不利，未闻所在。今秦嘉倍背陈王而立景驹，逆无道。（陈王首倡起义，战事不是很顺利，现在下落不明，秦嘉那几个龟儿子居然背叛陈王，私下立景驹为楚王，太大逆不道了，咱们揍他。）"

其实，项梁如果不想承认景驹的法统，直接否认就是了，何必绕那么大弯子？

这场楚国人的内部火并以秦嘉战死、景驹走死梁地而结束，项梁大获全胜，东海义军被项梁吞并。

转投项梁

当刘邦在砀郡战斗时，传来一个令他震惊的消息：他的大靠山景驹倒台了。景驹倒台就是因为项梁和景驹的火并。火并获胜后的项梁大军进驻薛县，此时他约有十几万人。

项梁十几万大军驻扎到刘邦的后方，虽然没说要干什么，但如果告诉你他们是来旅游的，你会相信吗？刘邦被夹在秦军和项梁之间，形势非常不妙，必须马上表态。于是刘邦带上警卫连（从骑百余）去拜见项梁，表示坚决拥护项梁的领导。这时的刘邦比起当初投靠景驹时成熟多了。

首先，刘邦已经明白保持力量的相对独立性是非常有必要的，这样才可以讨价还价，争取自己的权力，没有必要再傻傻地把队伍拉到别人地盘上去受人摆布，因而他只是带上警卫连前往。

其次，刘邦已经明白政治斗争要靠实力说话，主力部队镇守砀郡，有近万人的规模，项梁必须权衡火并和接纳之间的得失。

经历两次磨难的刘邦终于破茧而出了，成为一位能独立思考、有独立行动能力的团队领导人。他开始懂得如何在各方势力间游刃，做出最合适的选择，最大程度维护己方利益。刘邦已经破茧成蝶，虽然翅膀上还沾着水，需要更多的磨练来风干他的翅膀，但是他已经开始走上胜利的轨道了。后来项梁败亡，楚怀王正式任命刘邦为砀郡长，封武安侯，这是对刘邦拥有独立政治、军事地位这一事实的承认。

项梁果然没有为难刘邦，不仅接受了他的投诚，还拨了五千军马给他，由十位五大夫（爵位，不是职务，大体相当于上尉）指挥。得到项梁资助的五千兵马后，刘邦声势大振，决定三打丰邑。这一次，刘邦终于夺回了他的家乡丰邑，雍齿出逃魏国。

从表面上看，项梁是在帮助刘邦，实际上拨给刘邦的五千军马还是听项梁的。项梁利用这个机会往刘邦的队伍里"掺沙子"，分化、软化、瓦解刘邦的队伍。如果不是项梁太早败亡，刘邦应该会被项梁一步一步消化吸收，在不知不觉中由一个独立军阀变成项梁的部将，如同陈婴、吕臣等人。

刘邦喝下了项梁酿制的一杯"甜蜜的毒药"。当然，刘邦也没有不喝的资本。

章邯和项梁的对弈

章邯兵团出关后，主力沿着军事重镇（荥阳、许、陈、临济等地）前进，寻找叛军（义军）主力决战。章邯的小股部队则以章邯兵团主力为中轴，向各个方向展开，扫荡、消灭小股流寇，夺回城镇并驻扎当地。一度被张楚军和魏军控制的地区又重归秦政府掌控。

章邯兵团主力出色地完成了战斗任务，沿路摧毁了张楚军和魏军主力，完成了他的作战意图。二世二年十二月，章邯摆平了陈胜。次月（二世二年一月），章邯主力击败魏军主力后包围了魏都临济，开始了长达半年的围攻战。

包围魏都临济的同时，二世二年一月，章邯派出部队向东越过了睢水，侵入了砀郡，向盘踞这一带的秦嘉—景驹势力（东海义军）发动试探性进攻。这是秦军挟战胜陈胜的余威，侵入睢水以东，主动向楚系反秦义军发起的攻势。刚投靠景驹的刘邦带兵出战，和秦军打了一仗，没占到便宜，只得退回留县休整。这一系列事件说明这个阶段秦军处于优势地位。

二世二年二月，重整旗鼓的刘邦主动向驻扎在砀郡的秦军展开进攻。血战三天，刘邦击溃了这支秦军，砀郡在睢水以东的部分重新回到反秦义军的手上。这一事件表明反秦义军的实力有所恢复，双方的战略势态转向趋于平衡。

二世二年四月，项梁火并景驹，整合了各路楚军后赶到薛郡。此时，反秦义军的力量得到增强，战略的天平开始微微倾向反秦义军，义军又开始不安分了。处在强势地位的楚系反秦义军在项梁的指挥下，组织了两场小规模的试探性反击。

第一场战役是栗县之战。项梁命令刚投靠自己的朱鸡石、馀樊君带领部队向栗县发动进攻。结果馀樊君战死，朱鸡石领败兵退回来，被项梁下令处决。

项梁的这个决定固然是军法无情，但不免也有几分奸人嘴脸。项梁的心肝宝贝当然是他的八千江东子弟，应视为他的核心嫡系。陈婴、黥布等人投靠较早，属于次等嫡系。朱鸡石、馀樊君等人是项梁火并秦嘉、景驹后收编的，难以令项梁感觉完全可靠，更难以得到项梁的疼爱，因而被项梁故意派去同秦军拼杀。项梁的用意很明显：一则借此消耗秦军，并观察秦军的实力；二则借刀杀人，削弱秦嘉、景驹余党的力量，消除内部隐患；三则借此在各路归附的义军面前立威。

第二场战斗是襄城之战。项梁派项羽攻打襄城，襄城属于秦政府统治力比较强的区域，襄城百姓不敢投降项羽，因而抵抗很激烈，结果项羽以屠城结束战斗。完成任务后的项羽回到薛县，并向项梁做了汇报。项羽屠城的残暴行为引发争议，楚军不少元老对项羽的屠城行为表示了不满，日后该事件更成为他们攻击项羽的一个口实。

这几场战斗还反映出在章邯包围魏王咎的这个时间段，秦军和楚系反秦武装的实际控制线大体在睢水上，双方势力的平衡点差不多也在这个位置上。战争双方的统帅（章邯和项梁）都是高手，双方都非常谨慎，不轻易发动决战。

章邯的如意算盘

章邯的征战行动一直给我们一种势如雷霆的感觉。从二世二年十一月出函谷关，八个月左右的时间，章邯纵横千里，连杀三王二相，几乎横扫黄河以南的叛军（义军）。可是通过观察战争的形式，让人隐隐约约有种感觉，章邯可能兵力不足！

在章邯发家之初，骊山徒刑犯高达七十余万，加上秦二世政府增派司马欣、董翳率领的秦国国民兵，章邯兵团的士兵数量惊人。到了项羽新安（今河南省新安县）坑降的时候，章邯秦军尚有二十余万之众。如果单从以上方面来看，兵力不足这个词恐怕不应该同章邯联系在一起。但是，战争中章邯却困难重重，在击败陈胜后章邯可能就一直面临着兵力捉襟见肘的窘境。

事实上，济水以南、睢水以东的楚系义军核心区域，除了有秦军试探性地侵入过一次外，一直到章邯巨鹿失败为止，秦军从未能进入。当然，这不能作为章邯兵力不足的直接证据，但是，章邯在临济城下守株待兔的举动似乎又印证了笔者的看法。

章邯攻打陈县和未来攻打邯郸（今河北邯郸）都是当月战斗当月拿下。临济城围攻战前后持续达半年之久，用临济城城高池深，难以攻克来解释，不如用章邯有意在等待什么来解释更合理。

在章邯包围临济期间的二世二年四月，楚军向秦军发动了试探性攻击，双方爆发了栗县之战、襄城之战，特别是项羽攻打襄城得手，等于楚军向秦军占领区的人民宣告：我会回来的。（美军名将道格拉斯·麦克阿瑟的名言，也是灰太狼的名言）"项羽此举对秦朝统治的权威造成了巨大伤害，照理说章邯应该越过睢水打下几座楚军控制的县城作为反击，挽回秦军的脸面，威慑心怀不轨的"屁民"，但章邯似乎毫无反应。

　　五月似乎是一个平静的月份，无论是《史记·秦楚之际月表》还是《汉书·高帝纪》，看不到项羽、刘邦有任何行动。但如果翻看曹参、周勃的列传，会发现情况没那么简单。五月，刘邦显然是有军事行动的。刘邦的军队在这个月一直在双方控制线的边界挠章邯的痒痒，打下了几座县城，章邯却显得无可奈何。

　　李开元教授在《复活的历史——秦帝国的崩溃》一书中就指出，章邯围攻临济的主要目的是引诱齐、楚军队的到来，并加以击溃。章邯的这种打法有点类似清代曾国藩提出的"明主客"策略，将敌军（田儋齐军）引诱出本土，变成了"客人"，我军（章邯秦军）以逸待劳，成为"主人"，取得战略上的有利态势，以较少的代价取得胜利。

　　假如把章邯忍耐项羽和刘邦的挑衅视为有意示弱，达到引诱楚军的目的的话，那么临济被攻陷后，章邯在东阿之战和濮阳之战的惨败就不是示弱，而是真的弱了。章邯在这两场会战中被项梁打得落花流水，而项梁的这两场胜利总让人感觉赢得过于轻松。齐国田荣是不容忽视的一股势力，按理说，强敌当前，项梁应该尽量争取田荣的援兵，但项梁却显得爱理不理。这些都不能不让人怀疑章邯是否受到兵力不足的困扰。

　　如果章邯兵力不足是事实的话，那么就很容易明白章邯围困临济的如意算盘，他在等人，在等楚军、齐军前来自投罗网。面对秦军的团团包围，临济城危如累卵，魏相国周市、魏王弟弟魏豹被派出向其他反秦诸侯求救。

　　楚系义军的内部整合问题尚未解决，项梁的精力主要放在召开"薛县全楚反秦义军代表大会"上，用于协调和整合楚系内部各路反秦义军，解决几个迫切需要解决的问题，因而楚军只派出项它会同齐将田巴的部队随同周市救援。二世二年四月，齐楚联军向临济的秦军发动进攻，做第一次救援，结果魏相国周市当场阵亡，齐、楚军败退，章邯大获全胜。

二世二年六月，魏国已危在旦夕，深感唇亡齿寒的齐国终于下决心全力救援，齐王田儋在魏王咎弟弟魏豹的引导下亲统大军奔赴临济。章邯在临济城下发动夜袭，没有提防的田儋被当场击毙，魏、齐联军大败，田儋从弟田荣引残兵退回齐国。

临济城下以逸待劳，一举打垮实力雄厚的齐军，章邯这一仗打得太漂亮了。随着临济夜袭战的落幕，魏国方面终于彻底绝望了，魏王咎代表魏国向秦军投降，以自焚为条件换取秦军不屠城的承诺。魏咎的举动不失贵族气节。

"长江后浪推前浪，前浪死在沙滩上。"临济战役结束后，第一批称王的革命家（张楚王陈胜、赵王武臣、齐王田儋、魏王咎、燕王韩广）除了偏远的燕王韩广外全部成了先烈。同时，齐国也遭到重创，如果没有外援的话，齐国被灭指日可待。章邯灭魏使他的平叛事业达到一个新的高峰。

章邯的耐心等待让他尝到了甜头，唯一的遗憾是只部分实现了他的意图，仅击溃了齐叛军主力，而没有击溃楚叛军主力。魏豹随着败退的齐军逃到东阿（今山东东阿）。魏国灭亡后的次月（二世二年七月），章邯领兵追击刚经历惨败、士气低落的齐军，齐军统帅田荣被围困在东阿。

3 项梁意外出局

政局变化

薛县会议

项梁从会稽郡北上，沿途整合了楚系义军各派力量。二世二年四月，项梁火并东海义军，压服刘邦，确立了自己的领导地位。经项梁整合，楚系义军势力得到了恢复和发展，主动对秦军发动挑衅性进攻（栗之战、襄城之战），初步扭转了反秦义军在陈胜败亡后的战略颓势。

在这个形式下，项梁在薛县召开"全楚反秦义军代表会议"，讨论未来革命的前途目标等问题，统一思想，提高认识。楚系反秦义军的势力是非常庞大而且复杂的，在史书上我们能看到的有项梁（会稽郡）、陈婴（东阳苍头军）、吕臣—召平（张楚系）、吴芮（衡山郡）、黥布（骊山逃犯）、秦嘉—景驹（东海郡，已死）、刘邦（泗水郡）、王陵（南阳郡）、共敖（南郡），相信还有很多标注不出来的势力，例如陈武（又名柴武）、龙且，楚系反秦义军可谓超级大杂烩。在陈胜已死的情况下，楚系义军明显缺乏一个具有凝聚力的领导核心，他们急需引导和整合。

项梁面临的最重要任务就是通过薛县会议将楚系义军的指导思想和目标方略统一起来，凝聚成一股力量，为今后对秦作战奠定基础。因而这场会议是楚系义军一个里程碑式的重要会议，会议上各派系之间争吵很激烈，从四月一直开到六月，会期长达三个月。

会议有两个主要议题：一是要确立新的领导核心，建立领导团队，实现统一指挥和联合作战，避免被秦军各个击破；二是要制定战略规划，统一行动纲领。结果会议的第一议题就是楚王的位置该给谁？

按照楚国人不谦逊的本质来说，刚刚摆平了景驹的项梁当然可以称王，项梁也有这个胆略，问题是项梁并无压倒性优势。楚系义军少说有十几万人，项梁的嫡系部队只有八千人，仅占总量的5%左右，要驱动是自身近二十倍的楚系义军运作，谈何容易？项梁并无完全把握。但是反过来说，楚系义军派系林立，各派之间实力相差又不大，项梁不站出来的话，似乎又没有更合适的人选了。

楚军没有核心领袖不行，选错了又容易引起分裂和内耗，楚王这个宝座选谁都麻烦。估计项梁也是左右为难，会开了一个多月都没结果。好在年已古稀的居鄛（今安徽桐城南）人范增提供了一个折中方案，把这个难题给破解了。

范增向项梁提出："陈胜失败，那是肯定的。秦灭六国，楚国是最无辜的。楚怀王被骗入秦国没有回来，楚国人至今还在同情他。所以楚南公说'楚虽三户，亡秦必楚'。如今陈胜起义，不立楚国的后代却自立为王，势运一定不会长久。现在您在江东起事，楚国有那么多将士像蜜蜂一样争着归附您，就是因为项氏世世代代做楚国大将，一定能重立楚王后代。"范增的话其实层次还是比较乱的，但是他表达的意思大家还是可以看出来，他要求立原楚王后裔为王，倡导贵族政治。在科学不发达的古代，血统论的市场还是很大的，范增提出这样的建议并不奇怪。

如此一来，豁然开朗。既然楚王这个位置谁都不合适当，那么索性谁都别当了，找个局外人来当，这样哪一派都没法抱怨。当然，这个空降下来的楚王也不可能得到任何实权，只是作为一种象征给供起来，摆着给人看。项梁当即拍板同意了该方案。意见统一后，项梁到民间寻找到楚怀王熊槐的嫡孙熊心，这时熊心在给人家放羊，已经由王孙沦落为平民了。

二世二年六月，项梁等人拥立熊心为楚王，并袭用他祖父的谥号楚怀王，这是为了唤起楚国民众的民族主义情绪，号召起义。不过这样做是不合乎规矩的，按理说，立为王的，就直接称什么王，比如熊心就应该称为楚王，而不可以称为楚怀王。"怀"是谥号，要在熊心死后，贵族们根据熊心一生的业绩为他定一个谥号，比如文、武、庄、怀、灵、殇等，谥号是对其一生的盖棺论定。

一个萝卜一个坑。国家元首只能有一个，"楚王"这个坑埋了楚怀王熊心这个大萝卜，而官员却可以有很多个，有了楚王，各路义军领袖就可以安排到其他"坑位"。相信项梁这种聪明人一定会对各路义军领袖进行封官许愿，安排好各方的权力分配。比如苍头军的领袖陈婴就被封为上柱国，分封了五个县，和楚怀王一起坐镇楚都盱台（今江苏盱眙北）。"上柱国"这个武职荣誉原是项梁所有，现在给了陈婴，应该算给他升了官，进行安慰和收买。摆平各派首领后，项梁担当起楚系义军实际领导人的责任，自号武信君，也确实只有他比较适合担任领导人。

至此，楚系义军"打造核心领导"的任务算是完成了，确定了革命的精神领袖和实际领导人。楚系各路义军将在楚怀王熊心的号召下和项梁的指挥下统一对秦作战，以推翻暴秦政府为共同追求，告别楚系各派义军各自为战的局面。

会议上，张良提出要求，要楚国协助韩国复国，并指定原韩国横阳君韩成为韩王。这个要求得到了以项梁为首的楚国中央政治局的应允，并为其提供军援，拨给一千兵马让张良去攻略韩地，张良以韩司徒（民政部长兼第一副丞相，由于没有正丞相，张良也相当于韩国丞相）的身份组织韩国的复国运动。

张良指挥的韩国复国军数量有限，仅仅能起到一点骚扰秦军后方的作用，但这却间接表明楚国对韩国独立的承认，也透露出项梁主持的楚国政府设想的未来国际政治格局应是以六国复国为核心体系的一种政治格局，此时的楚国尚不敢追求独霸天下。

章邯栽了跟头

二世二年六月，章邯在临济城下击溃了齐国援军，击毙齐王田儋，田荣引齐军残部败退东阿。次月（二世二年七月），紧追而来的章邯将田荣团团包围在东阿。

田荣领导的齐军刚刚经历了临济惨败，士气低落，情势非常危急。好在此时项梁已经顺利结束了薛县会议，整合了楚系义军，有精力和能力赶来支援田荣。项梁先向北攻克了亢父，再和司马龙且军一道继续推进到东阿，在东阿城下和田荣联手大败章邯。

章邯遭到他出关以来的首场失利，主力随着章邯退往濮阳

（今河南濮阳南），部分被打散而失去指挥的部队退往城阳（今山东甄城）。项梁派项羽、刘邦领兵攻屠了城阳，消灭了秦军这支分部队。完成任务后，项羽、刘邦重归项梁兵团，并在濮阳以东再次击溃了章邯，章邯被迫退入濮阳城中坚守，同时向秦中央政府紧急求援。

二世二年七月，丞相李斯收到章邯的急报，执政经验丰富的他敏锐地意识到他的麻烦来了。在过去的这一年里，李斯几乎是心力交瘁。

两年前，也是七月，老皇帝驾崩在沙丘宫。作为丞相的李斯当机立断，和中车府令（皇帝秘书处主任兼警卫车队队长）赵高合作，将这个消息封锁起来，逼死公子扶苏，将公子胡亥安安稳稳地扶上帝位，成为二世皇帝。以他的贡献来说，晚辈胡亥即便喊他"尚父"也不为过。

二世皇帝登基后，半年内就提出要东游，向天下人显示新皇帝的威德。当时李斯陪着他一直巡视到帝国最东端的辽东，沿路模仿他的父亲、上一任皇帝，在石碑上也刻下字，以昭显先帝的功业盛德。

二世皇帝大概以为他可以凭借这些造势获得天下人的认可，可惜他错了，他发现自己无论怎样努力都得不到群臣和哥哥们的认可和尊崇，这些人只是在敷衍和应付。自尊心极强的他无法忍受群臣和哥哥们内心深处轻蔑的目光，在赵高的挑拨和指导下，二世皇帝悍然发动"大革命"，向藐视他的群臣宣战，他要让群臣知道什么是权力，什么是尊崇，他要让群臣发自内心地恐惧和畏服。

朝廷内一时哀鸿遍野，二世皇帝的十二个哥哥被戮杀，十个姐姐被砑死，大批无辜的臣僚被诛杀。这是怎样的恐怖景象！李斯是二世皇帝登基的功臣，这场"大革命"的火自然不会烧到他身上。他出于自保没有站出来为同僚们讲话，放任二世皇帝的肆意恣行。

二世皇帝推崇他父亲的威严和力量，他渴望模仿父亲，他要继承父亲的意志，他希冀将大基建、大扩张、大战争的策略进行到底，从辉煌走向辉煌！在二世皇帝看来，大基建、大扩张、大战争等先帝做出的决策，不是一个可以探讨的技术问题，而是一个严肃的政治态度问题。于是"赋敛愈重、戍徭无已"，国民经济濒于崩溃，逃亡、暴动时有发生。

三个月后的二世元年七月，也就是一年前，戍卒陈胜在大泽乡放起一把烽火，烧遍了整个关东。两个月后，这支叛军突然打进函谷关，把李斯也吓得够呛，好在章邯利用骊山囚徒紧急拼凑了一支军队击退叛军，使得秦帝国躲过一劫。对于出现数不胜数的叛乱事件，二世皇帝没有反思自己的过失，而是不断指责丞相李斯的治国无能。

李斯的长子李由担任三川郡守，相当于现在省部级的高官，面对气势汹汹的吴广叛军，李由没有躲在三川郡郡治洛阳（今河南洛阳东），而是勇敢地带兵前往荥阳堵截，结果在荥阳被叛军围困了四个月后才被章邯解救。李由的表现还是相当英勇顽强的，比起其他浑水摸鱼的官员，李由堪称模范郡守。但二世皇帝却怀疑他和叛军有勾结，在叛军被击退、三川郡重建并和首都取得联系后，二世政府就派出使者开始调查李由。

在重重压力下疲惫不堪的李斯为求自保，写下《奏请二世行督责书》向二世献媚讨好，这篇文章被李开元教授斥责为"邪恶美文"，因为这篇文章引经据典，文笔非凡，内容却颠倒黑白。《奏请二世行督责书》依据韩非子等法家学术名家雄辩地论证了君王只要"督责"臣属就行，不用担当责任。迎合了二世皇帝既想要拥有权力，又拒绝承担义务的心理。"邪恶美文"正合二世皇帝的胃口，"书奏，二世悦。"皇帝和李斯之间的紧张关系得到缓解，李由的事情也渐渐得以淡化处理。

但这篇文章带来的恶果却超出了李斯的控制，二世皇帝以此为理论依据，更加理直气壮地强化"督责"，以向百姓收税越多、杀人越多作为官吏是否贤明、是否忠诚的技术指标。结果就是路上的行人有一半是犯人，在街市上每天都堆积着刚杀死的人的尸体，景象恍如地狱，法令更加严苛，局势日益恶化。

一边是二世皇帝的无能和轻佻，一边是叛军的凶狠和狡猾，李斯身居高位却难得信任，夹在这种困难局面下坚持工作，努力维持这个摇摇欲坠的政府，其内心深处的心酸可想而知。

元老的会议

二世二年七月，李由被解救后又过了九个月，章邯在东阿会战中被项梁打败，向秦中央政府发出求援信。

接到章邯的求援后，李斯感到事态严重，召集右丞相冯去疾、将军冯劫进行商议。经历了"大革命"的血雨腥风后，秦政府的官员们失去了曾经的责任感和事业心，整个官场以"混日子"为指导思想，浸泡在一种非常沉闷的气氛中，运转愈发生涩。冯去疾和冯劫是仅存的少数老臣，也是李斯觉得为数不多的可以信任和议事的人。

三人经过探讨后，承认河南的战局已经严重恶化了，必须要尽快控制住局势。由于三人都经历了战国末期的统一战争，具有出色的战争素养，面对不利局面三人迅速制定出应对措施，计划调动位于河北的王离兵团南下，向章邯方向靠拢，同时抽调王离兵团的部分兵员沿着黄河秘密进入濮阳补充章邯兵团，并实施反击。协商结束后，李斯以丞相的名义签署了命令。

会议结束后，借着座谈的机会，李斯向二人透露心迹，表达了自己对局势的担忧。

一是担忧国家局势恶化。眼下叛乱分子越打越多，秦政府一而再、再而三地征发关中的国民兵到关东进行镇压，仍然无济于事。叛乱不息的原因不在于秦军不可怕，而在于民众已经活不下去了，如果不马上停止大基建、大工程，与民休息，全局的崩溃将是难以避免的。

二是感到赵高这个人阴险狡诈，可能会对现政府构成伤害，需要尽快除去。

原来李斯刚被赵高暗算了。起先是二世皇帝不知何故不再参加朝会了，什么事情都是赵高代为转达，群臣很难见到皇帝，李斯无法通过正常途径将意见传达给皇帝。对此李斯焦急万分，作为皇帝安全保卫处负责人的赵高很诚恳地告诉李斯："函谷关以东地区盗贼很多，而现在皇上却加紧遣发劳役修建阿房宫，搜集狗马等没用的玩物。我想劝谏，但我的身份低微。这是丞相您分内的事，为什么不劝谏呢？"

李斯一听赵高说的这么恳切，以为他真是忧国忧民，也实话实说："确实这样，我早就想说了。可是现在皇帝不临朝听政，常居深宫之中，我虽然有话想说，却不便让别人转达，想见皇帝却又没有机会。"赵高于是对他说："您若真愿意劝谏的话，请允许我替你打听，只要皇帝一有空闲，我立刻通知你。"

李斯得到赵高的通风报信后赶紧去见二世皇帝，谁知每次去都不是皇帝闲暇的时候，而是皇帝玩得最高兴的时候，这直接扫了皇帝的兴，搞得李斯也灰头土脸的。反复几次，李斯才明白自己上当了。皇帝也因此怀疑李斯是不是存心找茬，赵高借机挑唆皇帝去调查李由，试图找到突破口，扳倒李斯。李斯后来也知道了这事，不得不靠《奏请二世行督责书》向二世皇帝献媚讨好，得以淡化处理化解了这事。

阴险狠毒的赵高咄咄相逼，李斯感到一丝凉意，他向冯去疾、冯劫表达了想要除去赵高的想法，但二人没有当场进行表态。

会议结束后，冯去疾、冯劫虽然没同意对赵高采取行动，但出于对国家负责任的态度，冯去疾、冯劫同意了另一件事情，同李斯联名上书，要求立刻停止大基建工程，与民休息。他们大概认为"人多力量大"，三个重量级的官员联名上书，皇帝至少会认真对待他们的建议；如果皇帝有所不满，那么三个人也可以共同分担风险。没曾想，二世皇帝的暴虐超出他们的想象，直接把三个人一勺给烩了。

风云突变

李斯之死

冯去疾、李斯、冯劫三人联合上书没有达到他们想要的效果，反倒让皇帝认为他们是在逼宫。在赵高的挑拨下，皇帝将此事视为一起"结党谋逆"事件，三个人被一块儿送进监狱。冯去疾、冯劫说："将、相不接受这种侮辱。"自杀了。冯去疾、冯劫二人以自杀向皇帝表示愤怒和抗议。李斯不想死，于是皮肉就受苦了。

李斯有强烈的求生欲望，希望二世皇帝可以醒悟过来释放他，可惜没有。二世皇帝又派赵高来审理这个案子，这种审理方法无异于让猫来看鱼，结局可想而知，李斯直接就被打服了。但是李斯依然不放弃生的希望，他又试图向皇帝上书以求得生机，赵高绝对不给他机会，将他写给皇帝的奏书直接扔掉。

李斯上书的渠道被堵死了，但是李斯身份特殊，李斯谋反案需要皇帝来做终审裁决。赵高派他的门客十多人假扮成御史（监察官）、谒者（通信员）、侍中（秘书），轮流往复审问李斯。如果李斯说自己没有谋反的话，赵高就让人狠狠拷打他；如果他承认自己谋反，就不会挨打了。后来皇帝派人去验证李斯的口供，李斯以为还和以前一样，终不敢再改口供，在供词上承认了自己的罪状。赵高把判决书呈给皇帝，二世皇帝很高兴地说："没有赵君，我几乎就被丞相出卖了。"

案件裁定后，二世皇帝派人到三川郡逮捕李斯长子李由，使者还没到达，李由就在雍丘（今河南杞县）阵亡了。赵高索性自己文学创作了一整套李由谋反的罪状，反正死人也不能开口说话。

二世二年八月，李斯被判决腰斩于咸阳街市。李斯被带出监狱时，跟他的次子一同被押解，他回头对次子说："我想和你再牵着黄狗一同出上蔡（今河南上蔡，李斯的家乡）东门去打猎追逐狡兔，又怎能办得到呢！"于是父子二人相对痛哭。李家三族的人都被处死了。

纵观李斯生平，就是个以阴谋立、以阴谋亡的过程。当他斥责秦二世残暴、怒骂赵高"邪佚"的时候，他有没有想到昔日被他陷害的师弟韩非，冤死的公子扶苏以及蒙恬、蒙毅兄弟？李斯觉得自己很冤枉，那么被他陷害的人呢？明明知道二世的骄横恣行是错的，却没有坚持原则，反倒主动去献媚讨好，并以"而不吾听也（他不听我）"为借口，导致二世在错误的道路上越走越远。

虽然李斯有缺点，但李斯是朝廷重臣、政府台柱，秦政府在经历陈胜吴广起义后之所以还能苟延残喘这么长时间，其实有赖于李斯等老臣的竭力维护。李斯之死是秦政府的一场大地震，标志着秦政府仅存的一丝灵魂也被抽空了。新任丞相赵高阴谋权术有余，执政能力却不足。在他的蛮干下，秦政府这架战车终于彻底熄火，这成为秦朝灭亡的重要因素之一。

章邯的困局

二世二年七月，章邯在东阿和濮阳的两次会战中失利，败退入濮阳城中进行防御。

面对困兽犹斗的章邯，项梁没有发动强攻，转而南下攻打定陶（今山东定陶县西北）。定陶是座军事重镇，应当也是秦军一个非常重要的据点。早在景驹时期，楚军就试图联合齐军攻打定陶，但因齐楚双方的争执而作罢。定陶城城防坚固，项梁强攻没有得手，改为围困。

二世二年八月，项梁围困了定陶，派出刘邦、项羽向西出击，主要目的是为了切断章邯同关中的陆路联系通道。刘邦、项羽攻克了宛朐（即宛句，今山东菏泽市西南）、户牖（今河南兰考县东北）、临济、卷（今河南原阳县西）等地，顺利完成了任务。加上之前攻克的张（今山东省梁山县东北）、城阳等地，楚军对濮阳形成了一个牢固的弧形锁链，将章邯牢牢地"锁"在濮阳。

二世二年七月到八月这段时间，是刘邦、项羽二人关系最好的时期。这个时期两个人在同一战壕里战斗，有着生死相托的战斗友谊。此时，他们绝对想不到日后二人却要拼个你死我活。

刘邦在攻打宛朐的时候收编了当地起义的一位将领，这位将领日后成为刘邦手下非常得力的将领，这个将领就是信武侯靳歙。从靳歙的事情大体看出，刘邦攻打这些地区时应该得到了当地反秦义军的帮助。这侧面解释了章邯为什么兵力不足。其实，不是章邯的士兵数量少，而是关东到处都是敌视的眼睛，"带路党"成群结队，或明或暗地配合大股反秦义军袭击秦军，秦军必须花费对方几倍的力量才能控制住某地，因而章邯兵团虽然规模庞大却一直疲于应付，尽显兵力不足的疲态。

看到章邯陷入困境，时任秦三川郡守李由领兵赶来救援章邯，结果在雍丘被刘邦、项羽截住，李由被刘邦部将曹参斩杀，秦军被击溃。但是雍丘属于砀郡辖区，三川郡守李由的军事行动有越界嫌疑，这可能是因为他想报答章邯的解救之情，也可能是因他父亲李斯被囚，他想立功赎罪。或者二者兼有之。

得到李由被击溃的捷报后，在定陶城下的项梁非常得意。他有足够的理由得意，因为他确信锁链已经牢牢拴住了章邯，时间一到，兵疲粮尽的章邯就会束手就擒。

但是，项梁大意了，他不知道增援章邯的秦军没有走陆路，而是走水路悄悄地沿着黄河补充进濮阳；或者他觉得秦军战斗力也不过如此，懒得知道。而秘密得到补充的章邯军势"复振"。不过，狡猾的章邯不仅不实施反击，反而挖开黄河河道，在濮阳外围建了一道护城河，摆出一副死守濮阳的架势。这招迷惑了项梁。此时，章邯准备在一个月黑风高的夜晚给项梁一个意外"惊喜"。

接连的胜利使得项梁不由得滋生出骄傲轻敌的心态，章邯的有意示弱更是给项梁造成了章邯已经被吓破胆的假象。当然，并不是所有人都对章邯缺乏警惕，宋义就向项梁提出告诫。宋义说："打了胜仗，将领就骄傲，士卒就怠惰，这样的军队一定要吃败仗。如今士卒有点怠惰了，而秦兵在一天天地增加，我替您担心啊！"这些话扫了项梁的兴。都说垃圾是放错地方的资源，处理垃圾最好的方式就是物尽其用。于是，项梁派宋义出使齐国，让他眼中的垃圾发挥作用。

打发走这只"讨厌的苍蝇"，项梁在定陶城外的楚军军营中甜甜地睡去。睡梦中，项梁咧着嘴笑了。忽然间，军营里惊慌的喊叫声、战马的嘶鸣声、兵器的撞击声混杂在一起。卫兵急忙叫醒项梁："秦军杀进来了。"项梁的第一反应是：怎么可能？睁开惺忪的眼睛，只见黑衣黑甲的秦军如潮水般涌来，楚军毫无防备，军营被踏破，士兵被打得七零八落。项梁一下子给吓醒了，脑袋里一阵短路："哪里冒出这么多秦军？"项梁还没反应过来，就被猛扑过来的秦军士兵乱戈戳死。原来，章邯趁项梁松懈之机，秘密行军来到定陶，并在夜晚发动了一场突袭。章邯的行动非常隐秘，项梁被打了个措手不及，当场阵亡，定陶楚军全军溃败。章邯的定陶夜袭打得非常漂亮，一剑穿心。

此时的刘邦、项羽正在攻打陈留（今河南省开封市陈留镇），得到这个消息后大为震惊，二人商量后，决定放弃攻城，和吕臣等各路楚军退保楚都彭城。吕臣驻扎在彭城东，项羽驻扎在彭城西，刘邦驻扎在砀郡。

定陶夜袭是章邯的又一次重大胜利。楚国瞬间失去好不容易建立起来的主心骨，陷入新的混乱和恐慌中。然而，令人不解的是章邯在取得重大胜利后，并没有继续进攻，而是全军飘然北上。

楚怀王崛起

章邯在这个关键时期北上的行为令人费解，司马迁给的说法是章邯"以为楚地兵不足忧"。笔者不是很赞成这个论断，这应该是司马迁想当然的说法。军队调动防区是非常严肃的事情，一定要呈报中央批准，不是章邯本人可以决定的，当然也不能排除章邯确实向秦中央政府递交北上的请示。

笔者倾向于这是新任丞相赵高的意思。赵高应该是想当然认为一加一大于二，将章邯兵团调到河北，同王离兵团会合，再利用超大规模兵团给河北叛军致命一击。事实上，赵高这个错误的决策给了楚军一个意外的喘息机会。

项梁的败亡可以说是楚军的灾难，革命顿时陷入低潮。在这个危急时刻，一位英雄人物挺身而出，为楚军迅速稳定下来做出了杰出贡献。这位英雄人物就是楚怀王熊心。

就在楚军士气低落、各路楚军纷纷退保彭城时，楚怀王却表现出惊人的胆量，他从后方的盱台赶赴彭城前线主持大局，利用统帅空缺的迷茫期，将自己从精神领袖转化为实质领袖。这让人很难相信他是一个被抬上神台的傀儡国王。

来到彭城的楚怀王熊心立刻展示了他的政治手腕。他将项羽、吕臣的军队合并，自任统帅，把军权抓到手，同时抬高吕臣、刘邦，打压项羽。任命吕臣为司徒，吕臣的父亲吕青担任令尹。封刘邦为武安侯，任命为砀郡长，将刘邦的军事力量从项氏集团中剥离出来，便于日后分化控制。封项羽为长安侯，号为鲁公，作为精神上的安慰。在楚怀王的努力下，利用秦军"送来"的喘息之机，楚军终于渐渐稳定下来。

楚军逐步稳定，但秦军的威胁并未消失，对抗秦军依然是楚国面临的一个不可回避的问题。在这个背景下，楚怀王展现出一个优秀政治家的素养，他与他所领导的团队推出了历史上著名的"怀王之约"。"怀王之约"以其务实、灵活，成为日后各路反秦义军的指导性纲领。

"怀王之约"原文已佚，只留下零星的记录，主要核心思想就是：未来的国际政治格局以原战国六国政局为基础，保留各诸侯国的权力，承认和维护关东诸侯国的权力；推翻暴秦政府，但保留秦国，"先入定关中者王之"，谁先入关推翻秦王朝，平定关中，由他来统治传统意义上的关中地区，成为未来的秦王；但要求"入秦无暴掠"。

作为楚国对天下形势的一种判断，"怀王之约"在政治上非常准确、老辣。首先，楚国无力独吞天下，必须承认诸侯的既得利益，这样可以稳定各国诸侯，有利于团结力量。其次，"先入定关中者王之"建立了明确的革命目标，调动各路诸侯、军阀的积极性，避免因分赃不均使得各诸侯、军阀在对秦作战中的内讧消耗。"入秦无暴掠"可以减轻关中秦人对义军的抵抗强度。

"怀王之约"其实是"薛县会议"的延续和微调，两者的精神是一致的。"怀王之约"是对"薛县会议"精神的进一步补充和完善，使之更具操作性。当楚国以盟主的身份向天下昭告"怀王之约"时，其内容就很容易获得普遍认可，也等于为未来国际关系定下准则。也因为它太完善，日后给项羽涂改"游戏规则"增加了一些难度和麻烦。

之前项梁打发宋义出使齐国，宋义在路上碰到齐国使者高陵君，就把项梁骄傲轻敌的情况和高陵君说了，认为项梁可能会败亡，建议他慢点走，免得死在军中。高陵君听了他的建议就放慢了前进的速度，幸运的躲过一劫。高陵君原本要拜访项梁，因项梁已死，就去彭城见楚怀王。高陵君将宋义的事情向楚怀王做了汇报，楚怀王召见了宋义，对宋义大加赞赏。

项梁之死引发的动荡

齐楚纠葛

"楚虽三户，亡秦必楚"是楚国流传已久的谶语，这句话铿锵有力，笔者找了很多解释，感觉都不是很有说服力，但有一点是公认的，就是这句话表达了楚国人不屈不挠的斗争意志和决心。

楚国对于亡国的仇恨是刻骨铭心的，反抗秦朝暴政、追求

"民族独立"的决心是非常坚定的。当章邯以雷霆之势打垮陈胜时，吕臣、黥布就敢于收罗溃兵反击。陈胜败亡的次月，景驹就毫不犹豫地接过楚王的大旗，继续反抗。

为了对抗秦军，当时的楚王景驹派出使者公孙庆向齐王田儋提出对秦联合作战的设想。没想齐王田儋刚一开口就破坏了两国关系。田儋说："听说陈王战败了，也不知道是死是活，楚国怎么也没有请示一下我们齐国，就自己立了新的楚王？"

咄咄怪谈！楚国立王是楚国内政，关齐国何事？齐王田儋居然发表"友邦惊诧论"，要求事先得到他的同意，这暴露了田儋的野心。但不管怎么说，这个提法是不合适的。公孙庆作为楚国使者自然要维护国家尊严，立刻反驳："你齐国立王有经过我楚国批准吗？楚国立王凭什么要请示齐国？再说，我们楚国最早起兵，更有资格号令天下。"

公孙庆的前面两句是对的，国与国是平等的，各国应该相互尊重主权，一国立王要先经另一国批准是无理取闹。后面的话就有点意气用事了，故意恶心齐王田儋。齐王嘴巴不够利索，回答不上来，恼羞成怒，直接杀了公孙庆，齐楚之间的合作关系就此破裂。

两个月以后，景驹因和项梁发生冲突而死，以景驹、秦嘉为核心的楚政府被推翻，成立了以熊心、项梁为核心的新楚政府，而齐王田儋在临济会战中战死。齐楚的领导人都换了，齐楚之间的矛盾得以淡化，双方的合作成为可能，并联手在东阿会战中击败了章邯。但这并没有真正消除齐楚之间的矛盾。

齐楚两国都是实力雄厚、野心勃勃的国家，内部"民族主义"情绪高涨，对外谋求政治霸权，图谋干涉他国内政。双方迫于外在压力被迫暂时中止敌视，寻求合作。但在合作过程中仍时刻不忘，想颠覆对方政府，建立一个亲己方政权。双方的关系是既敌视又合作。

楚国对齐国内政的干涉

在二世二年六月的临济会战中，齐王田儋被章邯击毙，得到田儋战死的消息后，另一派齐国人立原齐国末代国君齐王建的弟弟田假为齐王，田角担任丞相，田闲担任国防部长，建立新的齐国政府。

继承田儋势力的是田儋的从弟田荣，但此时的田荣顾不上和田假等人对抗，因为他被章邯包围了。好在项梁赶来，双方联手击败了章邯。田荣原定要和楚军联合作战，但因齐国内乱，解围后田荣带兵回到齐都临淄（今山东省淄博市临淄区），用武力驱逐了田假等人。田假逃亡楚国，田角则逃亡赵国投靠亲弟弟田闲。

田荣立侄儿（田儋的儿子）田市为新的齐王，自任齐相国，成为齐国的实权人物。田荣答应项梁派兵参与联合对秦作战，但要求楚国方面杀掉田假，赵国方面杀掉田角、田闲。应该说田荣这个要求不算特别过分。田假等人是田荣的政敌，楚国收留田假，难保日后楚国不以田假做政治旗号来干涉齐国内政，楚国杀掉田假也是在表达楚齐合作的诚意。

杀田角、田闲是不可能的。田闲原是田儋的部将，先前被派去支援赵国，手握数万大军，是赵国政权的军事支柱之一，赵国不可能杀掉田角、田闲。杀田假是可能的，然而令人惊讶的是，楚国拒绝了这个要求，楚国给的解释是："田假也是一个国王，走投无路才来投奔，不忍心杀掉他。"田荣为此大发牢骚，大意是："田假等人和你们楚、赵又没亲戚关系，干嘛那么护着他们？现在军情紧急，大家要精诚合作，你们这样做影响团结，到时候大家都完蛋。"

不久前的东阿会战中，齐楚两军齐心协力击败了章邯，齐楚合作的形势一片乐观。但项梁却罔顾盟友的感受，收留了寻求政治避难的田假，表明了楚国干涉齐国内政的态度和决心，田荣愤而拒绝再参与联合军事行动，楚军只能单独奋战了。此时的楚军确实有单挑秦军的实力，并在濮阳会战中再次击败章邯。

齐国对楚国内政的干涉

楚国粗暴干涉齐国内政，引起齐国方面的不满，齐国也想要干涉楚国内政，而且不久机会就出现了。

章邯得到王离兵团的补充后，发动定陶夜袭，当场击毙了楚国统帅项梁，楚国顿时陷入一片群龙无首的混乱中。楚怀王趁势崛起，成为楚国的领袖。

楚怀王不控制军队，就无法成为真正的楚王，因而楚怀王伸手干涉楚军军务。楚军中最大的势力就是项氏的势力，项氏势力的存在是对楚王权威最大的威胁，因而扳倒项氏这棵大树成为楚怀王的一大目标。

楚怀王作为成熟的政治家，没有蛮干，他采用两个办法打压军中的项氏势力。一是抬高楚军中的其他将领（如吕臣、刘邦等）的地位，来分化削弱项氏一党的力量。二是在军中安插代理人，他挑选的代理人就是宋义。宋义之前准确预测了项梁会"骄兵必败"，楚怀王以宋义"知兵"为理由，任命他为上将军，成为楚军的总司令，地位在项羽之上。在打压项羽的同时，楚怀王不忘给项羽点甜头，封项羽为长安侯，争取先稳住项羽，再稳步清理掉项氏势力。

楚怀王能强行把宋义扶上总司令宝座，这说明项梁阵亡后，楚怀王在军中的控制力和影响力有了大幅提升，但是一个很大的麻烦就是宋义是文官出身。军界是讲资历、讲战功的地方，光靠嘴皮子是无法立足的。由于任免总司令是国家元首的权力，军官们虽然不满，却一时找不到反对的理由，宋义的总司令职务暂时得以安稳。

宋义要在军中站得更牢固就需要点超常规手段了，他需要齐国的支持。宋义将儿子宋襄派往齐国担任国务大臣，此举表明，田市、田荣的齐国政府和楚怀王的楚国政府显然已经达成某种共识。

齐楚双方利用宋义作为纽带进行串联，宋义依靠齐国的支持巩固自身地位，齐国依靠支持宋义获得影响楚国决策的能力，楚怀王通过巩固宋义在军界的地位来达到控制军方的目的，可谓多赢。谁输了呢？当然是项氏军事集团输了，他们在国内政府和外国干涉势力的联手打压下失去了过去我行我素的权力。

楚怀王的努力还是有成果的，然而军界情况的复杂已然超出了楚怀王的想象，很多事是楚怀王无法控制的，最后宋义的人头落地让他的努力成为一场空。

楚怀王的阴谋

秦二世二年九月，章邯发动定陶夜袭战，击溃楚军，楚将项梁战死。大概是尝到了联合作战的甜头，秦中央政府指示章邯兵团北上渡过黄河，同王离兵团进行联合作战。之前和王离兵团打得不可开交的赵齐联军终于承受不住两股秦军的联合猛攻，邯郸城被秦军攻破，章邯下令夷平了邯郸城，将当地居民迁往河内郡（今河南省北部）监控起来，赵国残部退往巨鹿（今河北平乡西南）。王离兵团包围了巨鹿，章邯兵团屯驻在巨鹿以南的棘原，修筑甬道用于给王离兵团提供补给。

整个关东反秦形势一片惨淡。关东六国齐、楚、燕、赵、魏、韩几乎个个带伤。赵军主力被秦军击溃，残部退入巨鹿坚守，四十万秦军将巨鹿围得水泄不通，形势危如累卵。齐国经历了临济惨败，齐王田儋阵亡，损失不小。楚国刚刚经历定陶惨败，连主将都在战场上被人打死了。魏国六月刚被灭国，损失惨重，九月，魏王咎的弟弟魏豹在楚国的支持下刚刚复国，国力依然较弱。燕国本身弱小，虽然有派兵进行支援，可是帮助有限。韩国此时还没有复国，只有韩王成和张良带着千把人在韩地一带打游击。

此时较有实力的国家只有齐国和楚国，但齐相国田荣因赵国不肯杀掉田角兄弟而拒绝赴援。由于齐国放弃了救援责任，那么革命的重担只能由楚国一肩挑起了。

为了挽救革命，楚怀王和谋臣们提出了新的革命战略构想，即著名的"怀王之约"，并以盟主的身份向天下昭告"怀王之约"。同时楚国还制定了一套新的作战方略，将楚军的战斗分为两个方向，北路军由宋义为总指挥，项羽、范增分别为第一、第二副指挥，率楚军主力向北救援赵国。西路军由刘邦指挥，统领本部兵马向西攻击秦国的核心区域——关中地区。面对强大的秦帝国，各国都明白唇亡齿寒的道理，积极派兵援救危机中的赵国。燕国派出臧荼，楚国派出宋义，齐国田荣虽然拒绝赴援，但后来对楚军北上过境则采取了睁一只眼闭一只眼的默认态度。

楚国是公认的盟主，但令人意外的是，楚军的行动并不迅速，这不得不让人怀疑楚怀王对于救援的实际态度。

这次"救赵"行动发起时间为二世二年闰九月，到了二世三年二月，刘邦依然在攻打砀郡以北的昌邑（今山东金乡县西），前后近半年时间。本应"黑虎掏心"直取秦国核心地区的刘邦西路军却长时间在根据地砀郡周围徘徊，没有执行向西攻击秦国核心区域的任务。而宋义的北路军走到安阳（今山东东平县南）就停了下来，这个位置只是楚军从彭城前往巨鹿路程的一半，然后就滞留在安阳46天不向北推进。一边是赵国使者一把鼻涕一把眼泪地求救，一边作为反秦主力的楚军却拖拖拉拉，出工不出力。宋义又派儿子宋襄去齐国为相（国务大臣），并亲自送到齐楚边界的无盐（今山东东平县无盐村）。

刘邦、宋义的这些行动应该都是受楚怀王指使，熊心虽然国破家败，沦落为牧羊娃，但从娘胎出来就是政治高手，水平一流。我们只有站在楚国的角度考虑问题，才能看清这一切。

首先，战略上秦强楚弱已经是不争的事实了，而且双方的差距不是一点半点。其次，楚军刚刚经历过定陶惨败，面对秦军会不会产生心理上的惧怯？战场上能否战胜秦军？基于实力对比的感受，楚怀王及其团队很容易得出结论：积极防御还有一线生机，主动进攻则是自寻死路，如能击退入侵的秦军，保证楚国政权的生存就算胜利！因此，赵国从一开始就成为楚怀王准备牺牲的对象了，楚怀王不是那种讲江湖义气的愣头青，楚军从来就没打算真跑去巨鹿当"楚国人民志愿军"。

此时，关东诸国尚有实力的只有楚国和齐国，要在险恶的环境中求生存，楚齐联合是唯一可行的办法，也是当下所能找到的胜率最高的办法。为了保全楚国，楚怀王尽了最大努力准备承受秦军万钧雷霆般的攻击。楚怀王指示北路军总司令宋义将儿子宋襄派往齐国当官，其实也是人质，目的是向田荣表达合作的诚意。当然，齐国同样担心独木难支，也寻求同楚国的联合，在共同敌人的驱使下，齐国准备接受宋襄为相，一旦就位，双方将建立联合作战体系，共同防御秦军。

所以刘邦的西路军名义上是西征，却一直在彭城以西徘徊，主要就是收集这一带的散兵、溃兵，清理这一带的小股秦军，掩护楚国左翼的战略安全。北路军名义上北上救赵，实际走到半路就停下来。一旦赵国被攻破，秦军主力必定南下，这里将是承受压力最大的地方，因此集中了楚国最优秀的将领和最精锐的部队。

综上所述，楚怀王做得很优秀。但是，楚怀王不是军人，他只是做到政治家所能做的最好。而一位不懂政治的军人却发现了秦军战术布置的问题，并敏锐地捕捉到战机，他打烂了楚怀王精心布置的战略局面，出人意料地击溃了秦军，为楚国赢得了更好的战略局面。这位杰出的军人就是项羽。

4

巨鹿之战

巨鹿之战前瞻

河北战局

之前一直未提到黄河以北的战争局面。黄河以北的局面其实比较简单，用两个字形容叫"磨"和"耗"，没有黄河以南的情节那么跌宕起伏。

黄河以北的地理用比较简单的话说，就是太行山作为一道墙壁将黄河以北的土地分成两半，右边一半是华北平原，左边一半是山西的几个盆地（忻定盆地、太原盆地、临汾盆地、长治盆地）。山西的几个盆地以及河北的华北平原被山势险峻的太行山分割开来，只有山脉中间断开的山口让两地之间得以进行沟通。

共计有八个山口适合通行，这就是著名的太行八陉，这八陉都是比较狭窄的通道，战略地位非常突出，往往成为战争双方争夺的要害地区。

二世元年七月，陈胜吴广起义。

八月，武臣在张耳、陈馀的辅佐下，北渡黄河，在黄河以北（今河北省一带）建立了自己的势力，并陆续攻占了不少土地。武臣过黄河仅仅带了三千人，他能顺利攻占赵国，这和当地叛乱势力的支持是分不开的。投效武臣的人有不少是秦政府体制外的人物，如武臣过黄河后，得到当地"豪桀"的数万人军队；也有秦政府体制内的人，如范阳令徐公、秦将李良等，其中李良还是有资格见到皇帝的秦国高级军官。

李良投靠武臣后，武臣让李良继续统领本部人马为其效力。武臣在赵国的这种搭积木式的政治结构，使得他在河北一带的扩张非常迅速，当然也埋下了严重隐患。

九月，周文被章邯击退，陈胜的威信和控制力极大受挫，武臣在张耳、陈馀的挑唆下自立为赵王。两个月后（二世二年十一月），降将李良突然叛乱，袭击了赵都邯郸。邯郸方面对此毫无防备，赵王武臣、左丞相邵骚当场被杀，张耳、陈馀二人乱中逃脱并向齐国求救。当时的齐王田儋派出部将田闲领兵支援赵国，张、陈二人同时收集了赵国的旧部，组织了一支数万人的军队。在齐国的军事支援下，赵国的局面逐步得以稳定。

又过了两个月，二世二年一月，张耳、陈馀正式立原赵王后裔赵歇为新的赵王，建都信都（今河北邢台），重建了赵国政权。李良向新生的赵政权发动进攻，却被陈馀击败，连邯郸都被陈馀收复了，失败后的李良南逃投奔章邯。

紧接着王离兵团来了。王离兵团东调后，先渡过黄河控制住今天山西省一带的形势，接着又突破了太行山的山口，冲进华北平原，和赵军交上火。可是从一月打到七月，王离兵团和赵齐联军"磨"、"耗"了半年多，双方都没有什么突破性进展。与此同时，在黄河以南章邯屡败叛军，击毙匪首，高潮迭起。

七月，章邯在东阿会战中被项梁击败，被迫退守濮阳，丞相李斯下令王离兵团南下支援。由此，王离兵团的部分军队出现在黄河以南，并在九月帮助章邯取得了定陶夜袭战的胜利。

此时正好赶上秦政府人事动荡，老丞相李斯被赵高扳倒，赵高接手了丞相一职，调动章邯兵团北上。这样一来赵国方面撑不住了。

章邯很为难

二世二年闰九月，王离兵团在北线击败了赵军，赵王赵歇、相国张耳、大将军陈馀带着败兵退入巨鹿坚持抵抗。陈馀让赵歇和张耳在巨鹿顶住，自己则往北逃到了恒山郡搬救兵。

次月（二世三年十月），章邯兵团在南线打败了当地的赵军，并且攻破了邯郸城，夷平了城郭，将邯郸居民强制迁徙到河内郡一带监视起来，防止他们据城反抗。

章邯攻破邯郸后没有继续向北推进，而是将大本营设在巨鹿以南的棘原，囤积了从敖仓转运来的粮食，同时修筑了一条甬道，给王离兵团转运军粮。悍将章邯老鹰变白鸽，化身后勤大队长。这是什么情况？这就是人们没注意到的多兵团联合作战的坏处。

按理说，多兵团联合作战可以形成泰山压顶的态势，将敌人彻底压垮，但在实践中却做不到。因为几个兵团司令之间的关系很不好处理，或者说的更直白一些，几个兵团司令以及他们带领的各级军官们之间的功劳扯不清楚。这并不是说这些兵团司令自私、不顾大局，而是其中涉及到的利益分配的问题，无法简单得用一加一等于二来计算。

黄河以北原本属于王离的责任范围。假如王离在河北戡乱成功，那么毫无疑问，这些功劳将属于他。现在章邯突然到来，把人家的功劳抢走，这算什么？两个月前，人家王离还抽调了部分兵力补充给你，帮你打赢了定陶夜袭战，人家可没跟你抢功，转眼间你跑到河北来把人家的功劳给抢走，你说你怎么做人的？

但是上峰下令让章邯北上，章邯没有理由不北上，他只好象征性地在南线打垮部分赵军，攻克邯郸城，算给上头有个交代。攻打巨鹿的功劳他就不愿意再插手了（连最后这点功劳你也抢走，那你也太不会做人了），专心搞他的后勤工作。

读者如果怀疑笔者以小人之心度君子之腹，可以去参考谭伯牛的《战天京》，里边有湘军名将曾国荃围攻南京的案例。淮军（友军）领袖李鸿章明明有攻城利器（开花大炮），却顶住清朝政府的压力，坚决不做"坏人"，死活不肯来南京赴援。而师老兵疲的曾国荃宁可在南京城下苦苦煎熬也不接受李鸿章的支援。当时曾国藩、李鸿章、曾国荃的奏章书信现在还能查到，可以发现两个兵团主将（曾国荃、李鸿章）对于联合作战的心态有多么微妙，不是"和衷共济"一句话可以扯得清楚的。

有了章邯做后勤大队长，王离没有后顾之忧，全力猛攻巨鹿。赵王赵歇和赵相国张耳压力山大。好在陈馀在恒山郡收罗了数万军队，赶到巨鹿援救。可是真到了城下，陈馀才感到秦军势大，不敢贸然上前进攻，但也没逃跑，就在巨鹿城北建立营地，等待时机。张耳的儿子张敖也很争气，到代郡收罗了一支一万多人的队伍，赶来救援。燕国也派出大将臧荼前来救援。面对强大的秦军，几路援军束手无策，只好先建立了连片的营地，互相支援，防止被秦军吃掉。

应该说巨鹿外围的援军数量不少，但是慑于秦军的强大，外围的援军也不敢贸然向秦军进攻，只是筑造营垒，和秦军进行远距离的对峙，双方就在巨鹿城外练习用眼神杀人。援赵军队在外围"打酱油"，没敢找王离麻烦，王离也懒得理他们，全力围攻巨鹿。

外围很淡定，被围困在巨鹿的张耳像热锅上的蚂蚁。盼星星，盼月亮等来的援军近在咫尺却在发呆，张耳心急如焚，连忙多次派人催促陈馀出兵解围，陈馀认为自己兵力太少，无力和秦军抗衡，不敢发兵。被围几个月后，失去耐心的张耳大怒，对陈馀心生怨恨，又派部将张黡、陈泽去责备陈馀说："当初我与你是约为'刎颈之交'的，现在赵王和我性命攸关，你拥兵数万，却不肯救助我们，之前同生共死的誓言呢？如果还记得这些誓词，为什么不以必死的决心冲向秦军，和我们一起就死呢？这样说不准还有一线生还的希望。"

陈馀说："我的考虑是进攻肯定也救不了赵国，还白白牺牲了将士们的生命，我之所以不和你们一起送死，就是想将来替赵王和张君报仇。现在如果都去送死，等于把肉送到虎口中，又有什么好处呢？"

张黡、陈泽说："现在情况紧急，只能以同生死来实践诺言，哪里能考虑太多！"陈馀说："如果照你们说的做，我死了也是死得没有价值。"拗不过张黡、陈泽二人，陈馀只好拨付五千兵，由张黡、陈泽率领先尝试进攻秦军，结果全军覆没。这下援军更不敢动弹了。

项羽的暴走

"暴走"是网络新词，大体有"失去控制从而导致近乎于野兽一样的狂暴行为"的意思。笔者认为这个词用在项羽身上还真是有几分妥帖的。

宋义带领名义上救援赵国的楚军在安阳滞留，项羽显然没领会楚怀王的意图，心里非常着急。项羽向宋义提议："我听说秦军把赵王包围在巨鹿城内，我们应该赶快率兵渡过黄河，楚军从外面攻打，赵军在里面接应，里应外合，一定可以打垮秦军。"

宋义则不紧不忙地说："我认为并非如此。能叮咬大牛的牛虻却损伤不了小小的虮虱。如今秦军攻打赵国，即使打胜了，秦军士卒也会疲惫，我们就可以利用他们的疲惫，攻其不备；打不胜，我们就率领部队擂鼓西进，一定能歼灭秦军。所以，现在不如先让秦、赵两方相斗。若论披坚甲执锐兵，勇战前线，我宋义比不上您；若论坐于军帐，运筹决策，您比不上我宋义。"于是通令全军："凶猛如虎，违逆如羊，贪婪如狼，倔强不听指挥的，一律处斩。"这条军令当然是冲着项羽去的，项羽只好不再做声。

宋义派儿子宋襄去齐国为相，并亲自送到无盐，置备酒筵，大会宾客。趁宋义离开军队期间，早有不满的项羽准备发动哗变，项羽煽动将士说："我们大家是想齐心合力攻打秦军，宋义却停留不前。如今正赶上荒年，百姓贫困，将士们吃的是芋头掺豆子，军中没有存粮，他竟然置备酒筵，大会宾客，不率领部队渡河从赵国取得粮食，跟赵合力攻秦，却说'利用秦军的疲惫'。秦国那样强大，他们去攻打刚刚建起的赵国，形势必定是秦国攻占赵国。赵国被攻占，秦国就更加强大，到那时，还谈得上什么利用秦国的疲惫？再说，我们的军队刚刚打了败仗，怀王坐不安席，集中了境内全部兵卒粮饷交给上将军（宋义）一个人，国家的安危就在此一举了。可是上将军不体恤士卒，却派自己的儿子去齐国为相，谋取私利，这不是国家真正的贤良之臣。"

这些话其实真真假假，虚虚实实，不太好分辨，如果真的上法庭辩论一下，项羽未必会赢。但项羽的目的不是和宋义进行学术探讨，他需要的只是利用信息的不对称，在"不明真相的"将士中制造思维混乱，挑拨将士们对宋义的不满情绪，并借助这些不满情绪减少哗变的阻力。

宋义回军营后，项羽早晨去参见他，就在军帐中斩下了他的头，出来向军中发令说："宋义和齐国同谋反楚，楚王密令我处死他。"将领们因为慑服于项羽的威势，同时对于被文官骑到头上不满，就顺势拥护项羽担任假（代理）上将军。

项羽勇武、诸将慑服应该是事实，但宋义在军界根基浅薄恐怕才是最根本的原因。这支军队本来就是项梁拉起来的队伍，各级军官中都密布亲项氏的党徒，如范增、项它、项声、项悍、项庄、桓楚、司马龙且、钟离昧等等。温和派的人物，比如吕臣、黥布、蒲将军，他们是尸山血海里爬出来的军人，和宋义这种文化人不会很搭调。宋义这种依靠口舌之功就被楚怀王超常规提拔的人在军界实际是被严重孤立的。

眼下军情危急，楚怀王不敢在这个关口搞"肃反"、玩"整风"。如果楚怀王此时除去军队中的项氏党徒，安插自己的亲信，很容易引起军队震动，乃至解体。楚怀王非常理性，也有耐心，超常规提拔了宋义，准备逐步打压项氏集团。宋义又拉齐国作为外援，以巩固自己在军中的地位，力图扳倒项氏集团。项羽作为不甘心受打压的项氏集团的利益代表奋起反击，将宋义杀害。

杀了宋义后，项羽又派人去追杀宋义的儿子，一直追到齐国境内才杀了他。完成后，项羽才派心腹桓楚去向楚怀王报告。楚怀王精心布置的"楚齐联盟"这步好棋被项羽一下子给砸了个稀巴烂。楚怀王暗暗叫苦，可是抵抗秦军又离不开项羽的合作，只能无奈地接受了这个既成事实，任命项羽为上将军，节制各路军马。

从此，项羽开始了他的"暴走"生涯。这支军队将完全由项羽指挥，任意驰骋，楚国中央政府想要调配这支军队反倒需要向项羽商请。如果没有外敌，这种情形将直接引发内战。因为有外敌，仰赖其保卫的楚怀王中央政府只能反过来迁就他的策略，继续为他补给物资，形成军领导国的政体。

但项羽终究不同于后世那些手握重兵、只懂得讨价还价的军阀。他恃才傲物，拒绝接受文官政府的领导。他的"暴走"行为仅仅是他性格的体现。很快，项羽就通过巨鹿之战证明了自己的能力和价值。

血战巨鹿

北上

项羽诛杀宋义，夺取楚军统帅权，这激怒了齐相国田荣。田荣命令部将田都向楚军进攻。田都知道打不过项羽，于是投降了项羽。项羽指挥大军，准备北上巨鹿援救赵国，但要抵达巨鹿必须先渡过黄河。

这里要补充说明一下古代渡口。得益于现代科技，如今过河已经是一件非常容易的事，渡口这个概念逐渐远离了人们。然而，在古代，由于科技不发达，人们对渡口非常重视。像黄河、长江这类大川，波涛汹涌、水流湍急，古人要通过非常困难，所以有"天堑"之称。因此，必须选择一些相对容易过河的地方，这就形成了所谓的渡口。出人意料的是，很多渡口不是在河面最窄的地方，而是在河面较宽的地方。这是因为河面较宽就意味着河流的截面积较大，水流速度相对较小，少有波涛汹涌的激流，便于渡河。因此项羽无法在黄河边任意选择地方渡河，而要走很长的距离才找到一个合适渡河的地方。

白马津是距离项羽最近的黄河渡口，但是白马津的对面是严阵以待的章邯部。如果项羽从白马津强渡，必然要同二十万章邯军死打硬磕，"兵半渡可击"，这是军事行动中的基本常识。此时的项羽不仅要以少打多，还要越过黄河，这个难度就太大了。项羽走白马津强渡黄河绝对是吃亏的生意。

项羽绝不是呈匹夫之勇的莽夫。他一方面以上将军的名义指示刘邦西路军在砀郡以西加大军事活动的力度，迷惑秦军，以配合楚军北路军的军事行动。另一方面则指挥部队进入齐国的济北郡（今山东省西北部一带），计划从当地的平原津（渡口名，今山东省平原县）渡河。齐国末代国君齐王建的孙子田安的队伍占领了济北郡，主动接纳了项羽并且带兵追随项羽参与了救赵的军事行动。在这里渡河，唯一的问题就是齐军的阻扰，不过，田荣对此显然采取了默许态度，再加上当地驻军的配合，楚军顺利渡过黄河。

巨鹿由王离兵团包围，巨鹿南驻扎着章邯兵团，巨鹿以西属于秦军的控制范围，巨鹿以东秦军尚未完全占领，这是秦军的一个薄弱环节，项羽巧妙地选择了渡河点，顺利绕过章邯部，轻松抵达漳水东岸，巨鹿就在漳水西岸。项羽此时可以隔河（漳水）远眺了，秦军就在眼前，王离兵团与章邯兵团沿着漳水这条河，一北一南纵向并排着，项羽可以自由选择先攻击王离还是先攻击章邯。

血战王离

项羽来到巨鹿以东的漳河东岸，在他对面分布着两个强大的秦军集团——章邯兵团和王离兵团。每个兵团的规模都是项羽的两倍多，无论哪个都不是项羽单独能啃得动的。面对规模庞大的秦军，项羽要怎样破解呢？

巨鹿城北有一支盟军，指挥官是陈馀、臧荼和张敖，加起来大概也有六七万人；项羽手上约有十万人左右。如果两军会合，那么面对秦军时，项羽在兵力上的劣势会有所缩小，这是一个比较正常的思路。

如果这么做，会合后必定要成立联合司令部，作战计划项羽必定要和陈馀、臧荼两人协商，依两人的见识水平，联军的作战效能能达到什么程度让人担忧。即使陈馀、臧荼愿意无条件服从项羽的命令，联军同秦军死磕的胜算也不见得大，毕竟秦军有人数上的优势，一旦打成一场拉锯战，那么补给充分、作战效能更高的秦军在胜率方面依然高于联军。不能这么打，要赢得这一仗，必须出奇制胜！项羽思考着。

项羽打仗，勇猛中从不失去细腻。经过慎重思考后，项羽放弃了同陈馀等人会合的想法。因为项羽发现两个秦军集团军的结合部是个薄弱的部位，可以在这里寻求突破。两个秦军集团军结合的位置就是甬道。甬道细长，只能分兵把守，结果必然是处处薄弱，处处挨打。而甬道是王离兵团的补给线，一旦被切断，王离兵团将面临食物缺乏的困境。更重要的是王离和章邯似乎配合得不是很好，双方各管各的，给项羽各个击破创造了条件。项羽绕过了章邯，并不意味着他一定要选择先打王离。

项羽非常谨慎，在漳河东岸扎下营寨后，他先派遣勇将当阳君黥布、蒲将军率领两万人渡过漳河，向章邯的运输部队进行试探性进攻。黥布和蒲将军骁勇善战，袭扰战连连得手，甬道驻扎的秦军被打得七零八落，失去为王离正常提供给养的功能，王离兵团食物供应不上来，部队士气就低落。

看到楚军先锋取得了初步胜利，陈馀要求项羽增兵，全力进攻。陈馀大概不清楚，项羽并非在强攻，他的进攻只是在试探秦军的反应，他还在等着秦军出招，然后见招拆招。令项羽真正欣喜的是王离这个官三代公子哥（王离父王贲，祖父王翦皆为秦国大将）显然是个"轻浮"之徒，对此居然毫无反应。

古人有总结："宰相必起于州郡，猛将必发于卒伍。"像王离这种官三代，不见得一定人格堕落，只知玩乐，但是因为祖辈、父辈当大官，官三代提拔得太快，不食人间烟火，缺乏基层经验，作风就免不了"轻浮"。这类公子哥排兵布阵会有点专业水准，但往往忽视食物和水这些最根本的保障，最后都栽在这上面。像之前赵括栽倒在军粮上，之后马谡栽倒在水源上，王离这次要栽在军粮上。

王离眼下最正确的思路应该是赶快跑，主动收缩兵力，向南撤退，如果章邯再分兵向北接应就更好了。如果这么干的话，项羽估计就只能灰溜溜地将前锋部队撤回东岸，另觅时机了。可是王离全无反应，完全没有意识到危险。或许此时的王离还坐在帅帐里冥思苦想如何排兵布阵攻破赵军的城防呢。他全然不知军粮供应已经出了大问题，士兵们又累又饿，兵器都提不动了。

和王离这种公子哥不同，章邯这种百战名将深知粮草是军队的生命线。可是，章邯指挥不动王离这种官三代的公子哥。王离早在秦始皇二十八年以前就已经是朝廷大员了，地位比李斯都高，到了巨鹿之战这年，王离最少都当了十几年的常委。王离选择了消极守在巨鹿城下，等着章邯把军粮送过来。章邯心急如焚，却指挥不动他，这逼着章邯必须自己想办法。

章邯确实想尽快打通从棘原到巨鹿的甬道，问题是章邯手上还有一个比甬道更重要的目标，那就是位于棘原的粮仓，棘原的粮仓不仅是王离的生命线，也是章邯的生命线，一旦棘原的粮仓落入项羽手中，不但王离兵团会完蛋，章邯兵团也会面临覆灭的危险。

由于担心项羽声东击西，章邯留下一半的部队（约十万人）保卫棘原的辎重粮草，依托营寨坚守，料想不会有失。然后，他把能带出来的部队（约十万人）都带过漳河，他想要打掉这群讨厌的"苍蝇"，以便甬道能正常使用。

看到王离脑袋短路，章邯又放不开手脚，项羽知道战机来了，成败在此一举！于是，他率领全军也渡过漳河，他要摆平章邯。过河后，项羽下令将炊具全部打烂，船只全部凿沉，"破釜沉舟"，只带三日口粮。项羽以一往无前的气概准备和章邯死磕了。楚军在项羽的激励下也发挥了惊人的战斗力，无不"以一当十"。

章邯强于偷袭，野战能力是大大不如项羽。项羽发挥了他长于野战的特点，双方兵力又相近，楚军猛冲猛打，章邯几乎瞬间就被击溃了。伤亡惨重、溃不成军的章邯只能无奈地选择了撤退，退保棘原大营。此时是二世三年十二月。章邯的撤退意味着他抛弃了王离，王离如果想逃出只能靠他自己了。

章邯的败退使得战争形势急剧逆转。得到章邯败退的消息后，陈馀等人都看出机会来了，纷纷打开营垒开始对王离兵团展开反攻，王离兵团顿时陷入诸侯联军的反包围中。陈馀、臧荼的进攻虽然不足以击败王离，但也给王离制造了很大的麻烦，王离不得不分兵来防御他们，无法全力进攻项羽。

王离终于明白得走了，可是现在他走得了吗？陷入联军反包围中的他只能拼尽全力向南进攻，力图冲破项羽的防御阵地，逃回棘原。可是血战九场，王离始终无法撕开项羽的防线，粮道被项羽死死卡住。一个月后，二世三年一月，士气低落、军粮匮乏的王离军终于全盘崩溃，主将王离被俘，副将苏角阵亡，另一名副将涉间拒绝投降，自焚而死。巨鹿之战的第一阶段宣布结束。

巨鹿之战第一阶段的结果是秦军主力遭到重创，以楚军为核心的义军通过巨鹿血战取得了完全胜利，反秦战争的战略形势发生了根本性逆转，这一切仰赖于项羽的天才决断。事实证明，项羽不仅勇武，而且精通韬略，诸侯对项羽都非常畏服。项羽不再仅仅是楚国的上将军，还成为了诸侯联军的上将军。这年的项羽年仅 26 岁。

战争分析

巨鹿之战的结局让人瞠目结舌，项羽以其非凡智慧，采用对秦军分割打击的办法，制造了局部战场上的优势，先打垮章邯，再消灭王离，以弱胜强，化腐朽为神奇，实乃军事史上的杰作。

王离为何惨败？王离的主要错误应该有两点：

第一点错误是傲慢，无视陈馀等人的存在。早在项羽到来前，陈馀、臧荼、张敖等人已经在巨鹿以北设立营寨，王离却无视他们的存在，只是埋头攻城。也许他认为陈馀等人只是"臭水沟的老鼠"，拿下巨鹿以后这些人自然就溃散了，所以攻城前没有先清理周边。事实证明"臭水沟的老鼠"一样能咬人。如果当初王离在项羽到来之前先清场，被切断甬道后，由于没有这些干扰，王离兵团就可以集中力量突破项羽防线，即使无法突破项羽，至少还有向北撤退的空间。

第二点错误是反应迟钝。当项羽派出黥布试探性地切断甬道、王离兵团的粮食不能补充上来的时候，王离就应该提高警惕，主动向南转移。这时候陈馀等人慑于秦军的威势，尚不敢咬住秦军。王离如果主动南撤，配合章邯的北进兵团，项羽是无法锁住他的。可是王离却放任军队"乏食"而没有反应。等到章邯的北进兵团和项羽主力在漳河以北进行决战的时候，王离的任何行动都已经来不及了。章邯的北进兵团几乎是瞬间就被击溃了，王离根本来不及做出反应，等反应过来，一切都迟了。

章邯作为秦国名将，领兵纵横千里，连续击杀陈胜、蔡赐、周市、田儋、魏咎、项梁等反秦名王名将，几乎凭一己之力挽危局于狂澜。巨鹿之战，章邯负责保卫棘原和甬道，他尽力救援王离，没有成功。他有无错误？笔者认为章邯的错误不大。

章邯用兵老成持重，也许有人会指责他不全军出动才导致甬道被切断，反言之，如果章邯全军出动，或许项羽主攻方向就会变成棘原了。一旦棘原沦陷，不但王离兵团会覆灭，甚至章邯兵团也会受牵连覆灭。战争不是儿戏，事后进行分析，每个人都可以料敌如神。章邯的决定无可指责。

事实上，由于章邯保住了棘原大营，王离兵团溃败后，章邯收罗残兵，依然有二十馀万之众，依托棘原顽抗，成为项羽一根难啃的骨头。从二世三年一月王离兵团崩溃，到二世三年七月章邯同项羽盟誓，前后历时半年时间，章邯在这一带和项羽顽强地进行拉锯战，章邯屡败但不溃，项羽始终无法取得决定性胜利。或者说秦军虽然已处下风，但在章邯持重用兵下，秦军并没有输光本钱，依然有翻盘的机会。如果不是秦政府内部出了问题，项羽还真未必能笑到最后。

这一仗项羽赢了，但如果说项羽必胜，也不尽客观。这场胜利项羽其实也有几分侥幸。但凡战争，都是赌博，历史上很多名将都是赌徒，胜利的一方有时候仅仅是赌对的一方。如果一方本钱比较多，就可以选择一些稳妥的战术，但是这不等于统帅不高明。本钱少的一方尤其需要赌博，而项羽真的赌赢了。但是，如果本钱多却输了，那就只能被人笑话，任何理由都是苍白的。

巨鹿之战中，项羽的本钱不多，他选择了兵行险招，稍有不慎，项羽就可能会全军覆没，而这场胜利的含金量高也就高在这里。秦军在兵力、后勤、地利等客观方面几乎都有优势，其失败令人扼腕叹息。

艰苦的拉锯战

战争继续

二世三年一月，王离兵团覆灭，秦军与义军的军事力量对比发生了根本性扭转。巨鹿城宣告解围，赵国终于熬过了最危急的时刻。赵王出城向各路诸侯表示感谢。

张耳和陈馀之间则爆发了冲突，张耳指责陈馀见死不救并追问张黡、陈泽二人的下落。陈馀只好如实告诉他们，这二人带领五千人马攻打秦军时阵亡了。张耳却怀疑陈馀私下杀了他们，一再追问，陈馀愤怒地说："没有料到您对我的怨恨是如此的深啊！难道您以为我舍不得放弃这将军的职位吗？"说完，就解下印信，推给张耳。

对于这一举动，张耳感到惊愕，他不肯接受。陈馀站起身来上厕所时，有宾客规劝张耳："我听说'天上的赐予不去接受，反而会遭到祸殃'。如今，陈将军把印信交给您，您不接受，违背天意不吉祥。赶快接收它！"张耳就佩带了陈馀的大印，接收了他的部队。陈馀回来，也怨恨张耳不辞让就收缴了大印，于是快步走出去。张耳就这样收编了陈馀的军队。从此，陈馀、张耳就在感情上产生了裂痕。

联军取得了巨鹿之战第一阶段的辉煌胜利，然而战争仍未结束。章邯是个坚韧不拔的将领，他愿意为国家忍受磨难和艰辛。他悄悄地收罗了秦军的溃兵，加上棘原守军，合计兵力总数有二十余万，依托河内郡方向的支援在棘原进行顽抗。王离兵团覆灭后，秦军并未完全毁灭，依然有战斗力。项羽统领的诸侯联军此刻变成了强势的一方，大军由北向南压迫过来，章邯则步步为营、节节抵抗、永不言败。双方在漳河一线焦灼着、对抗着。

巨鹿之战的消息传出后，堪称楚汉时期最为谨慎、最为沉着的一个人终于走出了巨野泽，参与到秦末战争的汪洋大海中，并创立了属于他的功勋和天地。这人就是彭越，游击战的大师，未来的梁王。

老狐狸出手

彭越，昌邑人，字仲。经常在巨野泽中打鱼，兼职做盗贼。

巨野泽在今天山东巨野县城北，这里就是《水浒传》里的梁山水泊，梁山水泊实际上还只是巨野泽北部的一小部分，彭越在这里能干什么读者也就有概念了。

陈胜、项梁揭竿而起的初期，有"暴桀"少年就对彭越提出："很多豪杰都争相树起旗号，反叛秦朝，你可以站出来，咱们也效仿他们那样干。"彭越说："两龙方斗，且待之。"

好一个"两龙方斗，且待之"。这句话是彭越性格的最好体现。反秦战争初期，各路义军奋勇争先，以夺县自立为时髦，包括刘邦也参与其中。此时唯独彭越表现出惊人的沉着和冷静。彭越不但看到了夺县自立的好处，更看到造反失败的危险，左右权衡之后，他一直躲在巨野泽里观望。彭越的这种老辣沉稳、不见兔子不撒鹰的性格，通过司马迁的"两龙方斗，且待之"刻画得淋漓尽致。

到了魏王咎建国后，彭越还在观望。到了章邯在东阿、濮阳战败的时候，彭越依然在观望。到了项羽打败王离，秦国颓势已现的时候，彭越才带领队伍走出巨野泽，加入到反秦战争的队伍中。

当时，水泽中聚集了一百多"暴桀"少年，他们前去追随彭越，说："请你做我们的首领。"彭越拒绝说："我不愿和你们一块干。""暴桀"少年们执意请求，彭越才答应了。跟他们约好明天太阳出来集合，迟到的人杀头。

第二天太阳出来的时候，迟到的有十多人，最后一个人直到中午才来。当时，彭越很抱歉地说："我老了，你们执意要我当首领。现在，约定好的时间却有很多人迟到，不能按约定都杀头，只杀最后来的一个人。"于是，他命令军法官处斩最后来的一个人。大家都笑着说："何必这样呢，今后不敢再迟到就是了。"

但是彭越并不理会，他拉过最后到的那个人就把他杀了。随后，众人设置土坛，用人头祭奠，号令所属众人。众人都大为震惊，害怕彭越，没有谁敢抬头看他。于是，彭越就带领大家出发夺取土地，并收集了一千多名逃散的士兵。

彭越是多么老辣沉稳！大家热血沸腾地在造反的时候，彭越呆在巨野泽里冷眼旁观，到了下定决心造反的时候就是军令如山，满怀必胜的决心。机遇只欢迎有准备的头脑，彭越的算计非常精准，所以彭越几乎没遇到什么挫折，就实现了"虽故贱，然已席卷千里，南面称孤"的目标，虽然距离皇帝的位置远了点，但性价比极高。有多少英雄豪杰连革命胜利的毛都没摸到就死在战场上了？

两相比较，刘邦哪有彭越这么老辣沉稳？刘邦从起兵以来一路都是磕磕碰碰，到彭越起兵之前，刘邦都遇到两次危机了，一次是被周市暗算，一次是定陶夜袭。这两次危机中如果运气稍微差那么一点点，刘邦就要成先烈了。真真正正所谓的"思维清醒、目标明确"的人是梁王彭越这只老狐狸，而不是刘邦。

煎熬

二世三年一月，王离兵团溃败后，章邯带领二十余万秦军在巨鹿以南的黄河和漳河之间坚守。项羽指挥的三十余万诸侯联军在数量、质量两方面均有优势。项羽步步紧逼，不给章邯偷袭的机会。章邯完全处于下风，只能依托漳河构筑防线，顽强抵抗联军的攻势。此外，赵国一步步恢复过来，并且重新夺回了上党郡。

二世三年四月，赵将司马卬的部队从上党郡南下推进到黄河北岸的平阴县（今河南孟津北），准备从那里的平阴津（古渡口，今河南孟津北）南渡，强攻三川郡。这是联军的一次战略大迂回，一旦赵军攻入三川郡，将切断关中到棘原之间的连接线，章邯就会陷入联军的战略包围中。

但意外发生了，另一支"友军"却先期窜入三川郡，这支部队就是刘邦指挥的楚军。按理说，刘邦作为友军应尽力协助司马卬南渡，攻克三川郡，切断章邯的归路。如果真这样，章邯就完了。可是刘邦却没有这么做，而是出手阻挠，使得司马卬无法南渡黄河。

刘邦此举的原因是此时的刘邦内心里惦念着"怀王之约"，满脑袋是"先入关中为王"，害怕司马卬会抢先入关，所以出手阻挠。这当然是一起友军互相拆台的龃龉事件。然而，人算不如天算，之后刘邦却在三川郡意外战败，被迫退出三川郡。这使得原本面临覆灭危险的章邯侥幸活了过来。

感到后方失火的章邯赶紧让司马欣去趟咸阳，让他当面向皇帝汇报情形的危急，希望得到支援，或者得到撤退的许可。而主持政府工作的丞相赵高完全不能接受这个情形，因为他当初接过丞相位置的时候向皇帝打过包票说："关东盗毋能为也。"当时的他确实有口出狂言的底气，因为他接过李斯的权力不久，项梁就在定陶被章邯击毙了，之后他又调动章邯北上会合王离击溃了赵军，赵国余孽逃入巨鹿被王离团团包围，眼看就要覆灭了。总之秦国形势不是一般得好，是一片大好。赵高大概也以为自己真的是执政天才。

谁知，半年过后，形势发生了逆转。秦军主力在巨鹿遭到重创，王离兵败被俘，章邯苦苦支撑，叛军气焰更加嚣张。赵高有苦难言，他是个权谋高手，但行政经验很差，面对这种困难局面，一方面他提不出有效的应对办法，只能封锁消息避免让皇帝知道情况。另一方面，他只能继续以秦政府的名义指责章邯的无能。

章邯苦苦支撑着危局，困顿不堪的他对于丞相赵高的执政能力已经绝望了，他决定派司马欣亲自去一趟咸阳。之所以派司马欣，是因为司马欣是长史，相当于现在的省军分区司令，有资格直接面见皇帝。司马欣准备绕过赵高，把真实情况当面向皇帝汇报。

司马欣来到咸阳后求见皇帝，却被郎中令赵成（赵高弟）给挡住了。司马欣在皇宫外的司马门苦等了三天，始终没有得到皇帝的传见。司马欣内心感到一丝危险，赶紧从小路逃走。赵高这才想到应该派人追捕，防止司马欣到皇帝面前把真实情况抖出来。但为时已晚，司马欣逃回棘原大营，把情形向章邯做了汇报。

面对这种情况，章邯感到无助和凄苦，此刻的他已经成了一支孤军，外有强敌逼迫，而内部作为坚强后盾的祖国已经抛弃了他。只要赵高还在秦国丞相的位置上，章邯就不可能得到秦政府的任何援助。但章邯没有轻言背叛，因为他心智很成熟，他清醒地认识到背叛容易，但背叛后再回头就难了，不到万不得已绝不走这条路。眼下棘原大营内有兵有粮，章邯还有坚持下去的资本，内心饱受煎熬的他大概还有侥幸心理，期盼着奇迹出现。

"每闻春风之怒号，则寸心欲碎，见贼帆之上驶，则绕屋彷徨。"这是清代曾国藩在江西受困于太平军时写下的一句话，大概章邯此刻的心境应该与此一致吧。

章邯被压垮了

战争仍在继续，日子一天天过去，转眼到了六月份。赵国的司马印南渡不成就向东攻击河内郡一带，继续抄章邯的后路，而项羽指挥的诸侯联军则在巨鹿南继续和章邯鏖战。

陈馀大概受项羽委托，给章邯写了封入情入理的劝降信，提出章邯和联军合作，攻下秦国后由章邯担任秦王，这样既保全了秦国又保护了章邯，算是一个合理的妥协方案。已经有几分迷惘的章邯虽然没有接受，但私下提出议和的请求，毕竟经过近半年的拉锯战，双方的士卒都非常疲惫，亟需休整。

项羽歪脑子一动，答应了章邯的要求，双方暂时休战。趁着休战的空当，项羽违背协议，派出蒲将军带兵绕过漳河，在漳河支流污水河口的三户津渡过漳河，在章邯的后方建立了营垒。章邯为此向联军提出抗议，但项羽置若罔闻，日夜不停地运人过去，蒲将军在章邯后方设立的营垒越来越大，越来越坚固。章邯这才意识到不妙，赶紧派兵进攻，试图将蒲将军重新挤入河中。项羽发现蒲将军得手后立即带领大军猛扑过去，和蒲将军前后夹击，在污水河畔大败章邯。章邯构筑的漳河防线被联军彻底粉碎了。虽说兵不厌诈，但项羽这样干未免也太不厚道了点。

章邯只好率部向南撤退，沿着洹河重新建立起一道防线，章邯军的空间进一步压缩。与此同时，秦政府仍然在继续指责章邯无能，却不予以任何实质性的帮助。

一个月后的七月份，赵将申阳带兵强行从平阴津渡河，攻入三川郡。司马印的部队也攻入河内郡，章邯军彻底陷入联军的战略包围。章邯已经没有选择了，继续顽抗下去只能是死路一条，于是章邯向诸侯军提出了接受盟誓的请求。项羽召集军中将领讨论了这个议题，指出联军兵粮已经快耗尽了，必须尽快接受章邯的盟誓，与会将领们一致同意了项羽的意见。于是章邯和项羽在洹水南岸的殷墟（今河南安阳县北）进行了盟誓。巨鹿之战宣告结束。

巨鹿之战前后历时八个多月，是一场艰苦卓绝的战斗，不是一场仅仅靠破釜沉舟、猛冲猛打就能取得的胜利。项羽以他的勇毅、智慧、执着和坚韧赢得了这场传奇般的胜利，使他成为中国历史上当之无愧的名将，闪耀着不灭的光辉。

章邯并不是一个贪图权位的人，这个决定对他来说是非常痛苦的。在盟誓会上，章邯痛哭流涕，向项羽哭诉赵高的祸国殃民。如果不是赵高，章邯应该会和嬴氏秦国生死与共吧。

诸侯军和章邯秦军实现联合，共同对付秦政府。而章邯秦军作为诸侯联军的前锋部队去进攻秦国，一旦占领秦国以后，章邯将成为新的秦王（雍王）。这样的做法是契合"怀王之约"的精神的。与此同时，刘邦的部队推进到南阳郡（今河南省西南部）并攻占了南阳郡的大部分地方，计划由武关入关中。

休整一个月后，到八月，联合大军开拔。投降的秦军以董翳、司马欣为指挥官，作为前锋向关中进发，章邯以雍王的身份被扣押在诸侯军大营。同月，刘邦攻破了武关。

5
刘邦西征

西征起步

起始

讲完项羽在巨鹿时的故事，再看看刘邦在这个阶段做了什么。

二世二年九月，项梁在定陶夜袭中被章邯击毙，革命陷入低潮。为了挽救革命，楚怀王和谋臣们谋划提出了著名的"怀王之约"，同时楚国还制定了一套新的作战方略。楚军开始实施两线作战：宋义率领项羽等主力人马向北救援赵国；刘邦则带着西路军向西攻击秦国的腹地——关中地区。

这时项梁刚战死，军心惶恐，楚军的形势不容乐观，楚军诸将都不看好向西直接进攻秦国腹地。只有项羽怨恨秦军战场上打死了项梁，想替叔父报仇，主动要求和刘邦一起西征。

怀王手下的老将们都说："项羽这个人敏捷勇猛，却又狡猾阴诈。项羽曾经攻下襄城，那里的军民不分男女老幼都被他坑杀了。凡是他经过的地方，没有不被毁灭的。再说，楚军多次进攻，先前陈王、项梁都被打败了，不如改派忠厚老实的人，'扶义而西，告谕可下（高举仁义的旗号率军西进，通过宣传革命道理征服这些地方）。'秦地父老兄弟因为他们的君主暴虐而受苦已经很久了，现在如果真的能有位忠厚老实的人前去，不侵掠百姓，才会使秦地降服。项羽只是敏捷勇猛，不能派他去。只有刘邦一向忠厚老实，可以派他去。"最终，怀王没有答应项羽，只派了刘邦率军西去，沿路收编陈胜、项梁军溃散的士卒。

著名史学大师吕思勉在《吕着秦汉史》中曾指出：周文当年出动了几十万大军西征都不能成功，让刘邦那点人搞所谓的"扶义而西，告谕可下"不是开国际玩笑嘛？西征从一开始就是有缺陷的，其可行性其实不高，或者说西征从一开始恐怕就是个幌子，目的也许仅仅是吓唬秦政府，分散其注意力。

不过，项羽和刘邦之间最大的差别，通过这件事体现出来了。两人最大的差别是处理人际关系的能力，这一事件体现出的是处理好同事关系的能力。

显然刘邦和同事的关系比较好，同事们都愿意帮他说点好话。反观项羽，他没有处理好和同事的关系，以至于同事都挤兑他。笔者私下估计，这些挤兑项羽的老将之中一定有吕臣。未来的楚汉战争中，这位楚国老将毫不犹豫地跳槽到刘邦一边。

刘邦善于处理人际关系，这是他成功的一个要素。如何处理好与同事的关系，是工作中一门很重要的学问，良好的同事关系是非常宝贵的。笔者说这些，并不是鼓励读者去做八面玲珑的"老好人"，恰恰相反，"老好人"最后一定是四面不讨好。做人一定要坚持原则，也要有雅量去宽容别人的错误，注意说话的方式，不要直言伤人。

当然，笔者认为也不应该一味地批评项羽，因为这一年项羽才 25 岁，有着年轻人急躁、直言的性格。谁没年轻的时候？谁年轻时没犯过错？25 岁的刘邦不也误入歧途，混黑社会跌打滚爬，吃了很多亏吗？只是那是二十几年前的事情，这一年的刘邦已经 49 岁了。沧桑岁月已经把刘邦磨练成一个世故圆滑、慈眉善目的老头，他比项羽更能团结同僚。刘邦在与项羽的战争中取得最后的胜利，恐怕更应该定性为：一位深谙世事的老人对抗一位毛糙性急的年轻人的胜利。

砀郡周边徘徊

二世二年闰九月，刘邦得到楚怀王政府的指示，要求其开展西征行动。

二世三年十月，刘邦军在东郡和砀郡交界的成武（今山东省成武县）击溃了秦东郡尉所率领的部队（地方部队），侵入东郡后在城阳和杠里（地点不详）两地与留在这一带的王离军分部交战，并将其击溃，完成战斗任务后刘邦退回砀郡休整。

二世三年十一月，项羽杀宋义，并自任楚国上将军。项羽开展积极的救赵军事行动，指示刘邦在砀郡及周边加强军事行动强度，掩护北进兵团北进。

二世三年十二月，刘邦军参与了救赵行动，从砀郡向西推进到栗县，遇到刚武侯的四千兵马，吞并了这支军队，与魏国的皇欣、武蒲（汉书作武满）军联合作战，在栗县打败了当地的一支秦军。

二世三年一月，刘邦军退回砀郡休整。项羽彻底摧毁了王离兵团，消息传来，举国震惊。

二世三年二月，刘邦军北上攻打昌邑，这次他遇到了昌邑的地头蛇彭越，双方联手攻打昌邑。大概刘、彭双方各怀鬼胎，都想让对方当炮灰，因而这次攻昌邑未能得手。

从二世二年闰九月到二世三年二月，这六个月左右的时间，刘邦在他的根据地砀郡周边徘徊（十月向北，十二月向西，二月再次向北），一有机会就敲打一下周边的小股秦军，取得了一定的成果，但离西征还有十万八千里。

这时，王离兵团在巨鹿之战被项羽消灭，形式逆转，诸侯联军接连胜利，秦军颓势已现。原先不可能实现的"先入定关中者王之"的"怀王之约"已经不再遥不可及。攻打昌邑失利后，按捺不住的刘邦转而西去，终于开始了他真正意义上的西征。彭越则留在昌邑一带继续收编溃军，壮大队伍。

有人认为刘邦入关比项羽顺利是因为项羽和秦军主力死磕。项羽辛勤耕耘，而刘邦却下山摘桃，他们将刘邦入关看成是一件顺手牵羊的事情，就像喝开水一样容易。事实绝非如此。刘邦西征时，秦军主力虽然已经遭到重大打击，但沿路的秦军依然在顽强抵抗，关隘、城池依然在发挥作用，通往关内的道路并不平坦。刘邦的西征是充满艰辛的创业之路。

刘邦的人才观

刘邦西征的第一站就是之前他和项羽联手围攻却未能拿下的重镇陈留。在征途上，刘邦的母亲大概是因为承受不了军事生活的颠沛流离而去世。在前往陈留路上，刘邦于高阳乡（今属河南杞县）遇到一个奇人。此人给了刘邦不小的帮助，这个奇人就是郦食其。

郦食其也叫郦生，是陈留高阳本地人。他家境贫寒，穷困潦倒，穷到连能供得起自己穿衣吃饭的产业都没有，靠当社区保安度日子。虽然穷，但他非常喜欢读书，这点倒和韩信有点相似。

郦食其这种人舌尖嘴利，骂死人不偿命，县里人也不敢轻易惹他，大家都叫他"狂生"。《史记》似乎把他当儒生来看待，但郦食其的拿手本事是"忽悠"，他的学术绝对不是儒家，而是纵横家苏秦、张仪一路的。

陈胜起义后，陈留作为战略要冲，有不少义军领袖也曾路过这里。但郦食其知道跟对领导很重要，他看不起这些斤斤计较的领导，就深居简出，隐藏起来。

郦食其挑来挑去，觉得跟刘邦混有前途，决定去投奔。恰巧郦食其邻居的儿子当了刘邦的骑士卫兵，刘邦时常向他打听当地的贤士俊杰。刘邦部队驻扎在陈留县东南的高阳时，这名骑士回了家一趟，郦食其跑去找他，想搭上这条线去投靠刘邦。骑士告诉他说："刘领导并不喜欢儒生，'诸客冠儒冠来者，沛公辄解其冠，溲溺其中（头戴儒生帽子的人来见他，他就立刻把他们的帽子摘下来，在里边撒尿）'。在和人谈话的时候，动不动就破口大骂。所以您最好不要以儒生的身份去向他游说。"

有人以刘邦"诸客冠儒冠来者，沛公辄解其冠，溲溺其中"作为刘邦不尊重知识分子的例子，认为不尊重知识也能成功。那真是贻笑大方。刘邦其实是个非常尊重知识、尊重人才的人，否则他也不会想到要"时时问邑中贤士豪俊"。

刘邦渴求知识、渴求人才，但同时他还是个典型的实用主义者，他需要的是能指导胜利的政治理论，不是附庸风雅的呻吟哲学。刘邦这种"法学中专毕业"的人最容易接受的还是法家理论，儒家理论本身迂阔难用，这让他觉得儒家"仁义"理论就是胡说八道，因而刘邦自然不会给儒者好脸色。

刘邦为人粗鄙，会骂人、会耍泼皮，有很多不文明的举止。这在人际交际中是对人的不尊重，值得批评。但这些不文明的举止并不是对知识、对人才的不尊重，两者不能混为一谈。"溲溺儒冠"透露出的是他的"功利"和"现实",而不是他不尊重知识。

对知识、对人才最大的尊重不是客客气气地讲些甜言蜜语,恩赐给知识分子高官厚禄供奉起来,然后束之高阁。对知识、对人才真正的尊重是采纳他的意见、采用他的知识!刘邦虽然粗鄙,但只要你提出的意见正确,他都能积极采纳并迅速实施,这才是对知识真正的尊重。这种对知识、对人才发自内心的尊重,是他胜利的最重要条件之一。这一点在秦汉时期的风云人物中,没有人比他做得更好。

由于对知识、对人才的真正尊重,刘邦几乎有楚汉时期数量最大、品种最全的知识型人才库,并让他们发挥自己的专长。典型的有张良、陈平(道家学派),萧何、张苍(法家学派),韩信、郑忠(兵家学派),叔孙通(儒家学派),郦食其、随何(纵横家学派)等,庞大的人才库成为他成功的最大助推力。

陈留的奇遇

这名骑士按郦食其的要求把郦食其推荐给刘邦,大概刘邦是把郦食其当儒生了,所以不怎么待见他,郦食其见过刘邦后就没了动静。学了这么多知识不能没用过就送进棺材啊,郦食其也是个脱离了低级趣味、有理想有追求的老年人,他想:刘邦你不肯来三顾我的茅庐,我就去三顾你的华屋。

于是郦食其来到刘邦军门并递上自己的名片说:"我是高阳的卑贱百姓郦食其,私下里听说沛公奔波在外,露天而处,不辞劳苦,带领军队匡助楚国来征讨暴虐无道的秦朝,敬请劳驾进去通禀一声,说我想见沛公,和他谈论天下大事。"

秘书进去禀告,刘邦一边洗脚一边问秘书:"来的人什么样?"秘书回答说:"看他的相貌好像一个有学问的大儒,身穿儒者的衣服，头戴巍峨的高山冠。"刘邦一听是儒生，态度可想而知，就说："请替我谢绝他，说我正忙，没有时间。"于是秘书出去谢客："沛公敬谢先生，他正忙于讨平天下的大事，没有时间见您，请回吧。"

郦食其听罢，瞪圆了眼睛，手持宝剑，呵斥道："快点！再去告诉沛公一声，我是高阳酒徒，并不是儒生。"秘书见此，惊慌失措，竟吓得把名片掉在了地上，然后又跪下捡起，飞快地转身跑了进去，再次向刘邦通报："外边那个客人，真正是天下壮士，他大声呵斥我，我吓了一跳，把名片都掉在了地上，他说：'你快滚回去，再次通报，你家老子是个高阳酒徒。'"刘邦一听，还碰到个狠的，看来不见还不行。"好吧，要不叫进来吧。"

郦食其进去后，刘邦正坐在床边伸着两腿让两个女人洗脚，这当然是非常没礼貌的姿势，刘邦不想见他，大概是想用这个办法把他气走。如果郦食其是个事事讲究'礼教'的儒生，他肯定会被气跑。郦食其见到刘邦后作个长揖而没有倾身下拜，态度不卑不亢地说道："您是想帮助秦国攻打诸侯呢，还是想率领诸侯灭掉秦国？"刘邦骂道："你个龟儿子儒生！天下的人同受秦朝的苦已经很久了，所以诸侯们才陆续起兵反抗暴秦，你怎么说帮助秦国攻打诸侯呢？"郦食其说："如果您下决心聚合民众，召集义兵来推翻暴虐无道的秦王朝，那就不应该用这种倨慢不礼的态度来接见长者。"刘邦在和郦食其的第一次交锋中没有占到便宜，立刻停止了洗脚，穿戴整齐，把郦食其请到了上宾的座位，并且向他道歉。

郦食其谈了六国合纵连横所用的谋略，刘邦喜出望外，命人端上饭来，和郦食其进餐，然后问道："那您看今天我们的计策该怎么制定呢？"郦食其说道："您把乌合之众、散乱之兵收集起来，总共也不满一万人，如果以此来直接和强秦对抗的话，那就是人们常说的'探虎口'啊。陈留是天下的交通要道，四通八达的地方，现在城里又有很多存粮。我和陈留的县令很是要好，请您派我到他那里去一趟，让他向您来投降。他若是不听从的话，您再发兵攻城，我在城内又可以作为内应。"于是刘邦就派遣郦食其前往，自己则带兵紧随其后。

郦食其就在这一天夜里去游说陈留守令，但是游说是软实力，它是需要硬实力的支撑的。郦食其的这次游说没有成功，到了夜半时分，心黑手辣的他暗杀了县令，并悄悄地斩下县令的头，越墙而下，报与刘邦。刘邦带领人马，攻打城池，把县令的头挂在旗竿上给城上的人看，群龙无首的陈留被刘邦攻取了。刘邦攻克陈留后，缴获了大批武器和粮食，部队还扩编了几万人，陈留变成了刘邦向关中挺进的新基地。

刘邦赐给郦食其广野君的称号。郦食其荐举他的弟弟郦商，让他带领部队追随刘邦，郦商当时已经拉起一支四千人的队伍，规模也不小。郦商是个骁勇善战的将军，后来被封为曲周侯，在汉高祖元功十八人中排名第六，《史记》有他的列传，地位高于他这位老哥。而郦食其自己常常担任说客，以使臣的身份奔走于诸侯之间。郦食其、郦商兄弟一文一武加盟刘邦的事业，对刘邦而言是有很大帮助的，堪称刘邦在陈留的奇遇。

碰钉子

入关第一次尝试

二世三年三月，以陈留为基地，部队实力增强的刘邦继续向西推进，攻打开封（今河南开封市西南）。在开封城外击溃了秦将赵贲的部队，赵贲退入开封城坚守，刘邦未能攻克。刘邦又北上，在白马击败秦将杨熊，又追击到曲遇东（今河南省中牟东）再次大败杨熊，杨熊退往荥阳，被秦二世下令问罪处决。

由于开封迟迟不能攻克，失望之下的刘邦被迫放弃了直接向西推进的计划，转向南下。二世三年四月，刘邦率部南下，攻克了颍阳（今河南禹州南）。估计是攻城的时候碰了点钉子，部队伤亡很大，愤怒的将士们屠城报复。

张良当时正陪韩王成在这一带攻略土地，图谋复国，但是每攻克几个城，秦军很快就又夺了回来，韩国复国军被秦军撵着跑，很是狼狈。这让自称有《太公兵法》的张良脸上很是无光。从这里可以看出，谋勇兼备的张良为何不能一争天下？因为他的执行力太差了，他这颗聪明的脑袋要插在刘邦的本体上才能发挥作用。

有刘邦军南下为韩国复国力量撑腰，韩国复国运动终于有些起色。刘邦和张良这位老朋友再次见面，也非常高兴。张良对这一带的地理非常熟悉，他指导刘邦从轘辕险道（今河南偃师东南）穿过嵩山，向北侵入了洛阳一带。

从刘邦穿越轘辕险道的举动，笔者就看出刘邦在想什么了。刘邦西征的最初计划必定是想走三川—东海道，沿着开封—荥阳—洛阳—函谷关正面挺进关中，实践"怀王之约"。这是一条很标准的大路，之前秦始皇东游、刘邦咸阳服役都是走这条路。

打个比方，刘邦想走这条路去关中，必定要通过函谷关，如果把函谷关比作大门，关前的洛阳平原就相当于大门的前院，这个院子有个门就是荥阳、成皋（虎牢关）。但是刘邦遇到开封守将赵贲的顽强抵抗，久攻不克，打不下开封就不敢继续挺进荥阳，这使得刘邦尝试从荥阳挺进洛阳的第一次战略尝试破产，也说明在黄淮平原上纵横驰骋的刘邦兵团的攻城能力实际不高。

入关第二次尝试

正门撞不进去怎么办？刘邦想到了爬窗。洛阳以北是天堑黄河，以南有嵩山和熊耳山两座高山屏蔽。于是刘邦南下颍阳，试图绕过开封、荥阳，在南部山脉间寻找突入洛阳平原的地方，并且幸运地在张良的指导下找到了这扇窗户，这扇窗户就是轘辕险道。所以刘邦的行军地图上才会出现一个九十度大折角，不是刘邦不想走直线，而是嵩山堵在那里，没法走直线。

刘邦绕过了荥阳、成皋，窜入洛阳平原，开始了他入关的第二次尝试，他依然想从函谷关入关。这时候我们在巨鹿之战中提到的情形出现了。赵将司马卬的部队出现在黄河北岸，准备南渡黄河强攻关中。刘邦迅速率军北上，猛攻平阴津，派兵封锁渡口，阻扰赵军渡河，这是一场"友军"相互拆台的龃龉事件。刘邦要抢先独力攻取关中，实现"先入定关中者王之"的追求，因此拒绝了司马卬的南渡。

司马卬在刘邦的阻挠下只得放弃了南渡黄河的计划。刘邦的目的达到了，他应该得意地笑了，不过他高兴的太早了。因为之后刘邦在三川郡（洛阳平原）的战斗并不顺利，他准备凭一己之力抢先入关的梦想在三川郡被现实击碎了。

刘邦在三川郡的行动不顺利，有几方面的原因：一是这里离秦朝统治中心较近，秦政府对其控制能力较强；二是吴广、周文军队曾在这一带大规模收罗起义军，很多想造反的不稳定因素都被带走了；三是吴广、周文的败亡在当地造成了秦军不可战胜的神话，当地居民会怀疑刘邦的实力："当年几十万大军都失败了，刘邦的数万军队能成气候吗？"因此决不敢押宝刘邦；四是刘邦在政治上不成熟，部队的流寇性质依然太重，南攻颍阳屠城的行径给三川郡军民留下很恐怖的印象。为了生存，三川郡各县的居民只能尽力抵抗刘邦了。

因此，虽然刘邦接连打败秦军，取得了包括在洛阳东打败了回援的赵贲军等一系列军事上的胜利，但却始终打不开局面。到处都是敌视的眼睛，刘邦的部队在人员、物资上的损失始终得不到有效补充，部队伤亡越来越大。

在三川郡站不住脚的刘邦只好灰溜溜地逃出，再不跑就跑不了了！刘邦率军从轘辕险道原路退回，来到三川郡与颍川郡交界的阳城（今河南登封东），并在阳城进行了休整。刘邦入关的第二次尝试依然以失败告终。

入关的第三次尝试

在洛阳平原受挫后，刘邦退回颍川郡。刘邦军和张良的韩国复国军联合击败了当地秦军，夺取了十几座城池，韩国终于在外国干涉势力的帮助下初步实现复国。刘邦军在颍川郡一带借助韩王成的政治影响力稳定了局势，并以颍川郡作为补给基地，重新休整了部队。

二世三年六月，刘邦让韩王成留守阳翟（今河南禹州）。刘邦则带着张良，亲自率领主力，携带包括韩将韩信在内的部分韩军南下，准备在秦岭山脉中，沿着武关—蓝田（今陕西蓝田县西）—灞上（今陕西省西安市东南）一线到达关中。这条道是秦帝国的南阳南郡道，秦始皇东游后曾从此道回关中。

要走武关必须通过南阳郡。南阳郡守齮赶紧带兵在郡边界进行堵截，双方在犨县（今河南平顶山西南）东展开会战。会战的结果是刘邦打败了郡守齮的秦军，带兵穿过伏牛山山脉，侵入南阳平原。

南阳郡守齮退守宛城（今河南省南阳市宛城区），宛城是南阳郡的郡治，城高池深，防御坚固，刘邦认为自己很难短时间内攻克它，就率兵绕过宛城西进。张良进谏说："您虽然想赶快入关，但目前秦兵数量仍旧很多，又凭借险要地势进行抵抗。如果现在不攻下宛城就前进，那么到时候宛城的敌人从背后攻击，前面又被强大的秦军堵住，这很危险啊。"于是刘邦连夜率兵从另一条道返回，更换旗帜，黎明时分，把宛城团团围住。

刘邦大军再次将宛城团团包围，南阳郡守齮大概产生了错觉，以为楚军来了一波又一波，惊慌之下想要自刎。他的舍人（机要员）陈恢说："现在自刎还太早。"陈恢越过城墙去见刘邦，对刘邦说："我知道你们有先入关为王的盟约，现在宛城就在这里，你打不打？你要清楚宛城是一座大都市，人多粮足，而且原秦朝任命的官员们都认为被攻下后肯定是死路一条，已经怀着必死的决心来守城了。您算算这么一座大城您多久能拿下？

"现在您有两种选择（A）打！（B）不打！绕过去。

"如果选择（A），那么伤亡是难免了，而且拖延时日可能错过入关的时机。

"如果选择（B），那么必须要有百分之百的把握打垮关中秦军，否则就会出现前方被关中秦军堵住，后方又被宛城方面的秦军夹住的不利局面。

"无论哪种都不是最好的选择。不过，看您做人不错，我给您出一条主意。倒不如和南阳郡守签订条约，封赏南阳郡守，让他留下来守住南阳，您率领宛城的军队西进。这样既避免了被前后夹击的危险，又能快速推进。那些还没有降服的城邑，听到了这个消息，一定会争着打开城门等候您。您就可以通行无阻地西进，不必担心什么了。"

刘邦听完，说："好！"

双方经过一轮又一轮的谈判，但一直没定下来。时间一天一天过去，失去耐心的刘邦趁宛城防备松懈的时候发动了一场突袭，樊哙抢攻城头，曹参俘虏了南阳郡守齮。二世三年七月，刘邦攻克宛城。出于统一战线方面的考虑，刘邦封南阳郡守齮为殷侯，封给陈恢一千户。说句题外话，在《高祖功臣侯者年表》里，笔者没发现这两个人，不知道是建国后汉政府赖账了，还是司马迁漏记了。

刘邦接着率兵在南阳郡一带攻略县城，所经过的城邑没有不降服的。刘邦同王陵（原刘邦混江湖时候的大哥）会师，整合了高武侯鳃、鄱君吴芮的别将梅鋗的部队，占领了丹水（今河南淅川西南）、胡阳（今河南唐河县南）、析（今河南西陕）、郦（今河南南阳西北）等县。刘邦领悟了张良所进谏话的内在意义，耐心地清扫了南阳郡的秦军势力，稳定了后方后才大举进攻武关。

陈恢这个人只出现了这么一次，是个不起眼的小人物，但是他的出现对刘邦的意义却不可小看。至此以后，刘邦的战略观发生了很大转变。之前的刘邦其实和项羽差别不大，基本属于起赳武夫，不服就打到你服为止，屠城这种失人心的事情项羽干过，刘邦也没少干。

宛城遇到陈恢教导后，刘邦领悟到运用政治手段远比单纯的武力更有力量，由此，他开始重视政治收服，军事打击则成为配合政治目的的一种手段。项羽一直到遇到外黄小儿时才领悟到这个道理，可惜已经太迟了。单纯仰赖武力导致了刘邦在三川郡的失败，用政治手段则成就了刘邦在南阳郡的成功。

政府官员的慌乱

二世三年七月，刘邦占领南阳郡，兵锋直指武关。同月，章邯正式向项羽约盟投诚。章邯兵团的投降，意味着关东已非帝国所有，帝国陷入无可挽回的颓势，面临全面崩溃。

面对这个不利局面，丞相赵高真的急了，但赵高急的不是帝国陷入危局，而是他自己的命运和前途。起义军节节胜利，眼下又取得了决战的胜利，如不能做出有效应对，帝国将面临起义军入关的危险。一旦起义军入关，作为行政首脑的他免不了要被起义军清算。

怎么办？第一，如实上报皇帝、弃位让贤？那是要掉脑袋的。第二，整顿军马、再来一战？他没这个本事。况且，一个平时欺上瞒下、玩弄权术的领导，突然要浪子回头、改弦更张、任用贤能。谁会信？谁会帮他？作恶多端就等于走上了不归路。赵高已是骑虎难下。

赵高虽然着急，但事实上秦帝国还没有到山穷水尽的地步。因为关中尚有大量人口，又未经战火蹂躏，经济基础也还完好。只要此刻秦政府能拨乱反正，上下齐心，将关中兵员动员起来，封锁函谷关和武关，秦帝国依然有望保住一隅，不至于灭亡。贾谊在《过秦论》中就指出："向使婴（指子婴）有庸主之才，仅得中佐，山东虽乱，秦之地可全而有，宗庙之祀未当绝也。"秦帝国的动员能力比起巅峰时期当然已经严重削弱了，但它瘦身后的体格依然健壮，刘邦如果想要一口吃掉它，也不是那么容易的。

对刘邦而言，入关的局面依然是非常艰难的。一则关中仍有相当的实力，二则武关险要虽然不比函谷关，但也不是容易攻克的。大概刘邦对于单凭武力叩关也没有十足把握，于是刘邦派遣魏国人宁昌作为使者秘密潜入关中。他此行的目的史书上没有明说，过程也不清楚，应是刘邦想在秦政府内部寻求内应。

对秦国官员们来说，如果宁昌找他们，他们是不敢和宁昌接触的，怕会被当叛国罪论处；但是他们也不敢动手抓宁昌，万一楚军真的打进来，必然会秋后算账。此时秦国的官员真是左右为难。宁昌对他们而言像瘟神一样，惹不起也躲不起。宁昌入关后还没有回去复命，已经搞得咸阳城内满城风雨、鸡犬不宁。秦帝国中央政府的官场都陷入慌乱中，只有皇帝一人依然懵懵懂懂。

赵高虽然是秦国排名最靠前的既得利益者，但他本身就是投机分子，也想"万事留一线，日后好相见"。他和宁昌有一些接触，只是风险收益现在还算不清楚，因而犹豫未定。不过这个消息很快也在官场流传起来，连公子子婴这种皇族成员都听到风声，只是大家还没有掌握确凿的证据去向皇帝告发咸阳城内权势熏天的当朝丞相。反正亡的也是皇帝的国，官员只是打工者，他们只能得过且过。况且"大革命"后，官员们也没有了责任心。日子就这么一天一天过去。

大秦落日

望夷宫之变

思前想后，赵高决定还是和皇帝拼了，因而他决定先试探一下群臣的态度。

八月己亥那天，赵高带来一只鹿献给秦二世，说："这是一匹马。"二世笑着说："丞相搞错了吧？把鹿说成是马。"问左右大臣，左右大臣有的沉默，有的故意迎合赵高说是马，有的说是鹿。很快，那些说是鹿的人就被赵高暗中假借法律除掉。

二世听见那么多人喊是马，被吓了一跳，以为自己中邪了，又梦到白虎啮咬他车驾的骖马，觉得很不祥，就去占卜。占卜的人告诉他是泾水在作怪。赵高趁机劝二世去望夷宫居住，二世接受了这个建议。望夷宫是皇帝的度假山庄，守备不比皇宫，对于预谋作乱的赵高来说是个好地方。

二世三年八月，刘邦兵叩武关。刘邦采用张良的计策，派郦生、陆贾去游说秦将，并用财利进行引诱，扰乱秦军，乘此机会前去偷袭武关，攻了下来。

武关失守，关中大震。不知道通过什么途径，二世隐约知道了这些情况，就派人去责问赵高。赵高非常恐惧，早有策划的他决定先发制人。趁着秦二世离开皇宫、望夷宫守备薄弱的机会，赵高发动了叛乱。

赵高先劫持了亲家（女婿阎乐的母亲），软禁在赵高府中当人质，让弟弟郎中令赵成作内应，谎称望夷宫内有大盗入侵，命令阎乐召集官吏发兵解救。阎乐带领官兵一千多人赶到望夷宫殿门前，捆绑卫令（警卫队队长）、仆射（近卫军官），喝问道："盗贼从这里进去了，为什么不阻止？"卫令抗辩说："宫殿周围警卫哨所都有卫兵防守，十分严密，盗贼怎么敢进入宫中？"

阎乐也不和他们啰唆，就斩了卫令，带领官兵径直冲进去，一边走一边射箭。当时在场的郎官（储备干部兼警卫员）、宦官大为吃惊，有的逃跑，有的抵抗，抵抗的都被杀死，被杀死的有几十人。

赵成和阎乐一同冲进去，箭射中了二世皇帝的帷帐。皇帝很生气，召唤左右的人，左右的人都投降放弃抵抗，只有一个宦官服侍着皇帝不敢离开。皇帝逃进内宫，对他说："你为什么不早告诉我，竟到了现在这种地步！"宦官说："为臣不敢说，才得以保住性命，如果早说，我们这班人早就都被您杀了，怎能活到今天？"

阎乐走上前去历数皇帝的罪状说："你骄横放纵、肆意诛杀、不讲道理，天下的人都背叛了你，怎么办你自己考虑吧！"皇帝说："我可以见丞相吗？"阎乐说："不行。"皇帝说："我希望得到一个郡做个王。"阎乐不答应。皇帝接着说："我希望做个万户侯。"阎乐还是不答应。皇帝又说："我愿意和妻子儿女去做普通百姓，跟诸公子一样。"阎乐说："我是奉丞相之命，为天下人来诛杀你，你即使说了再多的话，我也不敢替你回报。"于是指挥士兵上前。皇帝只好自杀。

灭秦

阎乐回去禀报赵高，赵高迅速向刘邦派出使者，以诛杀二世皇帝向起义军邀功，希望刘邦迅速挺进为他撑腰，然后双方分地称王。刘邦得到消息后，担心有诈，就没接受。这样一来，赵高就惨了。无奈之下，赵高只好赶鸭子上架，硬着头皮要称帝。赵高取过玉玺把它带在自己身上，可是文武百官无一人跟从。看见官僚集团拒绝合作，赵高只能放弃了。

赵高召来所有的大臣和公子，把杀死二世皇帝的情况进行了通报。赵高说："秦国本来是个诸侯国，始皇统一了天下，所以称帝。现在六国又各自立了王，秦国地盘越来越小，竟然还凭着个空名称皇帝，这不合适。应像过去一样称王才合适。"于是，赵高立同二世皇帝血缘关系最近的堂兄公子子婴为秦王。二世皇帝则以平民的葬仪被埋葬在杜南宜春苑中。很快，子婴进行斋戒，然后到宗庙去拜祖先，最后接受国王印玺。

斋戒五天后，子婴跟他的儿子和亲信韩谈商议说："丞相赵高在望夷宫杀了二世皇帝，害怕大臣们杀他，就假装按照法理立我为王。我听说赵高与楚国约定，灭掉秦宗室后他在关中称王。现在让我斋戒，朝见宗庙，这是想趁着我在庙里把我杀掉。我推说生病不能前往，丞相一定会亲自来，他来了就杀掉他。"

赵高派人去请子婴，前后去了好几趟，子婴却不走，赵高果然亲自去请，说："国家大事，君王为什么不去呢?"子婴在斋宫让他的儿子和亲信韩谈刺杀了赵高，并夷灭赵高家三族，在咸阳示众。

诛灭赵高后，子婴迅速派兵在峣关堵截楚军，准备做最后的抵抗。刘邦攻克武关后继续向关中进发，也来到峣关。峣关又叫蓝田关，在今蓝田县东南，这是刘邦进入关中平原的最后一道关隘。秦王子婴派出的秦军早就占据了有利地形，刘邦若想强攻还是有些难度的。

刘邦采纳了张良的计策，先在山上布置了大量旗帜，制造楚军数量庞大的假象恐吓秦军，同时派出郦食其带着很多贵重的宝物去引诱秦将。秦二世皇帝统治的这三年时间，是秦政府一个异常混乱的时期，期间"大革命"、"指鹿为马"等怪事层出不穷，官员、吏民已经被折磨得麻木不仁，"望夷宫之变"又加剧了混乱。皇权的神圣感在秦军将士心目中已经荡然无存。

在趋利避害本性的指引下，已经失去效忠信念的秦军将领们爽快地接受了贿赂，想要跟刘邦联合向西灭秦，然后也裂土封疆，小算盘打得挺精。刘邦准备接受这个提议，张良说道："这次只不过是将领收受了财宝想背叛秦皇罢了，恐怕他手下的士卒们不一定也跟着叛秦。如果士卒不听从，那就很危险了！不如乘他懈怠，我们去攻打他。"于是刘邦领兵偷袭了秦军，把秦军打垮了。

刘邦约束军纪，命令全军所过之处不得掳掠，秦地的民众都很高兴，秦军士兵本来就是普通民众，既然利益没有受损，士兵们作战的意志就开始削弱，秦军面临瓦解。秦军败退到蓝田以北，刘邦发动夜袭，终于彻底打垮了秦军。刘邦乘胜前进，兵临咸阳城下，派人去招降子婴。此时子婴当秦王仅仅四十六天，秦政府的官吏拒绝继续效忠秦政府，秦王子婴无力抵抗刘邦，被迫向刘邦投降。与其说秦王朝是被刘邦打垮的，倒不如说是被赵高玩垮的，没有赵高的"配合"，刘邦是绝对入不了关的。

读完刘邦西征的历程，让人感慨创造奇迹有时候真需要点

"傻"劲。关中的土地固然诱人，可是敌强我弱，西征近乎是一条死亡之路。假如刘邦足够理智冷静，一定不会这么傻。但不得不承认造化有时候就是那么弄人，刘邦一路磕磕碰碰，却真的创造了奇迹。西征的胜利与其说是刘邦深谋远虑，倒不如说他傻人有傻福。

子婴称王的第一个十月，秦王子婴用丝带系上脖子，驾着白车白马，捧着天子的印玺符节，采用传统的投降仪式在轵道亭旁向刘邦投降。这年也成为汉元年。汉元年十月，曾经辉煌一时的秦帝国终于退出了历史的舞台。

新安

十月，秦帝国就此灭亡。然而另一支反秦军队却对此一无所知，依然带着部队缓慢地向关中前进。这支军队就是项羽指挥的诸侯联军。项羽率领的诸侯联军行军速度异常缓慢。七月，章邯投诚，刘邦才刚叩武关。到了十一月，秦国已经灭亡了一个多月了，联军才到达新安（今河南渑池县东），这里距离函谷关还有70公里。行军如此缓慢，一则因为诸侯联军有七十万的规模，运动不便；二则可能是项羽因周文的教训而存在一定疑虑，显得过于谨慎，务必稳扎稳打，不肯冒险快速行军。然而，这时意外发生了。

诸侯联军向关中进发的路上，关东士兵认为之前是被秦国人压迫，现在赢了，就要报复秦人，沿路对待秦军投降的士卒打骂呵斥，就像在对待奴隶一样。这引起秦军降卒强烈的对抗和不满情绪。随着部队不断向西行进，这种对抗和不满不断积累。而且进攻秦国对秦军降卒来说有种叛国的感觉，内心并不乐意。两种矛盾交织在一起，秦军降卒的情绪非常不稳定，越是临近函谷关，这种不稳定情绪就越发强烈。

　　这种情况被项羽察觉了，通过和部将们商量，大家都感到利用秦军降卒攻打秦国的设想不现实，即便秦军降卒肯效力攻破函谷关。入关后如果秦军降卒同秦国民众联合反攻诸侯军，那么诸侯联军到时候恐怕就没法活着出关了。思前想后，项羽和部将们都感到这批秦军降卒像定时炸弹一样危险，必须拆除这枚定时炸弹！于是在项羽的指挥下，诸侯联军在夜晚突然向早上的"盟友"亮起来屠刀，总数有二十多万人的秦军降卒遭到了屠杀。

　　然而，令项羽哭笑不得的是，当他率领联军到达函谷关时，他发现关上立的竟然不是秦军的黑旗，而是刘邦的红旗。联军将领们大吃一惊，于是通报要求守军开门，但遭到守军拒绝。

6
鸿门宴

刘邦闯祸

土鳖入宫

汉元年十月，子婴向刘邦投降，有将领说应该杀掉子婴。刘邦说："当初怀王派我攻关中，就是认为我能宽厚容人。再说人家已经投降了，又杀掉人家，这么做不吉祥。"于是把子婴交给官吏看管起来，向西进入咸阳。

秦国自秦孝公十二年（公元前 350 年）建都咸阳以来，秦政府苦心经营百余年，料想府库积蓄必多。入城后，那些将军们疯了，都跑去库房瓜分金帛财物，唯独萧何跑去将秦丞相御史的律令图书都收走。萧何的远见卓识在不久的将来给刘邦带来了巨大的收益。

刘邦进入秦宫，那里的宫室、帐幕、狗马、宝物、美女数以千计，刘邦看得眼都直了，想留下住在宫里。樊哙劝谏刘邦出去居住，刘邦听不进去。张良说："秦朝正因暴虐无道，所以沛公你才能够来到这里。替天下铲除凶残的暴政，应该以清廉朴素为本。现在刚刚攻入秦都，就要安享其乐，这正是人们说的'助桀为虐'。况且忠言逆耳，良药苦口，希望沛公能够听樊哙的意见。"刘邦这才忍痛封了宫室府库，军队重新回到霸上驻扎。

值得玩味的是，劝谏刘邦的这些话是樊哙这个大老粗先提出，而不是高参张良。是樊哙的政治智慧有了突飞猛进的提升了吗？恐怕这事是张良这个滑头挑唆樊哙干的。

劝谏刘邦的这些话是张良想说的，但他一则怕刺激到刘邦，让刘邦误以为他别有用心；二则作为客人，也有不方便说的地方，因而挑唆樊哙去说。樊哙为人豪爽厚道，心机不多，而且和刘邦是连襟，自家人说话不会被当成别有用心。即使樊哙表达不清楚，也相当于增加了一个缓冲，张良劝刘邦也就不会那么突兀，所以樊哙出面比张良出面要好太多了。

樊哙为人厚道，对于有本事的文化人（如张良、韩信等）那是打心眼佩服，甘心帮他们冲锋陷阵。每次张良这些滑头不方便和刘邦直说的时候，都会挑唆樊哙打头阵，先探探刘邦的口风。常言"仗义每从屠狗辈"，非虚也。正是由于有樊哙这样的憨直人做桥梁，使得刘邦上情下达非常便捷有效。刘邦有樊哙这样的连襟真是他的福气。

樊哙的一生也是好人好报的一生。甚至在他死后，宫廷发生针对吕氏的政变，他夫人吕须、儿子樊伉受牵连被杀掉，不久大家又想念樊大哥的好处，找到樊哙庶出的儿子樊市人，重新立为舞阳侯，延续他的香火。

闯祸

刘邦既然想扎根关中，就必须考虑要如何治理关中。从这点来说，刘邦没有对关中进行掳掠和破坏，不是因为他对关中人民有深深的爱意，而是因为他已经将关中视为其私人财产，不舍得破坏。历史无数次证明，在对待平民百姓方面，土匪世家远比流寇为好。

汉元年十一月，刘邦召集各县父老和有才德有名望的人开会，开始着手利用秦政府原有的行政框架对秦地开展有效统治和管理。刘邦告诉他们说："父老们苦于秦朝苛刻的法令已经很久了，批评朝政得失的要被灭族，相聚谈话的要被处以死刑，我和诸侯们约定，谁首先进入关中就在这里做王，所以我应当当关中王。现在我和父老们约定，法律只有三条：杀人者处死刑，伤人者和抢劫者依法治罪。其余凡是秦朝的法律全部废除。所有官吏和百姓都像往常一样，安居乐业。总之，我到这里来，就是要为父老们除害，不会对你们有任何侵害，请不要害怕！再说，我所以把军队撤回霸上，是想等着各路诸侯到来，共同制定一个规约。"

随即刘邦还派人和秦朝的官吏一起到各县镇乡村去巡视，向民众讲明情况。秦地的百姓都非常喜悦，争着送来牛羊酒食，慰劳士兵。刘邦推让不肯接受，说："仓库里的粮食不少，并不缺乏，不想让大家破费。"人们更加高兴，唯恐刘邦不在关中做秦王。这就是人们常说的"约法三章"。这个政策符合人民群众的要求和期望，让刘邦一下子在秦地站稳了脚跟。

在这个时候有人就劝刘邦说："秦地富足，是其他地区的十倍，地理形势又好。现在听说章邯投降了项羽，项羽给他的封号是雍王，约定让他统治关中地区了。要是他来了的话，沛公你还有份吗？可以赶快派军队守住函谷关，不要让诸侯军进来。并且逐步征集关中的兵卒，加强自己的实力，以便抵抗他们。"刘邦认为他的话有道理，就听从了他的计策。这样一来就闯出了一场大祸。

十一月中旬，项羽率领诸侯联军西进来到函谷关前，令项羽大吃一惊的是函谷关已经被友军（沛公刘邦）所占据，但关门紧闭，守关部队拒绝让诸侯联军入关。项羽非常恼火，就派黥布从小路绕道攻破了函谷关。四十万诸侯联军杀气腾腾地开进关中平原，准备找刘邦讨说法，刘邦的祸闯大了。

刘邦派人守关错了吗？记得在国内某军事杂志上有这么一个说法："凡是战场上得不到的东西，谈判桌上也休想得到！"俄国人就很聪明，他们总是先派兵把对方的土地占了，然后谈判。这是一种大智慧，而不是小聪明。

试想，如果刘邦不守关会怎样？那么诸侯联军四十万大军就可以顺顺利利、浩浩荡荡地开进关中，到时候刘邦的谈判空间必定会被严重压缩。因此，刘邦只有先守住函谷关，才能争取到谈判的主动权，"怀王之约"才不会变成一纸空文。

刘邦错就错在对诸侯联军的实力和决心的误判。诸侯联军入关的第一目的固然是消灭赢秦帝国，追求自身安全。还有第二个目的，就是钱。苦战汹汹，诸侯联军军费开支巨大，急需搜刮填补亏空。同时广大将士浴血奋战一年多，也抱着入关洗劫一番的期望。项羽及诸侯必须迎合将士们的情绪。如果项羽对将士们说："关中进不去了，咱们回去吧。"恐怕他会被将士们直接生吃了。四十万人！因此项羽和诸侯入关的决心是绝对坚定的。

既然刘邦打算要占有关中的土地，那么"距关，毋内诸侯"后，刘邦要赶紧将关内财富运出一大部分来分给诸侯，软化、分化诸侯的入关态度，这是一套组合拳，不能有上招就没下招了。

刘邦误判形势的结果是差点连小命都玩完了。

项伯来救

十一月中旬，诸侯联军攻破函谷关，浩浩荡荡杀入关中平原，准备和刘邦讨说法。

诸侯们对于刘邦封堵函谷关、拒绝让他们入关一事抱有强烈的愤怒，惩治刘邦的呼声很高。但如何惩治刘邦、惩治刘邦到什么程度，各方的态度并不一致。针对这个问题，联军内部出现了分裂。主要有两派：一派是以亚父范增为代表的鹰派，要求不惜代价，严惩刘邦。另一派是以季父项伯为代表的鸽派，要求适度惩处刘邦。项羽觉得两派的意见都有几分道理，一路上翻来覆去，举棋不定。此时，军事战场上勇毅果决的项羽在政治战场上却显得优柔寡断起来。

十二月中旬，联军抵达戏水东，总数四十万，驻扎在鸿门。刘邦军驻扎的霸上，数量为十万。诸侯联军和沛公军相距四十里，随时可以开打，这是一场力量悬殊的对抗，刘邦危险了。

在项羽犹豫不决的时候，刘邦的左司马曹无伤已经先坐不住了，他认定刘邦公司的股价马上就要跌得一钱不值了，偷偷派人去告诉项羽说："沛公想在关中称王，让子婴为相，将珍奇宝物都占为己有。"曹无伤想借此向项羽邀功请赏，买入项羽公司的绩优股。

消息传来，举座哗然，鸽派只好不再说什么了，"打"的呼声直线上涨。项羽大怒，说："明早准备酒食，好好犒劳士卒，把沛公的部队打垮！"范增趁机火上浇油，劝项羽说："沛公在山东的时候，贪图财货，宠爱美女。现在进了关，财物什么都不取，美女也没亲近一个，看这势头他的志气可不小啊。我让人占卜他那边的云气，都呈现为龙虎之状，五色斑斓，这是天子的瑞气呀。希望您赶快进攻，不要错失良机!"

项伯一向跟张良要好，连夜驱马跑到刘邦军中，私下会见了张良，把事情全都告诉了他，想叫张良跟他一起离开。

项伯说:"不要跟沛公一块儿送死啊。"

张良说:"我是为韩王来护送沛公的，沛公如今情况危急，我若逃走就太不仁不义了，不能不告诉他。"

张良于是进入军帐，把项伯的话全部告诉了刘邦。刘邦大为吃惊，说:"该怎么办呢?"

张良说:"是谁给您出的派兵守关这个主意?"

沛公说:"是一个'鲰生（浅陋小人）'劝我说:'守住函谷关，不要让诸侯军进来，您就可以占据整个秦地称王了。'所以我听了他的话。"

刘邦回答说是一个"鲰生（浅陋小人）"说的，这个词不能说绝妙，但是很到位。刘邦为什么不说这是张三说的，是李四说的，把出主意的人名给供出来? 因为没有必要。假如刘邦将出主意的人名供出来，那么刘邦将是一个不值得托付的人。理由有两个: 一是刘邦没有承担起自己应该承担起的责任，面对责备，他将过错责任推卸给下属; 二是他不会讲话，这么讲出来既不能解决问题，还可能因出卖同僚而增加与同僚之间的嫌恶。

另一个反例就是项羽在鸿门宴上说"这是曹无伤说的"，直接把告密者给供了出来，笔者一看差点没喷出血来，可见项羽社交经验的匮乏。如何说话是做人的技巧，是一种社会经验和社会阅历，没什么道理可讲，除了通过社会学习以外别无它法。

张良说:"您的兵力敌得过项王吗?"

刘邦沉默不语，过了一会儿说:"当然敌不过，那怎么办呢?"

张良说:"请让我前去告诉项伯，就说沛公是不敢背叛项王的。"

刘邦说:"你是怎么跟项伯有交情的呢?"

张良说:"秦朝灭亡以前,我们就有交往,项伯杀了人,我使他逃过一死。如今情况危急,幸好他来告诉我。"

刘邦说:"你们两人谁的年龄大?"

张良说:"他比我大。"

刘邦说:"您替我请他进来,我要像对待兄长一样侍奉他。"

张良出去请项伯。项伯进来与刘邦相见。刘邦捧着酒杯,向项伯献酒祝寿,又定下了儿女婚姻。

刘邦说:"我进驻函谷关以后,连根鸟毛都没敢动,登记了官民的户口,查封了各类仓库,只等着项将军到来。我所以派将守关,是为了防备其他盗贼窜入和意外的变故。我们日夜盼着项将军到来,哪里敢谋反啊!希望您详细转告项将军,我是绝不敢忘恩负义的。"

项伯答应了,对刘邦说:"明天可千万要早点来向项王道歉。"

刘邦说:"好的。"

于是项伯又乘夜离开,回到军营中,把刘邦的话一一报告了项羽。接着又说:"如果不是沛公先攻破关中,您怎么敢进关呢?如今人家有大功反而要攻打人家,这是不道义的,不如先好好对待他。"

项羽在处置刘邦的问题上一直是犹豫不决的,在项伯的推动下,项羽决定还是给刘邦一个"改过自新"的机会,于是答应了项伯。

鸿门饭局

饭局

刘邦想独吞关中胜利果实的消息激怒了以项羽为首的各路诸

侯，诸侯联军四十万进逼霸上，刘邦迫不得已，只有冒险前去请罪。大清早，刘邦赶紧带着一百多人的亲信骑兵，赶赴项羽鸿门大营，参加中国历史上最有名的一场饭局——鸿门宴。

夜里。

项伯和项羽咬耳朵，道："侄儿啊，刘季先入关中，诛灭暴秦，也是有功之臣，杀有功之人不应该啊，他明天要来当面认错，咱们就听他讲讲，就事论事，免得诸侯们说咱们不讲道理。"项羽道："好。"

读者要看明白，这场饭局的第一局，刘邦已经通过项伯布局，取得先手，否则可能话还没讲，人已经被砍了。刘邦闯过了第一道鬼门关，就需要开始解释他为啥封堵函谷关，阐明他没有独吞关中的野心，希望以此取得以项羽为首的诸侯们的谅解。

刘邦说道："项贤弟啊，想死哥哥了。我看到贤弟你就忍不住要流下泪来，呜呜呜。想当年，我们一起激情燃烧的岁月，想想我们从二世二年七月起，一起打城阳、打濮阳、打定陶、打雍丘。当时我们还在战场上斩杀了秦朝的三川郡守李由，攻打陈留的时候，没想到武信君（项梁）被偷袭惨死，我们一起带兵退往彭城。对不对啊？呜呜呜。"

范增："……"

黥布等人想到昔日情谊，默不作声。

刘邦趁机偷偷瞄了一眼项羽，看到项羽颇有动容，心里一喜，心想："拍上了。"于是，接着说道："后来，将军你在河北打仗，我在河南打仗，这一别就是这么长时间，期间是九死一生啊。我能先打进关内那是一万个没想到啊，更没有想到还能在这里重新见到上将军。我真是……我真是太激动了。呜呜呜……"

范增："……"

刘邦接着说："上将军，想想看，你我什么交情，千万不能因为小人一两句谗言，就破坏了咱们俩的关系啊。"项羽脸一红，赶忙说道："哪能啊，别胡说，咱们都是哥们，感情上那是杠杠的，我绝对不是小心眼的人。这都是沛公你的左司马曹无伤胡说八道造成的，不然怎么会这样。"刘邦心惊："妈的，我还以为是范增在项羽耳边说我坏话，原来还有这小子，回去非宰了这个二五仔不可。"

项羽说道："既然误会，那就这样吧，大家喝酒庆功。刘季，你坐。"项羽率先举起酒樽致意，诸侯们都举起酒樽："干。"鸿门宴轰轰烈烈地喝着。暴秦帝国灭亡暨灭秦勇士表彰大会隆重举行。

很多年轻人不懂沟通的道理，和人沟通，最忌讳的就是哪壶不开提哪壶。此时，刘邦最不能做的事情就是和项羽讲道理，万万不能一个劲地和项羽辩论自己派人守关的必要性和正确性。对方正在气头上，越辩论就越容易引火烧身，到时就真的非死不可了。

刘邦和项羽大打感情牌，将函谷关事件定性为误会，轻描淡写带过。明白这一点，读者就会理解为何刘邦在宴会上用大量的精力来渲染昔日的友情，避而不谈函谷关事件。既然项羽及诸侯们被刘邦的昔日情谊给打动了，那就不想再计较函谷关的不快了，那么这件事就算过去了。刘邦顺利闯过了第二关。

但是，有个人却很不愉快，那个人就是范增。

项庄舞剑

项羽、项伯面朝东坐，亚父范增面朝南坐，刘邦面朝北坐，张良面朝西陪侍着。范增好几次给项羽递眼色，又好几次举起身上佩戴的玉块向他示意，项羽只是沉默着，没有反应。项羽没有反应那是肯定的，因为双方此时已经和解了，至少表面上和解了，再突然反悔说不过去。

范增忍无可忍，起身出去，自作主张叫来项庄，对他说："君王为人心肠太软，你进去上前献酒祝寿，然后请求舞剑，趁机刺击沛公，把他杀死在坐席上。不然，你们这班人都将成为人家的俘虏啦。"项庄进来，上前献酒祝寿。祝酒完毕，对项羽说："君王和沛公饮酒，军营中没有什么可以娱乐的，就让我来舞剑吧。"项羽说："那好。"范增的行为其实和项伯一样，都是不妥当的，目无领导，我行我素，日后他与项羽交恶恐怕和他的这种工作作风有莫大关系。

项庄就拔剑起舞，项伯发觉了项庄的企图，刘邦相当于他请来的客人，他是要保证刘邦个人安全的，如果刘邦被当庭刺死，他项伯颜面何在？于是赶紧拔剑起舞，用身体掩护刘邦，项庄一时也没有办法刺中刘邦。但是在座的所有人大体都看明白了，项庄是要置刘邦于死地啊。

从诸侯们的角度来看，刘邦亲赴鸿门请罪，是有几分诚意，可大家又不是三岁小孩子，怎么可能让几句话糊弄过去？只是念及昔日旧情，不愿深究，但何必去管他死活呢，所以就当看戏了。对项羽而言，他内心其实还在犹豫摇摆，杀还是不杀，他依然没有定见。可是堂下已经闹哄哄乱成一团了，项庄要杀项伯要保，令他左右为难。项羽索性也就睁一只眼闭一只眼，让他们闹去吧。至于刘邦，就听天由命去吧。

所以能不能过得了这关，要靠刘邦自己了。项伯虽然有心救刘邦，但毕竟年事已高，比不得项庄这种小年轻，动作缓慢不支，破绽越来越多，刘邦非常危险。张良见势不好，赶紧走到军门，找来樊哙。樊哙问道："今天的事情怎么样？"张良说："很危急！现在项庄正在舞剑，他想要干掉沛公啊！"樊哙说："这么说太危险啦！让我进去，我要跟沛公同生死！"

123

　　樊哙带着宝剑、拿着盾牌就往军门里闯。持戟的卫士将戟交叉起来想挡住不让他进去，樊哙侧过盾牌往前一撞，卫士们仆倒在地，樊哙就闯进了军门，挑开帷帐面朝西站定，睁圆眼睛怒视项羽，头发根根竖起，两边眼角都要睁裂了。看到有人气势汹汹地冲进来，项羽赶紧伸手握住宝剑，挺直身子，准备自卫，问："这位客人是干什么的？"张良说："是沛公的护卫樊哙。"项羽说："真是位壮士！赐他一杯酒！"手下人给他递上来一大杯酒。樊哙拜谢，起身站着喝了。

　　项羽说："赐他一只猪肘！"手下人递过来一只整猪肘。樊哙把盾牌反扣地上，把猪肘放在上面，拔出剑来边切边吃。项羽说："好一位壮士！还能再喝吗？"

　　樊哙说："我连死都不在乎，一杯酒又有什么可推辞的！那秦国有虎狼一样的凶狠之心，杀人无数，好像唯恐杀不完；给人加刑，好像唯恐用不尽，天下人都叛离了它。怀王曾经和诸将约定说'先击败秦军进入咸阳，让他在关中为王。'如今沛公先击败秦军进入咸阳，连毫毛那么细小的财物都没敢动，封闭秦王宫室，把军队撤回到霸上，等待大王您的到来。特地派遣将士把守函谷关，为的是防备其他盗贼窜入和意外的变故。沛公如此劳苦功高，没有得到丰厚的赏赐，您反而听信小人的谗言，要杀害有功之人。这只能是走秦朝灭亡的老路，我私下认为大王您不会采取这种做法！"不知道是不是张良教他的，一番话说得头头是道，项羽被驳斥的无话回答，只好和樊哙说："坐！坐！"樊哙挨着张良坐下来。

　　为什么刚才说刘邦不宜去辩论守函谷关的必要性和正确性，到樊哙这里就可以了呢？因为樊哙是以第三者的身份替刘邦辩护，说这些话就比较合适。舞剑已经被樊哙中途打断，自然也不能继续舞了，樊哙用他的"酷"征服了项羽。依靠樊哙不要命的搭救，刘邦又闯过了第三关。

尿遁

坐了一阵子，刘邦起身上厕所，顺便把张良、樊哙叫了出来。三个人都明白现在情况非常危急，项羽随时可能反悔，既然人已经赴宴表示屈服了，事情也算办完了，现在要抓紧时间赶快溜。刘邦有点犹豫，对樊哙说："现在我出来，没有来得及告辞，怎么办？"樊哙说："干大事不必顾及小的礼节，讲大节无须躲避小的责备。如今人家好比是刀子砧板，而我们好比是鱼是肉，还告辞干什么！"于是，刘邦决定离开，让张良留下来向项羽致歉。

张良问："大王来的时候带了什么礼物？"刘邦说："我拿来白璧一双，准备献给项王；玉斗一对，准备献给亚父。正赶上他们发怒，没敢献上。您替我献上吧。"张良说："遵命。"

霸上到鸿门有四十里的路程，走小路会近点。刘邦临走前吩咐张良说："从这条小路到我们军营，不超过二十里。估计我们到了军营，您就进去。"然后刘邦偷偷翻墙逃出，为了减少影响，避免被人觉察，马车也不敢驾走，警卫连也不敢通知，只悄悄牵走一匹马，在樊哙、夏侯婴、靳强、纪信四人的护卫下悄悄逃走，刘邦独自一人骑马，四个人手持剑盾跟在后面徒步奔跑，从骊山而下，顺着芷阳抄小路而行。

宴会非常热闹，而刘邦去厕所的时间有点久，项羽发觉有问题，于是，派陈平去叫刘邦。张良把陈平拖住，估计时间差不多以后，张良进去致歉，说道："沛公酒量不大，喝得多了点，不能跟大王告辞了。谨让臣下张良捧上白璧一双，恭敬地献给大王；玉斗一对，恭敬地献给大将军。"项羽问道："沛公在什么地方？"张良答道："听说大王有意责备他，他就脱身一个人走了，现在已经回到军营。"

项羽接过白璧,放在座位上。亚父接过玉斗,扔到地上,拔出剑来撞碎了,说:"唉!这班小子没法跟他们共谋大事,夺取项王天下的,一定是沛公了。我们这班人就要成为俘虏了!"刘邦回到军中,立即杀了曹无伤。

鸿门宴的过程就是项羽的一次头脑短路,刘邦得以抓住机会巧妙周旋,终获生机。对项羽而言"杀"和"不杀"都有几分道理,之所以难选择,只是因为无法预测未来。

大分赃

沐猴而冠

酒喝完了,宴会开完了,刘邦服软了。项羽和诸侯们开始按他们的意愿来宰割秦帝国这只肥鹿。

首先,国仇家恨不能忘记,项羽率兵西进,屠戮咸阳城,杀了秦降王子婴,烧了秦朝的宫室,大火三个月不灭。这算是给先人报仇。其次,抢钱抢娘们儿等"有意义"的事情更不能忘了,打包劫掠来的秦朝财宝、妇女准备回(楚)国。

有人给项羽出主意,《汉书》上说这个人叫韩生,韩生劝项羽说:"关中这块地方,有山河为屏障,四方都有要塞,土地肥沃,可以建都成就霸业。"项羽一听,晚了,秦朝宫室已经都被火烧成废墟。想来想去还是觉得回家乡好,就回答说:"富贵不归故乡,如衣绣夜行,谁知之者!"韩生见项羽不听他的建议,心情很郁闷,就发牢骚说:"大家都说楚国人是'沐猴而冠',果真是这样。"项羽听见这话,也不废话,直接把韩生扔进锅里煮死了。

这里就是两个成语"锦衣夜行"和"沐猴而冠"的出处。应该说项羽很可爱，富贵了就要回乡炫耀一下，满足一点小小的虚荣心。当然，这也是人之常情。刘邦成功了不也回到沛县老家摆流水席，在父老乡亲们面前显摆吗？

但是"烹"韩生就不那么好玩了。其实韩生也是好心好意，不过就是有点文化人的酸脾气，项羽眼睛里容不得沙子，把说话酸溜溜的韩生给炖了。祸从口出，估计韩生当时后悔的肠子都青了。大抵《成功学》之类的作者会批评韩生说了不该说的话，不能迎合君王的世界观。笔者感到有这种思路的民族是悲哀的民族，试问韩生何罪？真正需要斥责的是项羽的残暴不仁，而不是韩生的多嘴。

反过来说，就听人意见这点，刘邦确实是非常值得欣赏的。与胡亥、陈胜、项羽这人相比，刘邦的度量是最大的。如果有人说话不中听，其他三位通常会让说话人永远闭上他们的臭嘴，唯独刘邦是给以涵容，从没有因为说话不中听而杀人。他的军师、智囊数量之多，恐怕也和他这种包容心有关。

另一个争议比较大的问题是项羽应不应该定都关中。这个问题笔者是这么看的：项羽从一开始就没打算将关中作为他的私人财产，他所认定的根基在楚国。他选择了疯狂的屠戮、报复关中，他要捣毁关中，避免日后新生的秦国会重新成为楚国的威胁。这不能不说是项羽的一种长远考虑。如果项羽想定都关中，那么从一开始就不应破坏关中，既然已经破坏了，那不如就回家吧。

反观刘邦，他在楚地的根基远远小于项羽，定都关中等于他拥有的土地变大了，对他而言也就比较顺理成章。如果两个人互换位置，刘邦做出的选择恐怕和项羽的选择不会有什么两样。项羽和刘邦各自所做出的选择是其基于所处地位、视角所做出的正常决定。

项羽定都关中能否实现他执掌天下的愿望？笔者颇不以为然。刘邦在未来楚汉战争中的胜利恐怕和他占据巴、蜀、汉中的关系更大。就笔者对中国历史的研判来说，首都所在地的军事地理意义恐怕没有大家想象得那么大。吴起的故事可供读者做一参考。

魏文侯既卒，［吴］起事其子武侯。武侯浮西河而下，中流，顾而谓吴起曰："美哉乎山河之固，此魏国之宝也！"［吴］起对曰："在德不在险。昔三苗氏左洞庭，右彭蠡，德义不修，禹灭之。夏桀之居，左河济，右泰华，伊阙在其南，羊肠在其北，修政不仁，汤放之。殷纣之国，左孟门，右太行，常山在其北，大河经其南，修政不德，武王杀之。由此观之，在德不在险。若君不修德，舟中之人尽为敌国也。"武侯曰："善。"（《史记·孙子吴起列传》）

这个故事太精彩了，以至于笔者舍不得将其翻译成现代文。故事是吴起陪着魏武侯坐船沿着黄河视察国土的故事。当时魏武侯看到魏国占据的险要山河地利，很得意地说："这么险要的山河地利就是魏国的财富啊。"吴起不以为然，告诫他："之前三苗国、夏国、商国地形也很险要啊，不一样被人干掉？关键是'在德不在险'（众志成城比险要的地形更有价值），你干尽坏事，不用等敌人来攻，恐怕这艘船上的人都会成为你的敌人。"魏武侯只好向吴起认错。

这段话浓缩成《孟子》里的话就是："天时不如地利，地利不如人和。"刘邦对项羽的胜利，恐怕更应该归结于"人和"的胜利。谁能在"人和"方面做得更好，谁就是最终的胜利者，定都关中其实不是一个特别值得讨论的问题。

鸿门分封

暴秦帝国已然灭亡，革命取得了胜利，重新分配土地和利益势在必行。包括项羽在内的各路反秦将领都想获得土地称王一方，这也是他们血战沙场想要取得的酬劳，亦是人之常情。

将领们的心理突然微妙起来，大家都想在不得罪他人的前提下，尽可能地多占便宜。"黑锅专业户"楚怀王熊心就这样又一次被重新抬出来。将领们谁也不想明说，想通过楚怀王熊心来解决土地纠纷，同时把怨气和矛盾转嫁给楚怀王熊心。

由项羽代表入关的所有诸侯、将领们假惺惺地向楚怀王打了份报告。这份报告内容已经找不到了，料想报告里头应该提出种种封王的要求，包括要背弃"怀王之约"，削减刘邦关中的封地等。项羽想忽悠楚怀王签字背黑锅。

楚怀王可不是省油的灯。当项羽等人装模作样地捧起天下这只"鹿"，请求楚怀王熊心切割时，楚怀王直接把鹿拐走了，连毛也没打算给将领们留下。楚怀王的回复更狠："如约。"

听见说"如约"，将领们都傻眼了。"怀王之约"构设的是恢复战国七王体系，即由燕王韩广、赵王赵歇、齐王田市、魏王魏豹、韩王韩成、楚怀王熊心和秦王某某（先入定关中者王之）七王共同构筑的战国七雄国际旧秩序。之前将领们之所以接受"怀王之约"，是因为当时章邯连战连捷，革命处在低潮时期，诸侯和将领们都惶恐不安，保命保本成为第一要务，谁也无暇计较条约的内在含义。

到了暴秦覆灭、项羽入关以后，情形发生了巨大变化，如果"如约"，则刘邦留下来当秦王。对刘邦及楚怀王在内的诸侯王来说，这样最为有利，等于他们几个把鹿直接分了。但对于反秦将领们来说，这是极端不公平的。

反秦诸王地位虽高，却不全是反秦事业真正的主导者。之所以出现这种现象，是因为部分诸侯王是在革命陷入低潮时期，被反秦将领们拉出来壮胆并同时垫背用的，其中最倒霉的就是魏王咎。反秦将领们是真正流血流汗的耕耘者，到头来结果却让别人享受了，反秦将领们能接受吗？

大营内部一片肃静，将领们都期待地看着项羽。项羽忍无可忍，说道："天下开始发动起义的初期，不得不暂立六国诸侯的后代为王来讨伐秦朝。可是亲身披着铠甲拿着武器首先举事，在外露营苦战三年，终于消灭秦国平定天下的，都是诸位将相和我的力量啊，所以这天下应该由我们来统治。此外，义帝虽然没有功劳，也划分地方使他为王。"听得项羽的表态，诸将都说道："好。"军营内一片欢呼雀跃。

项羽决定突破法理上的束缚，根据实际情况，分封各将领们为诸侯王，这迎合了广大浴血奋战的将军们的意愿。一个新的政治体系在项羽的演说中开始出现。

汉王刘邦

随着秦帝国的崩溃，项羽带领诸侯联军取得了领导地位，并一脚踢开以楚怀王熊心为代表的旧势力，着手建立一套新的国际（中华地区）政治关系体系。

项羽、范增感到刘邦会成为他们的威胁。没能在鸿门宴上杀死刘邦，项羽是有几分后悔的，可是双方已经在鸿门宴上和解了，这意味着打刘邦的最好时机已经过去了。现在项羽要打只能自己打，不可能再去调动诸侯军队一起打了。此时，打刘邦的收益付出比已经不高了，项羽和范增能做的就是尽量压缩刘邦的应得利益。

项羽和范增听说："蜀地道路险恶，秦朝流放的罪人都住在蜀地。"两人依据这个传言认定巴蜀之地是鸟不拉屎的荒凉之地，是流放犯才去的地方。为减少刘邦可能造成的威胁，他们决定把巴郡、蜀郡分封给刘邦。他们给出的理由是："巴、蜀也算关中的一部分。"这句话更直白的解释就是说"怀王之约"只说你可以"王关中"，没说具体关中哪个部分。

刘邦一听这个消息，火大了："你们吃香的喝辣的，让老子滚到穷乡僻壤去吃沙子，你们什么意思？关中可是老子先打下来的，老子和你拼了。"刘邦要点齐兵马和项羽拼命，而周勃、灌婴、樊哙这些战将却知道这玩不得，纷纷劝刘邦不要冲动，可气头上的刘邦哪里还能听得进去。

倒是萧何出声把刘邦给劝住了。萧何说道："去巴蜀当王，差是差了点，总比死好吧。"刘邦愣了一下，说："你怎么说话的？"萧何说："现在我们兵不如人家多，百战百败，除了死还能怎样？《周书》说'天给予却不去接受，反会遭受其害'，俗语说'天汉'，以汉配天，名称非常美好。你要向商汤、周武王学习，忍一时的委屈，将来在万乘诸侯之上伸张志向。为臣我希望大王先在汉中称王，休养百姓，招致贤才，收用巴蜀的财力，再回军平定三秦，就可以谋取天下了。"

原来，之前萧何接收的秦政府律令图书发挥了作用。萧何发现巴蜀之地并非大家想象中的荒凉之地，而是一片物产富饶的土地。在中原地区经历反秦战争的破坏后，这里却是一片未经战火波及的土地，更显得弥足珍贵，拥有巨大的战略价值，值得刘邦割据。刘邦大喜过望，说："好。"

刘邦事后应该为他做出这个决定而感到庆幸，他确实要感激萧何。事实上，在楚汉战争最艰难的时期，正是巴蜀的粮食支撑了刘邦将战争熬下去。萧何对得起"第一功臣"的荣誉。

刘邦开始着手行动，一方面分兵让大将郦商攻占汉中郡、巴郡和蜀郡，以武力制造刘邦控制三郡的既成事实。另一方面，通过张良向项伯贿赂，将非法获得的汉中郡合法化。项羽对于控制秦岭以南也是力有不足，在项伯的斡旋下，项羽接受了这个既成事实，正式封刘邦为汉王，统治巴郡、蜀郡、汉中郡，建都南郑（今陕西汉中）。

即使如此，项羽仍然不放心，他又封章邯为雍王，让章邯在关中堵住刘邦。然而项羽对章邯也不是完全放心，又留了一手，将章邯的部将董翳、司马欣两人也分别封为翟王、塞王。项羽将关中肢解成三块，由章邯、董翳、司马欣三王分别统治，防止关中的统一，避免再次形成一个强大的国家。

项羽的这次分割还是比较富有远见的，尽量避免出现"按下葫芦浮起瓢"的情况——无论章邯强大起来或者刘邦强大起来都不是项羽的好消息。

分封工作其实不好做，各方都希望实现各自利益的最大化。分封方案的主导者（项羽）需要平衡各方面的利益。从汉元年十二月开始，前后磨蹭了四个多月，分封工作才宣告完成。四月份，"诸侯罢戏下兵，皆之国"。分封的诸侯表如下：

王号	姓名	原有地位	国都
汉王	刘邦	沛公	南郑（今陕西汉中）
雍王	章邯	秦将	废丘（今陕西兴平南）
塞王	司马欣	秦长史	栎阳（今陕西富平东南）
翟王	董翳	秦都尉	高奴（今陕西延安北）
西魏王	魏豹	魏王	平阳（今山西临汾西）
河南王	申阳	赵将	雒阳（今河南洛阳东）
韩王	韩成	韩王	阳翟（今河南禹州）
殷王	司马卬	赵将	朝歌（今河南淇县）

代王	赵歇	赵王	代县（今河北蔚县东北）
常山王	张耳	赵相	襄国（今河北邢台）
九江王	英布	楚将	六县（今安徽六安北）
衡山王	吴芮	番君	邾县（今湖北黄岗北）
临江王	共敖	义帝柱国	江陵（今湖北江陵）
辽东王	韩广	燕王	无终（今河北蓟县）
燕王	臧荼	燕将	蓟县（今北京西南）
胶东王	田市	齐王	即墨（今山东平度东南）
齐王	田都	齐将	临淄（今山东临淄东）
济北王	田安	齐将	博阳（今山东泰安东南）

另：

尊号	姓名	原有地位	国都
义帝	熊心	楚怀王	郴县（今湖南郴县）
西楚霸王	项羽	鲁公	彭城（今江苏徐州）
十万户侯	梅鋗	番君部将	（不详）
侯	陈馀	赵将	（不详）

鸿门会议前后分封了十八个诸侯王，再加上项羽的西楚霸王，共计十九个王，还有两个侯和义帝熊心。这份表单当然不是项羽拍脑袋定下的，而是在现实和理想之间平衡的一个妥协产物。这次分封在中原帝国的版图上重新划分确立了势力范围，形成了一套新的国际政治体系，可以将这套政治体系命名为"鸿门体系"。

7

烽火再起

战争黑云

鸿门分封的危机

　　"鸿门分封"因为在戏水亭附近，所以有时也被称为"戏亭分封"。有人指出鸿门分封是项羽精心构筑的政治体系，认为项羽在有计划有步骤地对其他国家实行分而治之，从分封的结果看，这个企图非常明显。秦国被分割成汉、雍、塞、翟四国，燕国被分割成燕国、辽东国两国，赵国被分割成代国、恒山国两国，魏国被分割成西魏国、殷国两国以及被项羽吞并一块，韩国被分割成河南国、韩国两国，齐国被分割成济北国、齐国、胶东国三国，楚国被分割成临江国、衡山国、九江国、西楚国四国，似乎是项羽试图通过分而治之的办法在操作分封。

笔者认为，这一切恐怕是个歪打正着的结果。鸿门分封压根就不是项羽精心设计的政治体系，而是反秦将领们公开的分赃大会。司马迁对分封的定性用了一个词叫"诸侯之相王"，即诸侯互相封王。鸿门分封其实是一个"诸侯相王"的混乱体系，之所以出现那么多国家，完全是诸侯们坐地分赃的结果，项羽也不过是随大流而已。

鸿门体系的建立并不是单纯以项羽个人的意志为标杆的，而是项羽和诸侯们共同努力的一个结果，体现了诸侯们，特别是参加鸿门会议的诸侯、将领的共同利益。会议分封的原则基本上还是按照"江湖道义和江湖规矩"（实力＋功勋）出牌的，由于大部分反秦将领都参加了会议，所以这次会议其实还是具有比较普遍的代表性的，对各方面的利益也都有所交代，因此史学大师吕思勉认为这次分封"实颇公平"（参吕着《秦汉史》）。

从静态角度来看，鸿门分封注意各方面的利益妥协，确实还算公平，但是从动态的角度来看，鸿门体系是有问题的。这个问题就是鸿门体系建立完成后，要怎么维持国际秩序的问题没有考虑过。假设两国发生领土纠纷或其他纠纷怎么办？能否找到一个较为公平的仲裁势力维持这个体系的稳定？

西楚国虽然被各国视为国际纠纷的仲裁者，但事实上"《联合国家宣言》"始终没有列入议事日程，项羽也从未考虑过自己作为"天下主命"的国际责任。更为悖逆的是，项羽不但不承担鸿门体系维护者的责任，反而主动地、积极地破坏鸿门体系，最终引发了体系的全盘崩溃，"鸿门体系"很快就走向失败。

当鸿门分封结束后，天下很快就再次大乱，诸侯王互相攻伐。而作为天下主命的西楚霸王对此情况却漠不关心，这也从侧面反应出鸿门分封确实不是项羽的布局。估计项羽内心真正的想法应该是："鸿门分封是大家共同决定的，又不是我决定的，你们谁想要地盘，就自己去打，和我没关系。"

项羽在楚汉战争初期一直是采取"绥靖政策"，抱着一种事不关己高高挂起的心态。其中很典型的有齐国，如果项羽是故意要分裂齐国，那为何项羽不第一时间赶往齐国，支持田都、田安搞分裂活动，维持三个齐国的策略，而是放任田荣打跑田都、杀死田安，齐国再次统一？直到刘邦打到家门口了，项羽才意识到情况不妙，慌忙应战，以至于战事打得非常辛苦，这完全不像是对天下形势有布局的样子。实际上项羽没有从分裂诸侯中占到什么便宜，反倒是刘邦借着诸侯分裂之际，疯狂并吞弱小势力，占尽便宜。

混乱的苗头

分封结束后，各王自然要回到他们的国家去了。张良选择了带领韩军向东从函谷关出关回韩国。刘邦则准备向南翻过秦岭，进入汉中盆地，在那里建立他的汉王国。

项羽对刘邦依然感到不放心，勒令刘邦只能带三万兵入汉中，但楚国和诸侯里面因仰慕刘邦而追随的人竟有数万人之多。这些仰慕的人群里面也包括了未来的兵仙韩信。刘邦原有十万兵，被裁掉的七万人哪里去了呢？不得而知。可能被项羽强制复员回家了，比如吕后的二哥吕释之就在这时回到老家。

此时的刘邦已经从沛公升级到汉王，计划走杜南（今陕西西安市长安区南）入蚀中这条山谷（即《三国演义》中常提到的子午谷），穿过秦岭进入汉中。张良送他到杜南，张良向刘邦建议："汉王您不如沿途烧毁山谷间的栈道，表示我们不准备回来，让项羽安心。"刘邦接受了张良的建议，沿途烧毁了栈道。

项羽出函谷关，回自己的封国，先派人让义帝迁都，理由是："古时候帝王拥有的土地是纵横各千里，而且一定要居住在河流上游。"项羽让使者把义帝迁徙到郴县去。此时的义帝大势已去，也没什么利用价值了，项羽索性派人把义帝截杀于大江之中。

汉王刘邦、雍王章邯、塞王司马欣、翟王董翳、西魏王魏豹、河南王申阳、韩王韩成、殷王司马卬、九江王英布、衡山王吴芮、临江王共敖这十一个王没什么争议和纠纷，开开心心地回国当他们的王去了。但鸿门会议上"被代表"的三个王可不乐意了，他们是原燕王韩广、原齐王田市、原赵王赵歇。三位反王由于没有参加鸿门会议，他们原掌握的领土在会议上都受到不同程度的削减，损失很大。如果三王拒绝合作，将影响到新燕王臧荼、恒山王张耳、新齐王田都、济北王田安四位新王的就国。不过三个国王出现了三种情况：一是"认了"，二是"打了"，三是"被打了"。

原赵王赵歇的选择是"认了"。因为赵歇一直是赵国的"甩手掌柜"，他当赵王原本也是张耳、陈馀二人给捧起来的，本身就没有什么实力。权臣张耳咄咄逼人，又有项羽撑腰，赵歇无力反抗，只能夹起尾巴，老老实实地退出赵王的位置，到代地当个小国国王，没有引起什么风波。

原齐王田市的选择是"打了"，不过不是田市打，是田市的叔叔田荣"打了"。五月份，田荣打跑了前来接管的新齐王田都，田都逃到楚国寻求政治避难。田市是官二代，他当齐王是接他父亲田儋的班，公子哥哪懂得父辈创业的不易？出于对项羽的畏惧，田市想要交出土地给田安和田都，乖乖地退到胶东去当他的小国国王。田荣对侄儿这般软弱很气愤，就杀了侄儿，自立为齐王，将反抗进行到底。七月，田安被田荣击杀，田荣击败了所有竞争对手，统一了齐国。

原燕王韩广的选择是"被打了"。韩广本身是武将出身，有反抗的实力。面对前来接管的老部下，韩广实在愤怒，双方就打了起来。结果汉元年八月，韩广在无终被击杀，臧荼索性连辽东国也吞并了，建立了属于他的燕国。臧荼满足于当燕王，没有进一步扩张的打算，因而没有引发更大规模的动荡。

项羽也没闲着。在出关的路上，项羽顺手牵羊，以韩王成没有军功为借口，路过韩国的时候将韩王成给扣押了，并将韩王成带到楚都彭城，不让他到封国去，张良作为韩司徒也陪着被扣押了。之后项羽又将韩成贬为侯。七月，项羽索性直接杀了韩王成，吞并了韩国。

变局前奏

项羽"黑吃黑"吃掉了韩国，赚了一大片领土，项羽真的"赚了"吗？笔者要说的是："项羽亏大了。"为什么这么说呢？

"鸿门体系"其实是依托"共和"而存在的。鸿门会议上，天下被分割成十九个国家，之所以这么分割，是因为国际力量均衡，各诸侯们在会议上都懂得天下非一人之天下，想要人人有饭吃，只能一人分一块，因而各方诸侯妥协共同建立了"鸿门体系"。

体系建立完成，各诸侯王回封地建国后，各王的利益视角就变了，转为在本国的视角上考虑问题了。原先和平共处的条件弱化了，弱肉强食的规则开始浮出水面。这也是为什么分封完成后，各国就打声一片。鸿门体系存在崩溃的危险。

对于小国、弱国而言，这种情形尤其可怕，迫切需要保护。如果项羽有足够的战略眼光和能力，此时的他应该顺势而为，扶弱济难。联合小国共同建设一个类似北大西洋公约组织的国际军事联盟，联盟内的国家要建立一个共同思维，"保护其他国家的主权和领土完整就是保护自己的主权和领土完整，任何试图破坏这种稳定关系的国家都会受到所有国家的联合打击。"

以刘邦为例，倘若联盟发现刘邦试图攻打关中，项羽就让西魏国、河南国向三秦王输送援军，临江国、韩国和西楚国联合进攻武关，其他没有领土连接的盟国为"维和行动"提供军需补给等支援，逼迫刘邦放弃这种企图。面对各国围攻，刘邦想不放弃都不行。这些国家为什么要服从这样的盟约呢？因为项羽可以恐吓他们："如果你们拒绝援助盟友，将来被人打了，不要怪我们不保护你。"所以小国一定会老老实实地参加联盟，中等的国家、实力较强的国家迫于压力也将不得不先后加入联盟。这也是春秋五霸的模式，纠集小国围殴大国，效果很好。

这才是西楚霸王"霸"的责任！"霸"意味着你要为天下辛苦，"霸"意味着你不能图私利。比起楚汉战争的结果，这么做显然是值得的。一旦这么一个追求和平的国际新秩序建立起来，那么刘邦想闹也闹不起来，项羽也才真真正正地成为天下主伯。

所以你看西方某超级大国充当国际警察，四处替人出头，流血流泪又花钱，好像是亏了，其实收获的东西是要远远高于它所付出的。蹩脚的政客把通过对外战争劫掠他国财富、占有他国领土、勒索高额赔款作为"成功"的象征，这是停留在 1840 年鸦片战争时代的思维。如果现在还抱着这种思维，就是愚昧和虚妄！这几年我们国家有些专家算是明白过来，比如经济学者时寒冰就斥责"没有永远的朋友，只有永恒的国家利益"是个错误的观点。

当然，项羽是很难领会到这么深层次的政治智慧的，而且这种政治智慧不是一个人运作得起来的，至少需要一个团队的支撑才能运转。即便项羽主观上希望建立以他为主导的国际政治关系体系，以他的能力、气度包括他所掌握的力量都不足以支持他驾驭这个体系，这使得楚汉战争的全面爆发顺理成章。

当项羽杀了韩王成，吞并韩国时，"鸿门体系"就被项羽亲手掐死了。韩国的覆灭向国际社会表明，西楚霸王项羽主持的国际法则是"弱肉强食"的法则，各国无法向西楚国寻求庇护，无奈之下各国只好自找出路。这就给了心怀不轨的刘邦机会。刘邦当然也不是好人，但是项羽既然不做好人，那么这场争夺利益的"狗咬狗"的战争就顺理成章地爆发了。华夏大地在经历了激烈的反秦战争后，尚未喘口气，一场规模更大的战争再次降临。

刘邦点起战火

萧何月下追韩信

自从被逼入汉中，刘邦的内心就一直很不愉快。前往都城南郑的路上，他一直在盘算着要打回关中去。老家带来的这些士兵、军官们思念家乡，一路上不断有人脱队，这更增加了他的烦恼。到了南郑的时候，仅刘邦能叫的上名字的军官就跑了几十个。

有一天，手下忽然急急忙忙来报告："丞相萧何跑了！"刘邦一听就懵了，眼下刚刚建国，需要筛选干部、建立机构、征收税收，还有军队要养，治安体系要建立，一大堆杂七杂八的事情忙得焦头烂额。在这个最需要萧何的紧要关头，萧何突然毫无征兆地溜了。看着繁琐的公文，刘邦除了干瞪眼还是干瞪眼。刘邦大怒，心里又烦又乱，就像失去了左膀右臂一样。

一天后，萧何又回来了。刘邦心里松了一口气，喜极而骂："你这没良心的，你逃啥啊？"

萧何说："我不敢逃，我是去追一个逃跑的人。"

刘邦好奇地问："追谁啊？"

萧何说："韩信。"

刘邦又骂："跑的将军都有十几个，你都没去追；说追韩信，骗鬼啊。"

韩信原是楚国淮阴县（今江苏省淮安市）的一个流浪汉，当过项羽的郎中，刘邦入汉中前这人跑来投效。因为滕公夏侯婴的推荐，刘邦之前见过他，给他升了官，当治粟都尉（后勤处长），但这人和同事相处很差，业绩除了平淡还是平淡。因为韩信之前从来没有证明过自己，刘邦自然大骂萧何骗人。

萧何说："那种水平的将领们一抓一把，找谁当都能当。但是韩信不一样，他是'国士无双'，你找不到第二个这样的人了。如果大王您想要长期待在汉中当你的汉王，那韩信就没啥用；如果大王您决心要向东一争天下，那除了韩信以外就没有人能帮您谋划了。大王您自己看着办吧。"

刘邦说："好好好，给他当将军吧。"

萧何说："如果是将军这种小官，他是不会留下来的。"

刘邦说："啥？那当大将。"

萧何说："对，庆幸大王您做了一个英明的决定。"

刘邦想了想，对萧何说："好吧，好吧，你把他叫过来吧。"

萧何说："大王您一向都轻慢没有礼貌，现在拜一个大将就像在叫小孩子一样，所以韩信才跑路的。大王您要表现一下您的诚意才行啊。挑个好日子，斋戒，设置坛场，用最隆重的礼节拜大将才行。"

刘邦接受了，说道："好吧，好吧。"

国士无双

刘邦设置坛场，要拜大将的消息不胫而走。将领们内心都在暗喜，私下都认为应该是自己当大将。到了那一天，上台的是从没听说过的韩信，全军上下都吃惊不小。

登坛拜将完，刘邦和韩信坐在一起，这是他们两人第一次进行比较细致的面对面交流。刘邦和韩信的这次对话是刘邦在楚汉战争前开的最重要的一次战略研讨会，韩信向刘邦提出了对项羽作战的方略，指出刘邦战胜项羽的机会在哪里。大家都说项羽不可战胜，韩信告诉刘邦："你有机会。"在未来，韩信的战略构想既赢得了刘邦的高度认同，又经历了实践的考验，证明了其犀利和独到的战略眼光。

刘邦问："丞相很多次提到将军你，不知道将军有什么好的计策要指教寡人呢？"

韩信回答："您现在准备向东争夺天下，那么您最大的敌人除了项王没别人了吧？"

刘邦回答道："当然。"

韩信又问："比勇猛、比打仗，大王比得过项王吗？"

刘邦沉默了很久，说道："比不了。"

韩信再次向刘邦一拜道贺，说道："韩信我也是这么认为的。不过我曾经做过项王的下属，项王他的为人我很清楚，请让我告诉大王。"韩信开始滔滔不绝地向刘邦分析敌我对比。

韩信指出项羽有两大缺点：一是匹夫之勇；二是妇人之仁。匹夫之勇说的是项羽打仗勇猛无比，可是他太过于优秀了，将领们都只会围绕着他转，已经形成了依赖心理，使得他缺少可以独立思考、独立作战的优秀将领作为帮手。妇人之仁是说项羽人确实不错，对人很有礼貌，看到将士们生病受伤也会去关心，但是关心不到点子上。将士们搏命沙场的目标是要封侯拜官的，而不是为了赚你几句暖人心的话。

妇人之仁这点找不到可兹为明证的实例，但确也实情。匹夫之勇这点是非常深刻的，韩信一剑就命中了项羽的脉门。纵观整个楚汉战争，项羽的失败给人的感觉就是手下没帮手，真正能在侧面战场上给项羽分忧的可能只有龙且，剩下的都是不堪一用的酒囊饭袋。

实际上这两点归纳起来还是一点——"人"的因素。韩信指出只要刘邦"反其道"而行，做到"任天下武勇"和"以天下城邑封功臣"，那么强弱的形势就会转化，胜利就是属于刘邦的。

韩信还认为，项羽将义帝迁徙到荒凉的南方，向世界表明强权即公理，等于间接挑唆人造反。只是他现在实力比较强，大家还怕他，不敢造反，如果我方去兴风作浪一下，让造反的人看到希望，那情况就……这点其实意义不大，西楚国和汉国政府都是暴力独裁政权，在政权合法性上是谁也不比谁合法，只是刘邦对造反力量的引导更好一点。

最后是攻打关中的现实操作。韩信认为，项羽残暴，关中的老百姓并不愿意接受他所封的三位秦王。而当初刘邦在关中行仁政，赢得了广大关中父老的认可，关中父老内心还是倾向于让刘邦回来，这对于刘邦还定三秦是非常有利的。同时韩信认为早打早好，现在将士们非常思念家乡，有想打回去的拼劲。如果待久了，将士们已经习惯住这了，就不愿意再打仗，那时候要再打就难了。

刘邦听完，大喜过望，着手筹措攻打关中的计划。

暗渡陈仓

应该承认，即使项羽没有吞并韩国，天下大乱的到来也是必然的，这是因为从来没有一股制止大国兼并小国的力量在运作。项羽的错误政策只是使得局面更加雪上加霜而已。而刘邦作为最不安定的因素马上就发作了。

汉元年五月，戏亭分封结束后仅仅一个月，刘邦和韩信就秘密进行了战略规划，他们不顾中原大地刚刚经历战争的痛楚，悍然发动新的战争，打碎了反秦战争结束后中华大地的和平之梦。刘邦让萧何留守巴郡、蜀郡，收集军粮军需，他自己则带兵攻打雍王章邯的领土陈仓（今陕西宝鸡西南），计划从这里侵入关中平原。

项羽分封章邯为雍王，最重要的意图当然是看着刘邦，刘邦想冲出汉中盆地，就要先过章邯这一关。章邯好歹也是一代名将，刘邦能顺利地出来吗？这就需要韩信使出"明修栈道，暗渡陈仓"这一大家耳熟能详的计策了。要明白汉军的战术布置，读者先要了解这一带的地理。

汉中盆地和关中平原之间隔着秦岭，秦岭的崇山峻岭是阻挡汉军入关中的巨大屏障。汉军要重新回到关中，就必须穿越秦岭。秦岭山脉上有四条山谷可以通行，从东向西，依次为子午道、傥骆道、褒斜道、散关道（陈仓道），再往西就是祁山道，祁山道也能走，但是要先绕道陇西再转陇山（六盘山）入关中。子午道、褒斜道、傥骆道都比较难走，刘邦入汉中的时候还把子午道的栈道给烧了，更是走不了，散关道和祁山道成为较佳的备选答案。

韩信让章邯做选择题。在韩信的精心策划下，汉军走祁山道，猛攻下辨（今甘肃成县西北）、西县（今甘肃礼县西北）等地，摆出汉军志在夺取陇西的姿态。章邯果然上当，将注意力集中到陇西。汉军却突然溜了，沿着散关道前进，攻击了位于散关道谷口位置的陈仓，试图从这里打开进入关中平原的大门。

韩信精妙布局，引开雍军主力，使得汉军的前进阻力大为缓解。所以这个计策叫"明修栈道，暗渡陈仓"是不严谨的，如果叫做"明出陇西，暗攻陈仓"则更为贴切，虽然两者的战术精神是一致的。

然而韩信百密一疏，陈仓守军虽然不多，却凭险据守，汉军空有优势兵力却强攻不克。就在刘邦几乎绝望的时候，谒者赵衍侦查到了一条小路，可以绕过陈仓的正面。借此，汉军得以一举攻克陈仓，终于打开了封锁汉军的这道"枷锁"。数量占绝对优势的汉军突破陈仓后，一举冲入关中平原。刘邦开始了平定三秦的战役。

章邯得到汉军出陈仓的消息后才发现上当了。现在雍军主力布置在陇西一带，关中空虚，章邯只能赶紧带战车部队急行军回援关中作为补救。处于劣势兵力的章邯在雍城（今陕西武功县西南）以南和汉军遭遇，被汉军击溃。章邯当即放弃了继续同汉军鏖战的幻想，退保都城废丘（今陕西省兴平县南 10 里，渭水北岸），等待塞王和翟王的援军。雍城、漦城（均在陕西武功县西南一带）等地随即被汉军占领。章邯的弟弟章平则驻守废丘以北约四十公里远的好畤（今陕西省干县东），和章邯互为犄角，防止汉军扩大战果。

汉军决定先拔掉章平这颗钉子，打断章邯的臂膀，立即向好畤进军。章平毫不示弱，针锋相对，双方在好畤南进行了一场惨烈的大会战。汉军的高级将领纪成（《汉书》作纪城）在会战中阵亡，但会战的最终结果证明章平还是太高估了自己。失败的章平退守好畤，被汉军团团包围。

这时候塞王和翟王派出的援军也赶来了，章邯得以组织三秦联军开始反击。汉军撤掉对章平的包围，全力以赴。双方在壤东、高栎（均在今陕西武功县东南）进行了两次会战，战斗的结果以汉军的胜利而告终，三秦军依靠军力进行顽抗的希望被彻底粉碎了。

然后曹参统领的汉军再次北攻好畤，章平无力抵抗，只能弃城而逃。之后汉军主力陆续攻陷了咸阳、柳中（即细柳，在今陕西咸阳县西南）等地，并将咸阳改名为新城。章平依然不放弃希望，依托翟王的支持尝试组织了几次反击，但被曹参和周勃挫败。

到了八月，翟王董翳和塞王司马欣分别被汉将郦商和灌婴击败，正式宣布投降，刘邦还定三秦的战役取得阶段性成果。除了章邯困守废丘孤城外，陈仓以东的关中地区已经全部落入刘邦手中，章平西逃到北地、陇西一带依托当地雍国军继续进行抵抗。

此时陈仓以西的北地郡和陇西郡尚未平定，雍国并未覆灭，章邯的部将周类等仍据焉氏（今甘肃省平凉县西北）、枸邑（今陕西省枸邑县）、苏驵仍据泥阳（今甘肃省宁县东南）等地。汉军直到十一月才拿下陇西郡，汉二年元月才拿下北地郡，平定章平。然后又花了五个月的时间，到了汉二年六月章邯坚守的废丘才被汉军用水攻克。

咄咄逼人

田荣的反项羽集团

当刘邦在西边"造反"时，东边的田荣也没闲着。四月，鸿门分封结束。五月，齐相国田荣打跑了前来接管的新齐王田都。六月，田荣杀了他看不惯的懦弱"孬种"侄儿田市，自立为齐王。田荣认为他的所作所为是在和项羽作对，项羽随时会来找麻烦，他必须尽可能团结一切可以团结的力量。此时，在齐国周边有两个心怀不轨的人正在图谋改变现有版图，他们和田荣一拍即合。

第一个就是前面说的那只老狐狸精彭越，此时的他已经在梁地（今山东省和河南省交界的地区）拉起了一支上万人的队伍。

很遗憾的是他太过精明，起兵太晚，尚未成长起来战争就结束了。因而鸿门分封的时候没有他的份，这使得他的部队成了一支没有根据地的"悬军"。由于没有合法领地，军饷军粮军需都无从着落，如果这种状态持续下去，军队将有解体的危险。这对彭越来说是致命的。

此时的彭越有两种选择，一是解散队伍；二是坚持武装斗争，向领土的拥有者项羽叫板。选择一肯定是不甘心的，选择二他暂时又没这实力。就在彭越左右为难时，齐王田荣向彭越伸出了橄榄枝，给予彭越将军印，彭越的军队就挂到齐国名下，等于田荣出钱收编了彭越的军队。七月，田荣联合彭越打死了济北王田安。田荣消灭了竞争对手，统一了齐国。

另一个心怀不轨的人就是陈馀。鸿门会议上，大家还记得他在反秦战争中的功劳，因而将南皮三县封给他为侯。但是和他功劳相当的张耳已经当上了恒山王，两人待遇的差距实在是悬殊。陈馀内心的愤恨和不平可以理解。陈馀派出亲信夏说向田荣请求军事支援，田荣当然也想增加一位盟友，双方一拍即合。

得到田荣的支持后，陈馀征发了南皮三县的兵马，联合齐军向张耳发动了进攻。张耳确实是个草包，被陈馀轻松打败，被迫出逃。但是令人惊讶和不解的是，陈馀没有自立为赵王，而是跑去代国迎接代王赵歇，重新将他立为赵王。这可能是陈馀作为儒家弟子比较讲究名分吧，他打出的旗号应该是替赵国的原主人赵歇打抱不平。赵歇万万没想到还可以复辟，欣喜之余就把代国分封给陈馀，陈馀摇身一变成为代国国王。不过他没有离开赵国，而是让亲信夏说担任代相国去替他管理代国，自己则作为赵王赵歇的丞相留在邯郸，掌控赵国的内政、外交权力。赵王赵歇没什么能力，也乐于当甩手掌柜，双方相安无事。

以汉元年五月田荣赶走田都作为田荣对抗项羽的起始，到汉二年正月，项羽才向齐国展开大规模进攻。在长达半年的时间里，项羽放任齐王田都（汉元年五月）、济北王田安（汉元年七月）、恒山王张耳（汉二年十月）等可资利用的势力逐一垮台，他却毫无作为。田荣、陈馀、彭越顺利组成了关东规模最大的反项羽联盟。

项羽的反应出乎意料地迟钝，他究竟在想什么？情况恐怕就是项羽只是小富即安，守住自己西楚国的一亩三分地就好，懒得去管世界和平的事情。很快，项羽就为他的鼠目寸光付出了代价。

项羽焦头烂额

据说刘邦"还定三秦"期间，和韩王成一起被项羽扣押的张良，给项羽提供了一份报告，说："汉王失职，欲得关中，如约即止，不敢东。"又把齐国的反抗情况报送项羽，说："齐国和赵国要联合灭亡楚国。"有人认为，张良此举干扰了项羽的正常判断，使得项羽将精力用在对付田荣上，没有先对付威胁更大的刘邦。这真是无稽之谈。

齐都临淄距离楚都彭城直线距离约三百公里，临淄到彭城的路上只有一座不太高的沂蒙山。齐楚边境距离彭城就更近了，琅琊郡齐楚边界距离楚都彭城只有三十到四十公里远。按古代有三十里一舍的说法，那么田荣从这里出发，两天左右的时间其主力就可以到达彭城；如果是轻骑兵急行军，一天一夜就到彭城了。可以说齐国的刀口几乎抵到了楚国的心脏（楚都彭城）上。而咸阳距离彭城近八百公里，从咸阳到彭城还要穿过虎牢关、函谷关这种险阻。刘邦的部队即使不从函谷关出发，从洛阳出发，也有四百公里远，正常行军在路上就要花半个多月，而且风尘仆仆赶来的汉军到底战斗力还能保持几成？

如果项羽先攻打田荣，刘邦关中尚未完全稳固，还不一定能赶来，即使赶过来也有相对较长的反应时间。反过来如果项羽先攻打刘邦，却被田荣抄了老巢，这才是叫天天不应叫地地不灵。任何智商正常的人在项羽的位置上都会优先选择殴打田荣，项羽的决定和张良的劝告关系不大。

在刘邦还定三秦、同项羽一争天下的过程中，大家通常的印象是刘邦在挑战项羽，楚强汉弱。然而和我们通常的印象正好相反，刘邦反倒更强势一些。

汉元年五月，刘邦出陈仓，打响统一秦地的战争；田荣赶走田都，打响统一齐地的战争。对此，项羽没有吭声。

汉元年七月，刘邦关中作战；田荣击杀济北王田安，统一齐国；项羽杀韩王成，吞并了韩国。

汉元年八月，刘邦打败塞王司马欣和翟王董翳，占领了陈仓以东的关中，章平在陈仓以西坚持抵抗。

同月，原韩国太尉韩信在刘邦的支持下攻略韩地。韩信是原韩襄王庶出的孙，身长八尺五寸（一米九六），勇武善战。韩信掠地，迅速恶化了韩国的局势。项羽被迫又将韩国的土地吐了出来，将原吴县县令郑昌立为韩王，抵抗韩信的攻势。

同月，彭越骚扰楚地，攻打济阴（今山东定陶），项羽派出部将萧公角前去平定，结果被彭越打得落花流水。

同月，燕王臧荼打死原燕王韩广，统一燕国。

汉元年九月，刘邦派遣将军薛欧、王吸出武关，打出的旗号是去迎接汉王的家眷。在南阳郡同王陵会师后，兵锋直指泗水郡沛县，项羽听到消息，发兵在阳夏（今河南太康）一带堵截，阻止了汉军的继续推进。

阳夏可不是楚汉边界，而是西楚国的腹心地带！项羽发兵阳夏是纯粹的防御性军事行动，沿着涡水建立一条防线，阻挡刘邦在南线继续向东推进。刘邦成功入侵到阳夏,说明阳夏以西的南阳郡和陈郡已经姓刘不姓项了!只不过刘邦对项羽是有几分忌惮,所以没有撕破脸向项羽宣战,将"军事入侵"装扮成"武装游行",公然踏入项羽的地盘,试探项羽的底线和实力。都被人打到脸上了,项羽居然还装作若无其事的忍了。到底谁欺负谁?

汉二年十月,刘邦统帅汉军出函谷关,越过秦国传统边界,侵入三川郡;张良逃归刘邦;陈馀击走恒山王张耳,张耳逃奔刘邦,陈馀扶立赵歇建立亲齐的赵国政权;项羽击杀义帝。

汉二年十一月,汉军击败章平夺取陇西郡,章平在北地郡继续抵抗;河南王申阳向刘邦投降,刘邦攻占了不属于关中的三川郡。刘邦的行动哪有点"如约即止,不敢东"的样子?事实是刘邦一直在挑衅项羽,挑战项羽的忍耐力,刘邦从来就不掩饰他对关东的野心。

原韩太尉韩信已经攻克了韩国十几座城池,刘邦的到来壮大了韩信的声势,韩信加大攻势,被包围在阳城的韩王郑昌走投无路,向韩信投降;刘邦立韩信为韩王,为了将他同兵仙韩信区别开,就称为韩王信。

面对咄咄逼人的刘邦,项羽连韩王郑昌、河南王申阳都无法给予有力支持,说明貌似强大的西楚霸王实力不足,对于荥阳—阳夏以西的区域,项羽只能采取听之任之的态度。项羽连阻挡刘邦进攻都费事,就更不可能有力量去阻止刘邦"还定三秦"。

到了汉二年十一月,刘邦的势力占据了巴郡、蜀郡、汉中郡、内史郡(原属于塞王和雍王)、上郡(原属于翟王)、三川郡(原属河南王)、南阳郡(原属项羽)、陈郡(原属项羽),通过韩王信间接控制颍川郡,合计控制九郡。项羽控制了会稽郡、故鄣郡、东海郡、泗水郡、砀郡、薛郡、东郡,通过九江王黥布间接控制了九江郡和庐江郡,合计控制九郡。刘邦势力急剧膨胀,项羽势力略微受挫。双方控制领地面积已基本相当。

从大战略上，燕王臧荼、西魏王魏豹、殷王司马卬、临江王共敖和衡山王吴芮等五个势力持中立态度，双方平分秋色。但齐王田荣和赵王赵歇对项羽采取敌视态度。综合考虑，项羽的战略形势更差些。

不管怎么说，在刘邦全面打过来之前，项羽还是意识到不妙了，他赶紧行动起来。他派出部将阻挡南线刘邦所属王陵—薛欧—王吸兵团的进攻；派出郑昌阻挡刘邦支持的韩王信的攻击，尽可能地拖延时间。项羽的主要精力投放到齐国战场上，应该是想尽快摆平田荣，扩张自己的力量，以对抗刘邦。

临行前，项羽向盟友九江王黥布征兵，要求他的这位老部下带兵参战，继续担任楚军的前锋。但今时不同往日，黥布已经功成名就，他也有自己的利益考量，已经不再乐意像以前那样替项羽冲锋陷阵了。黥布仅仅派了一支数千人的军队去支援，作为履行盟友的义务，这种敷衍的态度招致了项羽的不满。

项羽北上进攻齐国，田荣领兵进行抵抗。双方在两国交界的城阳郡一带进行了激烈的战斗。田氏三兄弟（儋、荣、横）都是狠人，不过事实证明项羽比他们更狠。汉元年一月，田荣的部队被项羽击溃，田荣带少数残兵退往平原郡。他大概想背靠盟友赵国继续进行抵抗，但是在平原郡他遭到乱民袭击，不幸遇难。

田荣的齐政府被项羽摧毁。项羽仍然沿路烧毁齐国的房屋和城郭，坑杀齐国的降兵，掳掠老弱妇女。大概齐国此时还有些零星的反抗，迷信武力的项羽希望用残暴的手腕来压服齐国。结果和他的期望正好相反，残暴的行径激起齐国民众的反抗，齐国民众不断聚集起来反抗项羽。项羽突然陷入齐国"人民战争"的汪洋大海，不能自拔。而田荣的弟弟田横趁机得以死灰复燃，收罗溃兵难民进行坚决抵抗。

汉二年二月，深陷齐国"人民战争"汪洋大海的项羽想到了在楚国寻求政治避难的原齐王田假，将他立为齐王，想利用他的政治影响力去组建齐国伪政权，支持项羽的军事行动。然而田假的伪政权不得人心，一个月后的汉二年三月，田假被田横轻松击溃，使得项羽的如意算盘落空，愤怒的项羽处决了田假。田假本身就仅仅是政治意义上的傀儡，项羽却嫌弃他"没用"而杀掉他，项羽对田假没有表现出一丝对"盟友"的尊重，大概在项羽眼中盟友只是奴仆吧。

治理关中

汉二年十月，刘邦不顾章平还在关中西部的陇西郡、北地郡闹得欢腾，兵出函谷关进攻河南王申阳。这是因为洛阳一带（三川郡）的战略地位非常重要：刘邦抢占了它，未来可以关起虎牢关，时不时出击一下项羽的彭城；项羽若先抢占则可以关起函谷关，时不时出击一下刘邦的关中地区。总之谁先抢占洛阳一带，未来的楚汉之争中谁就赢得主动，因而刘邦不能等。这是非常富有前瞻性的做法，当然也有点冒险。

刘邦急于扩张，但是关中更是他的根基，刘邦一样丢不起。面对闹腾不消停的章平，务必要选择一个合适的人选镇守关中。刘邦选择了谁呢？周勃！

周勃未来被封为绛侯，户数是八千一百户。在有案可查的侯爵中，剔除靠血缘而高封的营陵侯刘泽（一万两千户），周勃在汉初分封的功臣户数中仅次于曹参（一万零六百户）和张良（一万户），还略高于萧何（八千户）。虽然周勃最后也参加了垓下之战，但他在楚汉战争期间的业绩并不是非常突出，他的高封是因为他的防守业绩，相当于守门员，默默地为刘邦承担后防责任，独当一面。

周勃是个标准的军人，做事非常朴实直接，拒绝浮华。史书记载：周勃为人"木强敦厚"，他很不喜欢文人，每次和文人说话周勃都很不耐烦："趣为我语（有话快说，有屁快放）。"刘邦对他的评价是"重厚少文"。周勃政治合格（沛县老乡）、军事过硬（质朴、稳重），是为刘邦留守关中、独当一面的最佳人选，被刘邦安排镇守关中对付章平。

周勃没有让刘邦失望。在汉二年十一月，刘邦取得了进攻河南国胜利的同时，周勃也攻占了章平盘踞的陇西郡，章平再次遭受打击，仅剩北地郡一郡，实力进一步下滑，越来越难以威胁到汉王国对关中的统治。

刘邦抢占洛阳一带后，军事扩张的脚步暂时停了下来，转入相对的战略收缩期，着手消化新占领的土地。

汉二年十一月，刘邦从三川郡回到关中，将原塞王司马欣的首都栎阳作为汉国的首都，开始了治国安邦。

一、出台政策，宣布任何人率领一万人或者献出一郡之地降汉的，封给他一万户。这条政策当然是冲着瓦解章平残部去的。应该也是对统治区域内的乱兵、流寇的一次总安抚，配合大力度的清剿措施。按这个标准安置放下武器的乱兵，可以逐步稳定占领区域的治安；

二、修缮了黄河边的要塞，防范匈奴人南侵；

三、原先秦王朝圈建起来的花园、猎场等禁地放开交给民众开垦，着手恢复经济。

汉二年十二月，无事。

汉二年一月，在北地郡坚持抵抗的章平终于被汉军彻底击败并俘虏了。汉政府同时宣布大赦罪人，以便让雍国的残兵放弃抵抗，归顺汉国。至此，除了在废丘孤城坚守的雍王章邯。关中所有区域都纳入了汉王国的版图。项羽也在这个月打败了田荣。

汉二年二月，汉国命令民众放弃秦国的神社，建立祭祀汉国的神社（令民除秦社稷，立汉社稷），接受成为汉国人，而不是秦国人。表彰积极分子和劳动模范（施恩德，赐民爵）。为了慰劳巴、蜀两地的"革命贡献"，宣布免去这两地两年的税赋。参加战争的关中籍士兵回家休息一年。让地方推选五十岁以上受人尊敬的老人担任民政干部，配合当地政府参与行政管理，并将十月定为国庆节（以十月赐酒肉）。

随着汉政府的行政工作有条不紊地展开，一连串政治、经济政策的落实，原先处于战乱区的关中地区逐步稳定下来。积蓄力量后的汉国很快就会发动新的东征。

8

彭城就是个坑

夺取彭城

殷国争夺战

汉二年十一月，刘邦消灭了河南王申阳后，章平依然在关中后方闹腾，刘邦的后方并未完全巩固。刘邦大概感到和项羽全面开打的时机尚未成熟，开始转入相对的战略收缩期，旨在消化新兼并的领土，巩固和强化统治。楚汉双方的关系进入一个相对的缓和期，没有再发生大规模的军事冲突。趁着这个战略空档期，项羽大力进攻齐国并打败了田荣，却意外陷入齐国人民战争的泥潭。

这个状态一直持续到汉二年三月，就在项羽被齐国人民的反抗斗争牵扯得头昏脑胀的时候，经过近半年的休整后，实力大增的刘邦再次出发了。汉军东渡黄河，大举侵入西魏国。楚汉双方展开了第二回合的较量。

汉二年三月，休整完毕的刘邦率大军从临晋（今陕西大荔县东）东渡黄河，踏入西魏国的土地，开始了第二波的扩张。西魏王魏豹实力和刘邦不是一个层次的，同时对项羽也有些怨恨（项羽将他从富庶的东郡一带迁徙到这里），就和刘邦结盟（也有被挟持的成分），率西魏兵同刘邦一起东征。汉—西魏联军向东进军，兵锋直指河内郡的殷王司马卬。

得到消息后，项羽心灰意冷。西魏国和殷国是夹在楚汉之间的两个小王国，算是双方的一个缓冲地带。如果西魏国和殷国倒向刘邦，那么汉方的势力将更盛，项羽的局面将更加困难。

之前项羽的"下部"被汉将王陵"踢了一脚"，"腹部"被韩王信"打了一拳"，项羽都咬牙硬忍着。他想要先吞并齐国，增强实力后再和刘邦讨说法。谁知齐国还没平定，刘邦已经动手要吞并西魏国和殷国，这相当于给项羽当面一拳。项羽这拳要挨得准会眼冒金星，无论如何也要化解这场危机。

项羽非常焦急，但此刻的楚军已经陷入齐国"人民游击战争"的汪洋大海中，实在是抽不出力量和汉军进行对抗了。突然，项羽"灵机一动"，想到了一招"以夷制夷"的办法。原来，早先魏王咎的魏国政权被章邯攻破后，魏国有一批亡国谋臣、武士流落下来，投奔了项羽，其中就有大家非常熟悉的智囊陈平。而殷王司马卬占据的河内郡也是原魏国领土的一部分。让魏国人去打魏国人，真是一招妙招，项羽大概会很佩服自己的小聪明。

不过，这个想法只是看上去很美，因为项羽其实已经拿不出什么实质性的东西给陈平，只能给陈平开了张空头支票，封陈平为信武君，用荣誉来撑腰，逼他带领这批亡国者去平定殷地，阻挡汉—西魏联军的推进。可想而知，这批亡国者的数量必定不多，战斗力也不会很高。殷王司马卬是反秦将领，当年正是他带兵抄了章邯的后路，才保证了巨鹿之战的最后胜利。

好在殷王司马卬不是只会打打杀杀的赳赳武夫，他非常理智和冷静，他知道陈平好得罪，不好得罪的是陈平背后的大老板项羽。两国的实力差距摆在那，西楚国稍微发点力，殷国就灰飞烟灭了。司马卬不愿意开罪陈平，当然陈平也不敢把司马卬逼得太急，双方只能打哈哈了。于是出现了一幕怪事，实力强大的司马卬向弱小的陈平投降。陈平以此向项羽报捷。项羽大喜过望，陈平真是人才啊，这么难的任务也能完成？让项悍拜陈平为都尉，给陈平升了一级，赏赐给陈平黄金二十镒。

陈平履历

陈平，阳武县（今河南新乡原阳县）户牖乡人，地方属于东郡，应算魏国人。陈平年轻时家中贫穷，喜欢读书，有田地三十亩，仅同哥哥陈伯住在一起。陈伯平常在家种地，供养陈平外出求学。陈平长得身材高大，相貌堂堂。有人对陈平说："你家里那么穷，吃了什么长得这么魁梧？"陈平的嫂子恼恨陈平不照顾家庭，也不从事生产劳作，说："也就是吃糠咽菜罢了，有这样的小叔子，还不如没有。"陈伯听到这些话，就赶走了她，两人离婚了。

应该承认陈伯妻子是有点小心眼，但持家艰难，有所抱怨也正常。只凭一句话就赶走老婆，陈伯这样做是极其不妥的。日后，诋毁陈平品德的两个重大事件之一就是"盗嫂"，不知道是不是指这件事情。如果是的话，这事纯属陈伯心理有障碍。

陈平成年后要结婚，不过穷小子不肯将就，一心要找白富美，但他又确实没有混入这个圈子，哪有白富美能看上他？陈平寻找多年后，终于找到了真爱，和白富美张氏幸福地结婚了，不过陈平创下了一个小记录，他是张氏的第六任丈夫。

张氏连嫁六人并非水性杨花，而是因为张氏的前五任丈夫全部死亡（死因无记录）。在生活节奏缓慢、绝少飞来横祸的古代，能在短时间内连死五任丈夫应该用骇人来形容。张氏能让男人前赴后继，料想张氏对陈平的诱惑不小。为了爱，陈平奋不顾身，顺利通过了张氏的祖父张负的考验，张负非常器重陈平，为了让陈平顺利结婚，还出钱给他当聘金。陈平财色兼收，依托富妻家的财富挤入上流社会。

陈平所居的乡里祭祀土地神，陈平做主持割肉的人，他把祭肉分配得很均匀。父老乡亲们说："好棒啊，陈家孩子真会做分割祭肉的人！"陈平说："唉，假使让我陈平主宰天下，也会像这次分肉一样。"

陈胜起义后，陈平一度投靠魏王咎，后又投靠项羽。和韩信不同，陈平是有受到项羽赏识的。陈平帮助项羽扫平殷王司马卬，受到项羽的褒奖。但是没有硬实力支撑的这种胜利终究是一种幻想，数日后就在汉—西魏联军的进攻中露出了马脚。当规模庞大的汉—西魏联军涌向殷王的领地后，司马卬马上掉头又向刘邦投降了。项羽这才知道自己受欺骗了，原来所谓平定殷地的捷报都是假的。

项羽不反思自己当初的部署是否妥当，反而迁怒于陈平这批人，准备把其中的中、高级军官问罪处斩。陈平听到风声后，马上将项羽赏赐给他的黄金和印信留下，自己则带着长剑溜掉。陈平一路逃亡，在渡河的时候，船夫们看到陈平长相俊美，而且一个人行动，估计他是逃亡的将官，怀疑他身上可能有金玉宝器，相互使眼色，准备做掉他。陈平看到船夫们眼神不对，反应更快，赶紧说："我帮你们摇船吧。"陈平脱光衣服去摇船，船夫们得以确认他身上没有带宝物，才没有杀掉他。司马迁取材确实非常巧妙，几句话就把陈平滑头的本性表现得淋漓尽致。

历经千辛万苦，陈平终于风尘仆仆地赶到刘邦作战的前线驻地修武（今河南修武县），投奔刘邦。陈平通过魏无知搭上刘邦这条线，得到刘邦接见的机会。和陈平一起共七个人得到刘邦的接待，刘邦邀请他们共进餐宴，吃完饭后刘邦说："吃完后，到客舍去休息吧。"陈平说："我有要事前来，所说的话不能拖过今日。"于是，刘邦和陈平进行了一番私下交流，结果让刘邦大喜过望。

陈平和刘邦秘密谈了些什么？不得而知。能让刘邦这么开心，而且话还不能拖，必须马上说，极有可能是楚国的布防机密。陈平应该是掌握了楚军的布防情况，并且将此作为给刘邦的见面礼，之后的战争进程似乎也从侧面证明了这点。陈平此刻心里肯定憋着股怨气，心想："（项羽）你不仁，莫怪我不义。"高兴过后，刘邦问陈平："你在楚军时担任什么官职？"陈平说："担任都尉。"刘邦当天就任命陈平为都尉，让他与自己同车，担任护军都尉（宪兵师师长），掌管护军。

汉代的护军（部队）是军队中的精锐部队，可作为甲类师投入一线战斗，同时也可作为宪兵师负责军中执法。由于护军的地位特殊，陈平在军中的排名就排到其他师长的前面。于是，将领们都不乐意了，说："大王日前刚得到楚国的一个逃兵，还不知道他本领的高低，就跟他同乘一辆车子，并且反让他监督我们这些老将！"刘邦听到这些议论，更加宠幸陈平。

刘邦超常规提报陈平，让陈平当宪兵师师长，目的是什么呢？笔者认为，应该是随着战争的持续，各师的师长几乎都是丰沛系的骨干成员，虽然领导团队因此比较团结，但已经开始出现小团体利益至上的僵化局面。刘邦迫切需要从丰沛系以外寻求一些新鲜血液来补充和维持团队的活力。陈平的作用应该是"鲶鱼效应"。军官们的强烈抗议代表了这个刺激作用很显著，促使刘邦更加坚定地支持陈平。

全面开打

汉二年三月，刘邦作战的对象是西魏王魏豹和殷王司马卬，刘邦在进行小幅度扩张，吃掉项羽外围的一些小势力，小心翼翼地对项羽进行试探。在同项羽开战这点上，刘邦的态度是谨慎再谨慎。对于全面战争的后果和危险性，刘项二人始终有清醒的认识，不到最后时刻绝不轻易撕破脸。

同月，陈平叛逃。随着陈平的叛逃，这种平衡瞬间就被打破了。刘邦突然发现西楚国内防空虚，开打获胜的把握已经非常大了，刘邦开始着手调整战略。根据陈平的绝密情报，汉军国防部作战处制定了更为详尽的作战计划。接下来就到了撕下伪装，露出狰狞面容的时候了。

刘邦率汉军主力从平阴津南渡黄河，在洛阳一带集结，开始了全面战争前的动员。刘邦虽然决定同项羽开战，但楚汉双方并无公开矛盾，这使得刘邦挑起战争显得有点师出无名。不过想吃羊的狼总会找到借口的。新城（今河南伊川县西南）的三老（政协委员）董公就为刘邦提供了一发炮弹——"义帝被杀案"。刘邦如获至宝，又是哭又是闹，作秀完下令为义帝发丧，哭吊三天，向天下发布通告，开打前先打口水仗，恶心项羽。

那时候没有广播电视，刘邦只能派使者通告各诸侯说："天下诸侯共同拥立义帝，是公认的共同领导人。如今项羽在江南放逐并杀害了义帝，这是大逆不道的罪行。我亲自为义帝发丧，军队都穿白戴素。我将发动关中全部军队，聚集河南郡（三川郡）、河东郡、河内郡三郡（应当是指代河南国、西魏国、殷国）的士兵，另一路大军从南方沿长江、汉水而下，希望诸侯王与我一起去打那个杀害义帝的楚国罪人！"

义帝的死和刘邦有什么关系？义帝死于二年十月，事情都过去半年，尸体早变成骨头了，才想起这位天下"共主"，才来惺惺作态，也太虚伪、矫情了吧？儒家喜欢谈名正言顺，总要装成一副道貌岸然的样子，将虚伪和表演做到极致，明明知道台下人都在偷笑了，却不肯承认。刘邦这场发丧秀就是一场闹剧，除了可能会给项羽添堵外产生不了任何实际的作用。但是不管怎样，刘邦终于给自己找了个理由，可以心安理得地撕下和善的面具，和项羽大打特打了。

除了楚汉两国，也就是赵国的力量稍微强点，其他国家都非常弱小，对于两强争霸的局面没有参与的资格，基本保持了中立。刘邦向赵国提出了联合进攻楚国的要求，赵王歇和赵相国陈馀建立的赵国政权本身就是挣脱项羽霸权而建立起来的政权，对抗项羽也是他自身的需求，因而双方很容易达成共识。唯一的麻烦是刘邦收留了流亡的恒山王张耳，这使得双方的合作局面不是那么和谐。

赵相国陈馀的答复是："同意，但条件是汉国要杀掉张耳。"刘邦脸皮厚，手段流氓，居然找了个和张耳很像的人，杀了他用他的人头交账，反正当时也没有 DNA 验证技术，陈馀居然被糊弄过去了。赵军就向齐赵边境进发，对在齐国的楚军形成压力。

汉二年四月，刘邦裹挟塞王司马欣、翟王董翳、殷王司马卬，纠集西魏王豹、韩王信，拼凑了一支所谓五诸侯联军，总兵力达到惊人的五十六万，从洛阳向东出荥阳，正式和项羽开打，目标直指楚都彭城。兵力雄厚的汉军采用非常嚣张的宽广正面猛攻。与此同时，曹参—灌婴兵团从白马津一带南渡，绕到刘邦集团军的前面，配合汉军主力实现分进合击的意图。

汉军主力先到达陈留，守备这里的是西楚重臣，也是刘邦昔日的老朋友吕臣。吕臣第一时间就向汉军投诚。吕臣投靠刘邦后，他的父亲吕清继续在西楚当左令尹，一点也没受牵连的样子。以项羽的脾气居然忍了，可见张楚系在楚国内的地位和影响力。

面对汉军的攻击，煮枣（今山东东明县南）、燕县（今河南延津东北）、外黄等地布防的楚军进行了抵抗，但很快被兵力强大的汉军击败。汉军为了减少伤亡和前进的阻力，同时也感到这些楚军威胁不大，所以，只要这部分楚军投降，就让他们保留建制，继续驻扎原地。这个布置为刘邦的快速推进创造了条件，却也埋下了一个隐患。

听闻汉军主力来到外黄，刘邦的老相识彭越率领三万大军赶赴外黄向刘邦寻求合作。刘邦就说："彭将军你攻下魏地十几座城池，肯定是非常迫切得想要拥戴魏王的后裔，现在西魏王豹是原来魏王咎的弟弟，是真正的魏王的后裔。"于是就拜彭越为魏相国，让他继续带本部军马攻略这一带土地。

其实彭越是想自立为王的，但刘邦不希望和西魏王豹的合作出现裂痕，因此大笔一挥将这一带名义上划给了西魏王豹，彭越被刘邦一阵抢白吃了哑巴亏。好在彭越是个讲究实际、不图虚名的人，虽然称王的意愿没达成，但刘邦让彭越继续维持独立状态，也没真正侵犯到彭越的利益。彭越和刘邦之间就维持着这种不清不楚的关系，继续得过且过地合作下去。

与此同时，从侧翼绕道前进的曹参、灌婴攻打了军事重镇定陶，定陶的守将是项它和龙且。这两个重量级的楚将驻扎在这里，可见项羽必定在此地驻扎了重兵。曹参兵团顺利击败了项它、龙且。重镇定陶被攻破，西楚的防线完全崩溃。曹参兵团快速推进，连克砀、萧等地，率先将汉军的旗帜插上楚都彭城的城头。

由于汉军主力挺进彭城，原来在阳夏一带的楚军腹背受敌，全线崩溃。王陵、薛欧、王吸的南线兵团得以迅速突破阳夏防线，在彭城和刘邦指挥的中央集团军群顺利会师。

汉元年四月，以汉王刘邦为统帅，韩信为参谋总长，挟持塞、翟、殷、西魏、韩五诸侯，拼凑了五十六万联军，大举进攻彭城。联军依托雄厚的兵力奇正结合、分进合击，楚军微弱的抵抗被迅速摧毁。汉军计划周密、组织有力，沿途如同摧枯拉朽，前后不到一个月，一举攻克楚都彭城。

乐极生悲

困兽

在楚都彭城被刘邦攻击期间，被项羽寄予厚望的九江王黥布却视而不见，未进行抵抗和阻挠，使得彭城短时间内就被攻克了。彭城的失陷代表楚国守备部队大规模的抵抗活动被摧毁了，但彭城周边依然存在零星的小股楚军坚持抵抗。楚地并不完全稳定，刘邦派出将领分兵对周边的这些小股楚军进行清理，比如曹参被派往雍丘，吕泽被派往下邑等等。

彭城的失陷对项羽来说几乎是致命的。项羽大军此刻深陷齐国民众反抗的汪洋大海中，军队的补给全部仰赖楚国，而彭城就是其中的中转枢纽。失去彭城的楚军立刻陷入粮草不继的窘境，如不能短时间内夺回彭城，大军势必瓦解。然而，对项羽而言，夺回彭城是几乎不可能完成的任务。

首先，在战略上，项羽几乎被天下抛弃了，没有任何国家愿意在这个时候出手助他。汉国、赵国两个大国联手形成的战略铁钳，刘邦攻克彭城，牢牢掐住项羽的脖子；赵军在黄河以北严阵以待；项羽大军被牢牢夹在齐地。联军虽然还没发力，但项羽已经失去了战略上回旋的空间。五诸侯王被裹挟，也是项羽的敌人。尚未参战的只有燕王臧荼和三楚王（临江、衡山、九江）四个王国。面对声势浩大的联军，四王都在装聋作哑，项羽反扑彭城的战斗是得不到任何外援的。

其次，在战术上，联军方面也做了充分的应对准备。一是樊哙兵团进驻彭城以北的邹（今山东省邹城市东南）、鲁（今山东曲阜）、瑕丘（今山东兖州县东北）、薛等地，构筑了防御项羽反扑的外围防线，在樊哙防区的右侧是齐国田横的反抗势力活动区域，左侧是魏相国彭越的活动区域。这道防线防不住项羽，但拖延、消耗项羽的精力和锐气是没有问题的。二是联军在彭城集中了超过四十万的大军，准备在彭城和项羽打一场决战，用兵力上的优势来压垮项羽，而且联军是以逸待劳，胜率极大。

可以说，刘邦对这次同项羽开战可谓处心积虑，精心策划，充分贯彻了《孙子兵法》中"静若处子，动若脱兔"的战略思维，务求一击必胜。在这种情形下，任何有正常思维判断的人都会得出结论："项羽完了。"

因此，刘邦得意洋洋地进入彭城后，收取了货宝、美人，每天摆酒席庆贺。对刘邦而言，这一切简直就如同在梦中，鸿门宴上如履薄冰，鸿门分封时忍气吞声，前后居然才一年出头的时间，这口恶气就报上了。往日的屈辱和痛苦就要烟消云散，他仿佛看到凶神恶煞的项羽像受伤的野兽一样，发出绝望的哀嚎。

刘邦并不急于进攻项羽，项羽骁勇善战，麾下部队是百战精锐，此时贸然进攻项羽，纵使获胜也会伤亡惨重。刘邦攻克彭城，等于掐住项羽的脖子，项羽军粮供应很快就会出现问题，到了军粮供应不上的时候项羽就会不攻自破。战争的主动权是在刘邦手上的，困死项羽是刘邦的最佳选择，速战速决是下下之选。刘邦知道他现在每天只要喝喝小酒，哼哼小曲，项羽就会自动送上门来。

史上最惨痛的失败

刘邦在彭城等着项羽，可是左等右等，楚军就是不来。彭城失陷以后，楚军主力一直呆在齐地，联军反复侦查也没有发现楚军主力有南下的动作，身陷绝境的项羽似乎一点也不着急。

面对这个诡异的情况，联军统帅部感到迷惑不解，经过反复研究，始终得不出一个有效的结论。最后，联军统帅部决定以不变应万变，继续坐在彭城看看项羽要什么花样。一切都是那么平静，平静得令人吃惊，不知道作为一代名将的韩信，此时是否会对这种不可思议的平静感到一丝丝的寒意。

清晨，太阳还没升起，天微微泛白。彭城的西面突然传来急促的马蹄声、喊杀声、兵器的撞击声。彭城的联军司令部里对于来自后方的混乱感到奇怪。

敌人来袭？不太可能，楚军怎么会在樊哙兵团毫无觉察的情况下飞到彭城来？而且项羽大军处在彭城的东北方向，要打也是先打东北方向，西面是自己的后方。士兵哗变？有可能。但因何事而起？参与的士兵数量有多少？联军司令部一时也摸不清情况，只能先派出人员探明情况。联军司令部万万没有想到，这确实是项羽前来偷袭。

原来，项羽在得到刘邦攻克楚都彭城的消息后，让手下将领继续对齐国各路反抗部队加紧镇压，自己仅率三万精锐悄悄南下，从鲁出胡陵，沿着樊哙兵团和彭越兵团防区交界处的泗水河谷行军，像庖丁解牛一样，刀子从关节之间的缝隙插了进去，沿着防区交界的薄弱环节神不知鬼不觉地渗透到樊哙兵团防线的后方，又悄悄运动到彭城西的萧县。项羽巧妙而大胆地穿插运动，使得樊哙兵团的作用完全落空，彭城方面对此却毫无察觉。

老辣的项羽将清晨作为偷袭的时间点，此时天刚蒙蒙亮，正是人最疲乏无力的时候。昨晚刚喝完酒的联军士兵还没完全睡醒，突然听见军营外响起沉闷的号角声，联军士兵们挣扎着睁开惺忪的睡眼从营帐探头出去，军营外突然出现数不清楚的楚军士兵，就像从地下冒出来一样，毫无心理准备的联军士兵内心充满了震惊和畏惧。

进攻的号角声响起，楚军骑兵如排山倒海般涌了过来。大地在颤抖，三万人齐声发出的喊杀声直接穿透了联军士兵的胸腔。联军士兵的心理瞬间就崩溃了，争先恐后地四散逃命，跑得慢的就被楚军骑兵砍杀或直接被踏死。任何抵抗的企图都是徒劳的，楚军骑兵就像潮水一样淹没了联军士兵，军营里陷入一片混乱。

联军统帅部起先是搞不清楚状况，待反应过来一切已经太迟了，各部军队已经陷入混乱，完全失去指挥。刘邦匆忙爬上战车，由夏侯婴驾车，在亲信扈从的掩护下夺路而逃。

楚军的攻击如雷霆一般迅猛，但联军依然有数量上的优势，尚未遭到攻击的部分联军试图结阵抵抗。然而，楚军骑兵发挥了速度和冲击力的优势，在军营中左右冲突，发现试图集结的联军部队就猛烈冲击，很快将尚未形成阵型的联军队伍再次冲散。到中午时，联军的建制已经全部被打乱了，军官找不到士兵，士兵找不到军官，再也形成不了阵型。

失去指挥的几十万联军上演了大崩溃，场面就像电影院散场的人群，除了混乱还是混乱。楚军由于数量上处于劣势，没有使用围歼战术，而是采用了驱赶战术，联军士兵在楚军骑兵的驱赶下自相踩踏。十数万溃兵在混乱中被挤进彭城西的榖水和泗水中淹死，更多的士兵则逃出楚军的挤压，向南逃窜。楚军又向南追击到灵璧东的睢水边上，这些士兵在慌乱中被挤入睢水中，大部分淹死，又是十数万的死亡，尸体堵塞了河道，"睢水为之不流"。

刘邦的车乘没能第一时间内逃出，被楚军团团包围。眼看刘邦就要被擒杀，突然刮起一阵猛烈的西北风，飞沙走石。昏暗中，楚军骑兵看不清情况，刘邦才得以趁乱逃走。西魏王豹和韩王信在卫队的保护下也得以杀出重围，逃脱升天。塞王司马欣、翟王董翳、殷王司马卬三人就没那么幸运了，司马欣、董翳被俘，然后投降。司马卬死在乱军中。

仅仅一天时间，彭城之战就决出了胜负，项羽以三万精锐取得完胜，联军伤亡则在三十万以上。原以为会成为"人肉磨坊"的彭城之战，碾磨的仅仅是联军士兵的血肉，楚军的伤亡则非常微小。

继巨鹿之战后，项羽再次取得了一场神话般的胜利，向世人发出一声吼叫："我西楚霸王是不可战胜的！"项羽是超一流的军事天才，凭借巨鹿之战和彭城之战两场神话般的胜利足以让他耀眼于古代世界名将之林。

项羽的取胜之道

在这个普通的清晨，发生如此惨剧，是联军方面始料未及的，仅仅三万人的项羽兵团居然敢于向十倍于自身的联军发动突然袭击，并且取得辉煌的胜利。联军方面遇到了两个"没想到"。

联军统帅部的第一个"没想到"是没想到项羽居然可以这么打。士兵越多，军事实力越强，这是显而易见的道理。彭城惨败前，联军统帅部根本不能想象出有人可以凭借三万军队击溃四十万军队。统帅部认为项羽为了夺回彭城，必须尽可能多的带兵。考虑到驻守彭城的联军数量，联军统帅部分析认为楚军如果要夺回彭城需要全力以赴，因而楚军主力成了联军统帅部密切关注的对象，所以项羽率领的小股部队就被忽略了。

让联军统帅部"想不到"的是项羽根本就没想带主力。本应成为反击拳头的楚军主力被项羽作为诱饵，放在齐地吸引联军统帅部的注意。项羽仅带三万精锐悄悄南下，通过巧妙大胆地穿插，悄悄来到联军背后，并在清晨向彭城的联军发动了强袭，一刀插进联军的心脏。由于项羽行军的隐秘，又是从西向东进攻，实现了战术上的突然性，打了联军一个措手不及。

项羽这么做风险是极高的，假如联军早点发现项羽的小股部队并及时截击，或者联军在被偷袭后快速反应过来，耗光楚军的锐气，重新发挥出数量上的优势，项羽就会落败。项羽的彭城之战其实是风险极高的战法，但也正是因为这个打法违反常理，才使得联军统帅部完全"想不到"，才创造了彭城之战的辉煌战果，这也正是弱者打败强者的唯一方法。

联军统帅部的第二个"没想到"是楚军的战斗力会如此强悍，汉军会溃败的如此彻底，在现实中居然真的上演了"一以当十"的神话。之所以会发生这样的奇迹是源于项羽对新式骑兵战术这一革新战术的重视和使用。正是新式骑兵战术的投入使用，使得楚军三万人击溃四十万人的神话得以实现。

由于我们国家长期以来对技术人员的蔑视，几乎很少提到冷兵器时代作战的阵型问题。在世界战争史上，军队的布阵水平直接体现了这支军队的作战效能。冷兵器时代的阵型布置更是战争双方所必须高度重视的问题。阵型不是《三国演义》这种小说提到的什么"休、伤、杜、惊、死……"、"八卦阵"这种玄幻意义的阵型，而是技术意义上的阵型。大家可以参考防暴警察经常摆成的盾墙阵型，对警察个人来说由于两侧有战友，他就不必担心两侧受到攻击，只要注意前方的敌情就可以了。有效的阵型可以让士兵相互配合，提升战斗力，降低伤亡。优秀的指挥官凭借观察对方的阵型就可以判断对方的战斗力的原因也在于此。当然，也有反过来故意摆成混乱不堪的阵型，使敌人误判己军战斗力。

古代战场上，正规军队的厮杀就是阵型对阵型，直到一方将另一方击溃，这是硬碰硬的战法，一仗打下来，杀敌一千自损八百，双方都是死伤惨重。战争各方其实都不希望这种结果，都在寻求快速冲垮对方阵型的办法，冲击部队应运而生了。冲击部队凭借高速度、高吨位将对方的阵型一举冲垮，一旦失去阵型，这支军队的战斗力就失去了大半，尾随而来的步兵则以紧密的阵型将对方散兵一举消灭或击溃。

历史上最先承担起冲击部队作用的是战车部队。因而战车成为冷兵器时代早期非常重要的突击力量，往往能起到决定战场形势的重要作用，成为各国部队的核心精锐。古埃及、古波斯、中国的商周时代都是战车兵盛极一时的时代。在刘邦起兵初期也模仿秦军的战术体系，组建了战车部队，战车部队的指挥官就是夏侯婴，而且战车部队在刘邦的战术体系下还是相当活跃的。

但是，战车部队有自身的不足和局限性，注定了战车部队要逐步走向没落。这个局限性就是战车部队的地形适应性极差，需要较为开阔的地形，遇到起伏地形效能就大打折扣。相比较而言，骑兵部队对地形的适应性就高于战车部队，因而冲击骑兵必然要走上历史舞台，代替战车部队发挥作用。

在项羽彭城之战前，中国战场上是有使用骑兵的。但是包括大家耳熟能详的赵武灵王胡服骑射，骑兵只是作为侦查和骚扰作用的轻骑兵，以弩和弓箭作为武器，从未投入骑兵用于冲击敌人的阵型。这是因为之前的骑兵缺少马镫这个不起眼的物品，使得骑兵非常不适合发动冲锋。

马镫是一对挂在马鞍两边的脚踏，供骑马人在上马时和骑乘时用来踏脚的马具。马镫的作用不仅是帮助人上马，更主要的是在骑行时支撑骑马者的双脚，以便最大限度地发挥骑马的优势，同时又能有效地保护骑马人的安全。

马镫的应用使士兵骑在马上有了一个稳固的依托，这样他就可以用上臂端着长矛，利用马匹高速前进所产生的冲力（这种力量由于马和骑马者的重量可得到成倍的增加）猛烈刺向敌人。而在发明马镫之前，骑兵缺乏依托，劈砍或挑刺的巨大冲击力会使得骑兵自己被震落下马，无法形成战斗力。因此，早期的骑兵往往只能配发弩和弓箭作为武器，作为侦查兵和骚扰部队使用。

我国发现的最早的马镫形象是西晋永宁二年（302 年）墓葬中，出土的三件骑马青瓷俑随葬品，瓷俑马鞍左前侧处作出三角状镫。也就是说，目前确实还没有太确切的证据表明楚汉时期存在马镫，推测可能西楚骑兵有采用套绳等马镫的雏形物品将士兵固定在马背上，保证了这场战役顺利实施。

彭城之战可以说是中国乃至世界的冷兵器战争史上都极为罕见的以少胜多、以弱胜强的战役。刘邦耐心等待、精心策划组织实施的近乎完美的作战计划居然被军事天才项羽以不可思议的神话方式破解了。彭城之战的胜利是新式战术的绝对胜利，创新的战斗技术再加上出敌意料的突然袭击成为项羽的胜利之道。

汉军这一仗中损失超过三十万，战争形势完全逆转，汉军在今后很长一段时间都没缓过劲来，乃至于对楚军都产生了某种心理阴影，也给读史者留下了楚强汉弱的假象。实际上从战略面上说，汉国在经济、军事等各方面的综合实力一直稍强于西楚。项羽能在战场上屡败刘邦凭借的是其超一流的军事才能，也正是因为项羽超人的勇武才使得楚汉战争充满了变数，战争打得异常艰苦。到了刘邦将内政力逐步转化成战争潜力后，战争变成内政、经济、人力、资源的消耗战后，项羽就渐渐撑不住了，直到最后崩溃。

彭城之战的神话结局使得楚汉战争由一场精妙的突袭战变成了一场旷日持久的消耗战。刘邦原计划一到两个月内结束的楚汉战争居然又拉锯了近三年时间，最后汉国方面才凭借经济实力上的优势硬生生地"磨"赢了。战争会打得如此惨烈和辛苦，恐怕是楚汉双方都始料未及的。彭城之战结束了，但楚汉战争才刚刚开始。

胜利大逃亡

儿女不要了

汉二年四月，彭城之战的神话使得楚汉战争充满了戏剧性的跌宕起伏。本来刘邦的戏是一波一波的小高潮，占领彭城是一个大高潮，突然遭到彭城惨败，直接从高峰跌进谷底，刘邦心里当时肯定非常难过。惨败后的刘邦在夏侯婴驾车护送下逃窜。

刘邦想快速溜掉，可惜还是被一股楚军发现，楚军的骑兵紧追不舍，刘邦被追击得都快哭出来了，猛然发现指挥官丁公是他之前已经认识的，刘邦苦苦哀求丁公："我们都是豪杰，何苦要相互逼迫呢。"丁公想起昔日的交情，带兵离开，放了刘邦一马。丁公的行为是违抗军令，当着那么多士兵的面，难道不怕风声传到项羽的耳朵里吗？项羽治军何其不严！丁公的外甥季布却不愿意放弃，依然坚持带兵追杀刘邦。刘邦被追得非常狼狈，好在夏侯婴车技过人，得以侥幸逃脱，却吓得不轻，从此之后对季布恨之入骨。

刘邦在这个时候倒是想到家人危险了，就驾车跑回沛县，打算接取家眷西逃。但是项羽也想到了这个问题，派兵去沛县抓刘邦的家眷，而且比刘邦先到一步。刘邦的老父亲、哥哥这些人看到楚军就心知不妙，赶紧溜走，没有被楚军当场抓到。但是慌乱中一家人跑散了，刘邦没找到家人，路上却碰巧遇见了鲁元公主和刘盈两人，就把他们带上车，一块儿西逃。

但是危险并没有解除，时不时还会发现楚军零散的骑兵在行动。刘邦又惊又怕，沿路一有机会就偷偷用脚把两个孩子踢下车去，想扔掉他们了事。夏侯婴每次都下车把他俩重新扶上车，这样推下扶上好几次。刘邦非常生气，十几次拿剑威胁夏侯婴快跑，不要管两个小孩，夏侯婴说："虽然情况危急，马也不能赶得再快，可是怎么能把他们扔掉呢？"在夏侯婴的坚持下，鲁元、孝惠（刘盈）两个小孩终于被安然无恙地送到了丰邑。

刘邦这么做确实非常流氓，有没有给鲁元、刘盈两个小孩产生心理阴影就不得而知了。笔者无意替刘邦辩护，但笔者依然不能理解为何有人要嘲笑刘邦，因为刘邦这时候是面对死亡的危险，有几个人可以坦然面对死亡？手法是挺流氓的，但这是一种求生的本能，刘邦的选择还是可以理解的。

刘邦逃脱了，鲁元、刘盈也逃脱了。不过刘太公和吕雉就没那么幸运了，审食其陪他们二人跑路却半路被楚军逮住了，被项羽扣留在军中当作人质。由于有了这段共同的艰苦磨难，吕后执政后非常器重审食其。

刘邦到了丰邑，终于暂时跳出了楚军的包围，会合了一些人，包括妻子的二哥吕释之，还有吕臣等人，此时的刘邦狼狈不堪。由于彭城惨败得太彻底，将领们的心态微妙起来，刘邦不敢保证某些手下将领会动歪脑子将自己抓去当礼物讨好项羽。刘邦不但要躲在楚军，也要躲某些自己人。

思前想后，最后刘邦还是觉得大舅子吕泽好歹是亲人，比较可靠些，决定前往下邑投靠他。前往下邑的路上好几次被楚军发现，投效不久的吕臣发挥了作用，他是楚国元老级的人物，很有威望。追兵的指挥官碍于情面，没有坚决执行命令追击，才使得刘邦得以安然抵达下邑。

项羽临死前在大喊运气不好，恐怕不见得完全是运气，还有能力的问题在里面。明明人家已经攥在你手心里了，愣是让人家给溜了，如果项羽治军更严格点能发生这种事情吗？显然项羽治军还是多依靠义气和亲情，这有点类似中国的家族企业，虽然某些时候也能发挥出惊人的战斗力，但始终没有走向正规化，这使得项羽的政权缺乏韧性和持久力。陈平骂项羽开的是家族企业，排斥人才，看来也是实情。

酝酿反击

彭城惨败算是给雄心勃勃的刘邦浇了个透心凉，连脚都浇凉了。刘邦的速胜幻想已经彻底破产了，不得不转变战略思维，重新制定打败项羽的战略。

刘邦到了下邑，他下马倚着马鞍问身边人："函谷关以东的土地我统统不要了，谁能够帮我共同打败项羽呢？"张良进言说："九江王黥布是楚国的猛将，同项王有隔阂；彭越在梁地反楚。这两个人可立即利用。汉王的将领中唯有韩信可以托付大事，让他独当一面。如果要捐出这些土地，就应该送给这三个人。这样就可以打败项羽了。"

张良的这次推荐再次展示了他卓越不凡的眼光和思维，日后战况的发展确实也是沿着张良的预计而前进。有人说张良的地位是刘邦吹捧起来的，这真是故意标新立异，胡说八道。张良是刘邦最好的参谋，每次刘邦遇到难题的时候，就离不开张良的点拨，包括未来"否决郦食其的立六国策略"、"立韩信为齐王"、"追击项羽"、"召集诸侯合击项羽"、"分封雍齿"等一系列建议，张良对问题的要害一击即中。对比张良，刘邦的另一位高参陈平解决的多是战术层面的问题，比起张良还是有境界的差距。因此汉初三杰的一个位置给了张良而不是更为活跃的陈平。

刘邦听完张良的话后记在心上，眼下他有件更加急迫的事情。刘邦当初五十六万大军东征的时候，沿路的西楚防军无力对抗，只能向刘邦投降。到了彭城惨败后，原先投降的西楚各部感到项羽才是不可战胜的，纷纷再次倒戈，叛汉归楚。一时间叛乱四起，王武反于外黄，程处反于燕县，柱天侯反于衍氏（今河南郑州市北），等等。刘邦陷于项羽军和反叛军的联合包围中，形势非常不妙。

数量质量都不占优势的吕泽兵团想对抗项羽是不可能的。刘邦需要继续向西逃窜，但是四处反叛的叛军将他困住了。不幸之中的万幸，彭城之战的时候，曹参的部队正好派出围攻雍丘，幸运地躲过一劫。曹参迅速击败了王武和程处，又扫荡了周边的叛变势力，为刘邦西逃撕开了一道口子。

刘邦一路西逃，路过东郡虞县（今河南虞城县）时，刘邦对左右的人说："像你们这些人，水平不够和我一起谋取天下。"谒者随何明白刘邦的情绪，就问道："不知道陛下所说的（够水平的人）是谁？"刘邦说："你们谁能替我出使淮南，让黥布发兵背叛楚国，拖延项羽几个月时间让他不能攻占齐国？'我之取天下可以百全'。"随何说："请您派我去吧。"随何带着二十人的使团去淮南劝说黥布反叛楚国。

令笔者感到非常震惊的是刘邦说："我之取天下可以百全。"在经历彭城惨败之后，刘邦居然有这样的狂气说"胜利依然是属于我的"，这是何等的自信乃至有几分狂妄。无怪乎美国石油大王洛克菲勒要说："只有偏执狂才能成功。"大凡"有理性"的人在这种凄惨的情形下是说不出这样的话来的。刘邦作为一个智、勇、德各方面都不是一流的人物，何以成为领袖？恐怕靠的正是这种超乎常人的乐观、激情、自信和决心。

京索之战

刘邦在曹参的掩护下逃回荥阳。很快樊哙也逃了回来，原来项羽攻克彭城后又北上攻打樊哙，樊哙兵团腹背受敌，大败而逃。鲁、薛等地又被项羽重新夺回。刘邦这次惨败可谓是输得彻底。西魏王豹向刘邦请假回国探视生病的家属，考虑到安抚西魏王豹情绪，刘邦批准了西魏王豹的请求。萧何得到刘邦彭城惨败这个消息，迅速将关中老弱等这些原本不服兵役的人征发到荥阳，试图用数量优势来抵消项羽的质量优势。各路败军都回到荥阳，韩信也收罗了不少溃兵。汉军得以声势复振。

项羽的冲击骑兵给刘邦留下了深刻的印象，刘邦也着手组建了自己的冲击骑兵部队。刘邦就在军中海选骑兵将领，以前秦军的两位骑兵军官重泉（今陕西蒲城县）人李必、骆甲骑术非常娴熟，得到大家的一致认可，两人现在正好是校尉，升一级正好担任骑兵将领，应该说非常合适。李必、骆甲有自知之明，知道自己毕竟是秦军出身，现在汉军要提拔你，但毕竟历史污点在那里，人家做不到完全信任你，自己稍有不慎就会被当反革命处理。两人推辞说："我们原为秦民，恐怕军官们不服气我们，所以请您委派一名常在您身边而又善于骑术的人做我们的指挥，我们愿意辅助他。"于是骑兵司令的这个馅饼就掉到当时还是中谒者（高级参谋）的灌婴头上，灌婴当然也是能力加机遇。所以刘邦就任命灌婴为中大夫，让李必、骆甲担任左右校尉。

刚做完准备，项羽就杀气腾腾地直奔荥阳，他大概想趁着汉军刚刚失败，尚未缓过神来，利用楚军给汉军的心理压力，再打一场击溃战，彻底打垮刘邦。但是刘邦让他失望了，刘邦展示了他坚韧不拔的品质和永不服输的精神。双方在荥阳以东的京县索水一带展开了一场会战。新成立的汉军骑兵部队表现也很突出，加上京索一带的地形比较复杂，起伏较多，骑兵发挥不出全部力量。兵力不足的楚军被汉军击退了，刘邦取得京索之战的胜利。

京索之战只是挫伤了楚军的追击部队，楚军主力并未受损，因此战局没有明显变化，但对刘邦来说意义是非常重大的。刘邦通过京索之战的胜利，告诉项羽想要速胜刘邦也是不现实的，想要胜利双方必须进行长期的消耗战，看看谁更有耐力，看看谁更有韧性。

借着楚汉战争陷入焦灼的时机，田横发动了反攻，从楚军手中夺回齐国的部分城邑，使齐国政权得以复活。田横立田荣的儿子田广为齐王，田横自任为相，政事无论大小都由田横来决断。

京索之战后，彭城之战终于宣告完结。楚汉战争又回到汉元年十一月的分界线。彭城之战虽然让楚汉双方的领土又回到原点，但产生了巨大的国际政治影响却不容忽视，原先和楚国为敌的国家纷纷转变态度，这是项羽最大的收获。

赵相国陈馀以发觉张耳没有死为借口，宣布赵国和汉国断绝外交关系，开始转向保持中立，避免被项羽打击。齐国虽然是在反抗楚国的基础上复国的，但也尽力修复关系，争取中立。西魏王魏豹大概亲历了楚军骑兵的猛力冲锋，最为胆寒，请假回国后，就宣布和汉国断绝关系，还向楚国申请军事援助，由楚柱国项它担任西魏国的步兵司令，坚决地倒向楚国。

彭城之战后，除了被刘邦裹挟的韩王信以外，各诸侯王能投靠项羽的都投靠了，能讲和的都讲和了。彭城之战的影响力是惊人的，项羽赢得漂亮，但他终究无法抓住这个机会彻底击败刘邦，使得他在经历了三年的消耗战后慢慢地走向失败。

刘邦的坚持

重新布局

稳固后方

汉二年四月，彭城大战，刘邦惨败。

汉二年五月，京索之战，项羽被刘邦挫败，使得彭城之战的胜果未能扩大，楚汉战争进入焦灼状态。同月，回到领地的魏王豹宣布和汉国断绝盟友关系，同时派兵堵塞黄河渡口，防止汉军渡河袭击魏国。为此，刘邦不断派出使者同魏王豹沟通，争取尽量采用和平的方式解决魏豹问题。

汉二年六月，由于项羽被挫败，楚军的攻势进入一个相对缓和的空档，刘邦趁机回关中安排工作。稳固关中成为刘邦面临的最重要的工作，主要采取了以下措施：

一是立刘盈为太子，赦免罪人。

二是命令将领们的儿子有在关中的都到栎阳（临时首都）来担任卫士。必须说明一下，担任卫士可不是去当大头兵，而是因为汉代人事制度还没健全。卫士在皇帝身边混个脸熟，某天皇帝觉得你很聪明伶俐，是个人才，就可以被派出当官。担任卫士就相当于提干，成为国家储备干部，等于汉王给手下将领们股票期权，同时也有成为人质的意味。

三是消灭章邯。刘邦对已经被围困了半年多的废丘发动了最后的强攻，汉军引水灌城，终于攻克了章邯最后的据点，章邯兵败自杀。

四是刘邦将关中分为河上、渭南、中地、陇西、上郡五个郡进行治理。

五是搞了点封建迷信（祀天地四方上帝山川）。

六是加强了汉匈边境要塞的防御。

总之，刘邦的行政集团在有效地运作，维护汉王国的稳定，恢复经济，为刘邦继续进行楚汉战争提供支援。

为了筹措战争经费，汉政府采取了积极的财政政策，贬值货币。不过汉代没有使用纸币，汉政府就采用将铜钱铸薄的办法来贬值货币，制造出大量劣质的"荚钱"。加上战争的破坏，关中粮食极度匮乏，通货膨胀严重，每石粮食价格膨胀到万元，对比秦朝末年几乎膨胀了五到六倍，饥民没有食物，出现了人吃人的事情，汉政府紧急下令放开关卡（秦汉之际，民众活动被限制在一个个社区里的，未经批准不能流动），让关中的饥民到有粮食的巴蜀地区去，这才缓解了部分灾情。

陈平的歪论

　　彭城惨败后，可能是出于安慰，也是加强对韩王信控制的考虑，刘邦补充些部队给韩王信，陈平也在这时候配给韩王信做副将，这应该也是给陈平升官和落实待遇。趁着陈平不在刘邦的身边，周勃和灌婴到刘邦耳边去嚼舌头。

　　周勃和灌婴说："陈平虽然是个美男子，只不过像帽子上的美玉罢了，他的内里未必有真东西。我们听说陈平在家时'盗其嫂'；在魏王那里做事不能容身，逃亡出来归附楚王；归附楚王不相合，又逃来归降汉王。现在大王如此器重，使他做高官，让他掌管护军。我们听说陈平接受了将领们的钱财，钱给得多的就给好位置，钱给得少的就给他坏的职位。陈平是一个反复无常的作乱奸臣，希望大王明察。"

　　周勃和灌婴向刘邦投诉的就是所谓陈平"盗嫂受金"，主要是品德和作风问题。周勃和灌婴都是汉军中的重量级人物，他们说话刘邦不能不有所考虑。于是刘邦就把推荐陈平的魏无知召来责问。魏无知为陈平辩护，说："我所说的是才能，陛下所问的是品行。现在如果有人有尾生、孝已那样的品行，但对胜负的命运没有好处，陛下哪有闲暇使用这样的人呢？楚汉对峙，我推荐善出奇谋的人，只关心他的计谋是否确实能够有利于国家罢了。至于盗嫂、收受钱财，又有什么值得怀疑的呢？"

　　虽然这样，刘邦还是召来陈平责问道："先生在魏王那里做事不相合，便去楚王那里做事而又半道离开。如今又来跟从我，讲信用的人原来是这样三心二意吗？"陈平说："我在魏王那里做事，魏王不能采用我的建议，所以我离开他到项王那里做事。项王不能够信任人，他所信任、宠爱的，不是那些项氏宗族就是妻家的兄弟，即使有奇才也不能重用，我这才离开楚王。听说汉王能够用人，所以来归附大王。我空身而来，不接受钱财便没有办事的费用。如果我的计谋确有值得采纳的，希望大王采用；假若没有值得采用的，钱财都还在，请允许我封好送回官府，并请求辞职回家。"这番话说的好像有点道理，刘邦接受了，向陈平道歉，丰厚地赏赐了他，任命他为护军中尉（宪兵司令），给他提了一级，让他监督全体将领，将领们才不敢再说什么。

"盗嫂"不知何解，陈平并没有和嫂子私通的记载，"受金"应该是事实，陈平也供认不讳。"受金"当然是典型的腐败行为，陈平一番胡搅蛮缠居然还腐败有理了！这些话纯粹是忽悠刘邦不读书。有些人把陈平的受贿问题看成是团队在选择人才的时候，在"德、才"两方面的取舍问题，因而为陈平叫好。其实这是对概念的偷梁换柱。

就事论事，"受金"一事同人才不人才没关系，就是单纯的腐败案件。任免下属是汉政府赋予陈平的公权力，但陈平只可以为了汉政府的共同事业而使用权力，不可以用于个人权力寻租，将公权力化为私权力。如果干部的选择不是依照工作需要，而是通过行贿标价的方式，那就是对共同事业的公然挑衅，最终将伤害到团队的共同利益，是必须予以制止和惩戒的。即便陈平的腐败行为短时间内未引起看得到的伤害也不能代表受贿有理。如果陈平缺钱，应该通过向刘邦提出加薪或者特殊贡献津贴的要求，决不可以通过腐败搞钱，更不能理直气壮地搞腐败。这本经济账和政治账刘邦其实没算对。

策反黥布

汉二年八月，刘邦从关中赶赴荥阳主持战局，楚军和汉军依然在非常乏味地进行着消耗战和拉锯战。同月，汉国和魏国的谈判终于彻底破裂了，刘邦派韩信统帅曹参和灌婴进攻魏国，并在次月（汉二年九月）完胜了魏王豹。

由于战事进行的比预想顺利，为了减轻荥阳战场的正面压力，刘邦决定开辟敌后战场。原配属韩信的灌婴骑兵部队在完成平魏战役后南渡黄河，骚扰项羽的后方。灌婴发挥骑兵高速灵活的优点，从阳武南渡，攻打襄邑（今河南睢县）渗透入项羽的后方，在项羽发动反击前，又大踏步向东侵入鲁，大破西楚军项冠部，斩杀西楚右司马、骑将各一人。随后又掉头在燕县击败西楚柘公王武部，再北上白马，在白马津击败王武部将桓婴。灌婴的骑兵部队在项羽后方绕了一圈，纵横千里（直线行程超过550公里），烧杀一番，再从白马津北渡黄河，扬长而去。

有时候感觉刘邦的人才梯次是非常好的。在项羽后方搞骚扰战最得心应手的当然是彭越，但灌婴也可以临时做点这些活，算是敌后骚扰的第二选择，还有刘贾和卢绾也承担过敌后骚扰的任务，成绩也不错，可以作为第三选择。灌婴的骚扰取得了不少成绩，但项羽还是没有撤退。刘邦和项羽在荥阳继续绞肉，又过了三个月的汉三年十一月，传来一个令刘邦非常高兴的消息，随何的策反终于取得了成绩，九江王黥布宣布叛楚归汉。

九江王黥布是四楚王之一，也是项羽的爱将，以骁勇善战而著称。在鸿门分封的时候被封为九江王，领土大体在今天安徽省南部和江西省一带，相当于拱卫项羽西侧的一个政权。早在楚汉战争初期，作为老部下的黥布就显得同以往不同，很不听话，对项羽的命令总是在敷衍，让项羽很不开心。只是因为黥布是楚军少有的优秀将领，项羽还是希望黥布可以为自己效力，所以对他是多方忍耐，但没想到黥布会走得这么远。黥布的背叛相当于背后插了项羽一刀，令项羽的军事形势非常狼狈，只好赶紧派项声和大司马龙且集合大军进攻黥布，自己帅主力退到下邑一带作为策应。如果龙且和项声被黥布击败，自己可以作为补救措施。

黥布是怎么背盟的呢？这里不得不提一下随何的大智大勇。彭城惨败后，刘邦派随何出使九江国，策反黥布。

随何的使团到达九江国首都六县。和敌方来的使团接触不是意味着通敌吗？因而九江国的太宰（丞相）就把他们拦住，不让他们接触九江王黥布，使团在宾馆呆了三天都没得到接见。随何知道夜长梦多，就和太宰说："你现在不让我们见大王是最糟糕的选择，你让我见见大王，如果我说的好，大王就会接受我们。如果我说的不好，你们赶快把我们在广场上当众处决了，这样才不会给你们添麻烦。"

随何的这个决定是非常果断的，如果不快速见到黥布，那么时间一拖下去，难保项羽不有所觉察，一旦问责起来黥布必定会将他们处斩。那么随何根本就没有机会去说服黥布，倒不如用必死的决心告诉黥布让我先说说看，如果你还是害怕项羽，那干脆就当众处决我们，让项羽安心，你也不会受牵连。随何的大智大勇终于使他争取到了黥布的接见。

随何先装傻问："汉王派我恭敬地上书大王驾前，我私下感到奇怪的是，大王为什么和楚国那么亲近。"

黥布就说："我面向北边以臣子的身份侍奉他。"

随何说："大王和项王都列为诸侯王，北向而以臣子的身份侍奉他，一定是认为楚国强大，可以把国家托付给他。但是我问你：第一，项王攻打齐国的时候，大王为什么不率领九江国军队再次担任楚军的前锋，而是只派了四千军马作为支援。有你这样当臣子的吗？第二，汉王攻打彭城的时候，项王面临危机，大王为何不赶快出兵堵截，而是袖手旁观，放任汉军攻占彭城，项王都差点挂掉。有你这样做臣子的吗？你这样子说是投靠楚国，其实都是讲空话，得不到项王最深的信任，到头了肯定是两头不讨好。"

接着随何又和黥布分析汉国必胜，指出楚国的胜利只是暂时的，汉国已经做好准备，从蜀、汉运来粮食，集结了力量，积极展开防御，项羽后勤已经跟不上了，被拖死是早晚的事情。告诉黥布你要看清楚形势，早留后路。

然后随何又开出汉国的价格。只要你参战了，汉国一定会赢。打赢了以后，淮南全都给你。这句话说得黥布心花怒放。黥布为啥不给项羽卖力，说白了："没好处，谁给你干活？"刘邦开的价码虽然还没兑现，但终究是有前途了。黥布于是答应了随何，但还不敢马上行动。

就这样一拖拖延了好几个月，随何感到不逼迫一下，黥布根本就不会叛乱。这时，楚国的使者也再次来到淮南，在招待所和黥布会商，迫不及待地催促黥布出兵，黥布心里有数，一直在敷衍。随何径直闯进去，坐在楚国使者的上席，说："九江王已归附汉王，楚国凭什么让他出兵？"黥布没想到随何这么做，吃了一惊。

楚国使者见势头不好，赶紧站起来跑。随何趁机劝黥布说："大事已成，赶快杀死楚国的使者，不能让他回去，我们赶快向汉靠拢，协同作战。"黥布被逼上贼船，只好说："就按照你的指教，出兵攻打楚国罢了。"于是杀掉使者，出兵攻打楚国。就这样黥布被捆绑上刘邦的战车。

黥布的背叛让项羽非常狼狈，赶紧派出项声和龙且进攻黥布。让项羽感到欣慰的是项声和龙且的反击取得了胜利。汉三年十二月，黥布被项声和龙且击败，九江国被楚军占领。失利的黥布无奈之下只好在随何的陪护下从小路逃到刘邦的大营。

刘邦很善于用手腕征服人。当黥布来到刘邦大营后，刘邦故意选择坐在床上洗脚的时候召见黥布，这当然非常没礼貌。黥布也是一代豪杰，哪曾受过这样的羞辱，顿时怒火燃胸，非常后悔前来，想要自杀。当他退出来，来到为他准备的住处，见到帐幔、用器、饮食、侍从官员的豪华标准和汉王一样，黥布又喜出望外，甘心效力。

项羽派项伯接管了九江国，处决了城中黥布的妻子和儿子，也许项羽是想威慑那些心怀不轨的将领，但这等于彻底和黥布决裂，而且黥布的妻子是衡山王吴芮的女儿，无论如何也要给衡山王面子，项羽处理问题的办法总是太过简单。

黥布在刘邦的支持下，派人潜入九江国，找到原先的一些老部下，带着几千人马回到汉国。刘邦又给黥布增加了兵力，到成皋军中效力。从此黥布就成为刘邦手下的将领。

荥阳失败

郦食其的馊主意

汉三年十月，韩信取得了井陉之战的胜利，摧毁了赵军主力，汉国在黄河以北的局面取得了重大突破。汉三年十一月，黥布的背叛迫使项羽短暂撤退。汉三年十二月，黥布被项羽击败，项羽稳固了九江国后重新对荥阳发起猛攻。

这段时间，刘邦一直在荥阳坚持和项羽拉锯，牢牢地拖住项羽，有效地阻挠了项羽对河北的武力干涉，为韩信全面征服河北赢得时间。刘邦坚韧不拔的战斗精神是值得欣赏的，但刘邦的军事水平却远远不如项羽，他指挥的部队被项羽打得损失惨重，主要是依靠城墙防守苦苦支撑，因而他一直在思考怎么减轻自己的正面压力。这时候谋士郦食其给了一条"妙计"。

郦食其给出的办法是多找点帮手，重新立关东六国王室的后人，建立亲汉的六国政权，让他们围攻项羽，就可以取胜了。刘邦一听这计策好，大喊："妙极了。"马上下令制造六国的王印，告诉郦食其："等印信做好了麻烦先生马上去联络这些人。"

刘邦开心地去吃饭，正好张良进来，刘邦就说："子房先生，快过来，有人给我出了个好主意可以削弱楚国。"然后刘邦就把郦食其的谋划告诉张良，张良说："谁出的这个主意？要按这个，汉王你就完了。"刘邦的脑袋没转过来，问："怎么说？"张良就滔滔不绝地讲起所谓的"八难"。其实前"七难"都是些排比句，意思只有一个："你还没有能轻松干掉项羽"。只有第八难是真正的核心内容。

第八难就是说：现在天下希望功名富贵的人背井离乡，跑来军中流血流汗效死力，无非就是指望干一票大的，以在将来博取封地，现在你把土地打包给六个人承包了，那这些人以后还怎么跟你混？只能各自追随这六个人。人心一散，你还靠什么取天下？

这点直接击中了问题的要害。刘邦正在吃饭，当即饭都喷出来，这才明白过来，郦食其的这条"妙计"岂止是坑爹，简直是太坑爹了。就把郦食其叫来骂了一通："竖儒，几败而公事！"下令销毁这些印信。

谣言战

既然郦食其的计策不能用，楚汉双方就继续在荥阳绞肉。刘邦军事水平不如项羽，他在荥阳的形式一天不如一天。刘邦渐渐有点顶不住了，主动向项羽提出和谈的要求，双方以荥阳作为分界线。项羽应该也有点疲惫了，想接受这个方案。范增反对，说："现在消灭刘邦是很容易的事情，今天放弃了这次机会，以后一定会反悔的。"项羽才转变态度，加大对荥阳的围攻力度。

楚国目前的形势确实还不是很糟糕。南线龙且和项声已经平定了黥布的叛乱，项羽已经没有后顾之忧了。北线韩信虽然击败了陈馀但并未完全控制赵国，项羽同彭越进行了合作，阻挠汉军对赵国的侵占，胜负眼下还未定。南北两线的战场双方基本是持平的，只剩下中线的项羽和刘邦的王者对决。对决的战况是项羽更乐观些，如果项羽在韩信完全平定赵国前解决掉刘邦，项羽还是赢家。

面对这种困难局面，刘邦向陈平大吐苦水："天下纷纷，何时定乎？"陈平提出他的看法："项羽这个人恭敬爱人讲礼貌，那些廉洁君子也都喜欢他，来投奔他，但是论功行赏却不太舍得，所以大家心思其实不是很稳定。大王你呢对人很怠慢，不讲礼貌，那些廉洁君子是不肯来的。但是大王舍得出大价钱封赏有功，那些顽劣嗜利无耻之徒多数是来跟您的，如果你们二位可以各自去掉缺点，补足对方的长处那就无敌了。我看了看楚国有什么破绽，发现项王手下那些真正刚正不阿的大臣只有亚父范增、钟离昧、龙且、周殷等几个人，大王你要是能给我几万斤黄金，让我搞反间计，离间他们君臣，让他们互相起疑心，项羽为人很容易轻信谗言，一定会陷入内耗。这时候我们再举兵攻击他们，一定可以打败他们。"刘邦也深以为然，拿出四万斤黄金给陈平，也不用记账，让他任意使用。

得到刘邦的重金支持，陈平通过种种关系在楚军内部散布谣言，说钟离昧等大将功劳很大，始终得不到裂土封王，情绪很大，私下想要和汉国勾结消灭项羽，分地称王。由于谣言捏造得有鼻有眼，而且不久前，爱将黥布才发动叛乱，项羽不由得对这些重臣们多有提防，楚军受到内耗的困扰，战斗力开始下降。这里又不得不让人感慨刘邦的老道和项羽的稚嫩。陈平之前索贿受贿的劣迹在先，刘邦仍然敢信任他，大手笔就是四万斤黄金供陈平挥霍使用，刘邦对人性的洞察和掌控能力之强让人感叹。

项羽就那么容易傻，轻易起了疑心？笔者并不这么认为，因为笔者也经历了这么一个年少懵懂的阶段，那就是无法准确分辨一个人的好坏，而是靠传言来辨别和研判一个人，听见有人唠叨一句好就对某人产生好感，又听见有人唠叨一句不好看法又发生变化，始终没有自己观察人的眼光和定见。这种人不是不聪明，而是因为社会阅历太浅，社会经验不够老道。

此时的项羽最应该做的是加强同这些大臣们的沟通，平息谣言。最正确的办法就是尽快召开大会，当众宣布分封钟离昧、龙且等人为王，如果他们够精明就会尽力推辞，然后项羽再表示既然几位如此谦虚，那么等灭了刘邦再行分封。君臣完成互动，重回信任。如果这些人不够精明，真的接受了，那就勉励他们再接再励，允诺待灭亡刘邦后给他们加封。

笔者的这个做法其实有些权谋和手腕，不免被浅薄之徒诬为厚黑之学。其实不然，笔者的分封是绝对坦荡和磊落的，没有任何虚情假意的成分，钟离昧等人接受也可不接受也可，主要还是通过良性互动将双方的信任给调出来。这都是需要人生积累的，29 岁的愣头青项羽是斗不过 53 岁的老狐狸刘邦的。

老乡老乡，背后一枪

楚汉荥阳相持，刘邦离不开关中资源的支持。刘邦忙着和项羽打仗，对关中也很不放心，一而再再而三地派遣使者慰劳丞相萧何。

刘邦的心思被一个姓鲍的书生看出了，鲍生对萧何说："汉王在前线风餐露宿，却多次派使者来慰劳您，这是有怀疑您的心意。为您着想，不如派遣您的子孙兄弟中能打仗的人都到军营中效力，汉王必定更加信任您。"于是萧何听从了他的谋划，将家族里边能打仗的几十人都派去前线刘邦军营中效力，刘邦非常高兴。有人认为："疑人不用，用人不疑。"萧何对汉王国忠心耿耿，刘邦却背后插了萧何一刀，感到刘邦侮辱了萧何。笔者却非常认可刘邦这个手段。

要知道人是天然具备"自私、贪婪、懒惰"等属性的，这些往往构成了人性的弱点，人和人的差别只在于这些属性的多和少。为了让人类社会更加美好，我们都希望可以消除这些缺点，这点中西方都是一样的。不同的是西方是承认这种属性的存在及其合理性，希望通过社会的规范来削弱和引导这种弱点，使其造福大众。比如你贪财，就引诱你多劳多得。

而儒家文化则希望每个人都可以在圣人教诲下变成"圣人"，可以自觉地、完全地消除这些缺点。到了宋明理学提出"去人欲，存天理"、"饿死事小，失节事大"就更走向极端了。于是，中国社会出现一个很丑恶的现象，一方面所有的人都会讲大道理，对各种丑恶现象深恶痛绝，另一方面却又没有人愿意去身体力行。因为这些都是违反"人性"的天理，必然遭到天理的报复。这种思想导致中国社会满嘴仁义道德，社会文化伦理方面却比西方国家更加下流和肮脏，柏杨怒斥其曰："酱缸文化。"

刘邦对萧何背后一枪实际上是他在社会底层摸打滚爬的社会实践经验。因为"人心隔肚皮"，我们不可能完全知道一个人最真实的想法。人都是有其人性弱点的，萧何也不可能例外。特别是人心是会变的，需要有一种动态的认识，也许在某个时期他确实是忠心耿耿，然而到了一个新的阶段，情况变化了，他又会有新的想法。好比一台发动机，我们给它按时保养、换机油，机器运作几年都很正常，然后你能得出"发动机运转很正常，日常保养纯属多余"的结论吗？

史书上没有记载萧何的内心历程，只留下萧何勤勤恳恳、忠于职守的光辉形象。因而我们可以得出刘邦敲打萧何纯属多余的结论吗？刘邦时常敲打萧何就类似经常保养发动机一样，正是由于刘邦的经常"敲打",才保证了萧何不出轨。

纪信之死

虽然楚军在一定程度上受到内耗的困扰,但刘邦依然不敌项羽。两军激战到汉三年四月的时候,项羽终于成功地切断了刘邦的粮道,包围了荥阳。这时候离彭城之战刚好一年。

被围困在荥阳的汉军粮食匮乏,苦不堪言,一天吃半碗清汤粥,将士们饿的刀剑都提不起来了。范增看出刘邦已经陷入绝境,下令部队向被困在荥阳的汉军发动猛攻,刘邦危在旦夕。天无绝人之路,这时候项羽却又突然下令停止进攻,使得刘邦逃脱了灭顶之灾。

原来,范增在楚军内非常跋扈,经常在不和项羽充分沟通的情况下,就自作主张做那些他认为对项羽有利的事情,完全逾越了他作为军师的本分,对项羽的权威起了非常大的破坏作用。时间一久,双方的抵触和矛盾增多,亲密关系不断削弱,刘邦再用谣言吹些耳边风,双方的矛盾终于大爆发了。

项羽为了体现自己的权威,强行中止了范增下达的进攻命令,范增又气又急,双方争吵后不欢而散,范增说:"天下大事定了,君王你好自为之,我一把老骨头回家休息去!"结果还没回到彭城就气绝身亡。范增这个人其实没什么风度,他被气死,一半是给项羽气的,一半也是给自己气的。

荥阳虽然没有被楚军攻陷,但情况确实是岌岌可危的。纪信这时候显示出丰沛系骨干的一种政治素质,主动对刘邦说:"事情已经非常危急了,我请求替大王蒙骗楚军,大王你趁机赶快走。"于是刘邦就向项羽递交投降书,约定当夜出东门投降。当天夜里汉军汰选了两千名女兵,让她们穿上铠甲,纪信坐着汉王专用的黄屋车,车左绑着汉王专用的纛(古时军队或仪仗队的大旗），很招摇地在女兵的簇拥下出了东门，楚军在夜幕下也看的不是很仔细，从四面包围了这批汉军，"汉王"喊道："城中粮草都耗尽了，汉王出城投降。" 楚军士兵听到这个渴望已久的消息，兴奋地纷纷挤到城东去看"汉王"的窘迫样，真正的"汉王"却乘机在几十名骑兵的护卫下从西门悄悄逃出，消失在夜幕里。

到了项羽亲自来受降时才发现这个"汉王"是假货，项羽问纪信："汉王在哪里？"纪信回答："汉王已经逃走了。"汉三年五月，愤怒的项羽当场将纪信烧死。

有作家在写纪信之死的时候，故意编造了张良软硬兼施，逼迫纪信主动求死的情节。笔者是不以为然的，如果真的要这样，何必挑选纪信？只要军营中找个身高外貌有几分相似的人，软硬兼施，告诉他："你替汉王去死，你老婆孩子我们会照顾，还会给你孩子封侯，不去的话现在就杀了你。"何必让亲信纪信去牺牲？

笔者猜想这个作家是认为人都是怕死的，这样编才比较"合理"。厚黑学者是不相信"人间自有真情在"的。不错，人是怕死的生物，但有些人确实可以为理想、为信念而慷慨赴死，比如三国的时候，曹操在荥阳被董卓手下的将领徐荣打得落花流水，单身落马，被追兵追击得非常危急。此时，曹洪毫不犹豫地要把自己的马让给曹操，曹操很为难，想要推辞，曹洪很豪迈地说："天下可无［曹］洪，不可无君。"（《三国志·魏书·诸夏侯曹传》）在这个单对单的环境下，请问谁可以去挑唆曹洪做出牺牲？这种牺牲精神当然是发自内心的。

刘邦逃走后，守卫荥阳的任务就压在了魏王豹、韩王信、御史大夫周苛和枞公等人身上，周苛和枞公两人秘密合计了一下，认为魏豹是反国之王，内心肯定有很多怨恨，不能留在身边，就直接将魏豹处决了。魏豹名义上还是一国之王，周苛和枞公居然可以擅自杀掉一位国王，这反映出刘邦集团内丰沛系的超然地位。丰沛系是刘邦集团当之无愧的大脑和核心，非丰沛系的人永远不要指望可以染指权利的核心。当然，权利和义务对等，丰沛系享有汉王国的核心权力，他们也会用鲜血和生命捍卫刘邦的赤色（赤帝子）江山。

又遇拉锯战

刘邦守宛、叶，项羽战荥阳

　　汉三年五月，纪信用自己的牺牲换取了刘邦的脱逃。刘邦不是个轻言失败的人，他从荥阳逃到成皋，再入关中，补充了兵马。有了本钱，刘邦准备去荥阳继续和项羽死磕。

　　一个姓辕的书生给刘邦出了个建议："现在汉国和楚国在荥阳苦战经年，汉军非常疲惫，我建议汉王你不要再去荥阳和他拼耗了，转从武关出去。项王得到消息必定南下追击你，这样荥阳和成皋一带才能得到休息。等韩信搞定了河北一带，你再重新出荥阳，这样楚国的力量被分散了，汉国得到喘息的机会，一定可以取得胜利。"

　　刘邦接受了他的建议，就将部队从武关带出，和黥布一起前进，到达南阳郡的宛城、叶县（今河南叶县）之间，摆出一副进攻楚国南部的架势。项羽发现了刘邦出现在宛、叶之间，赶紧带兵南下追击刘邦，刘邦又使出他的乌龟战术，坚守营垒不出，和项羽继续耗着。

　　就在项羽全力猛攻刘邦的时候，传来一个坏消息。彭越大概感到胜利的天平倾向刘邦，又倾向于支持汉国，他的部队这次居然渡过睢水，深入楚国腹地，攻击了下邳一带，击败了楚军项声和薛公的军队，打死了楚将薛公。之前灌婴的那次骚扰基本是在楚国外围，因而项羽咬牙忍着没理他。彭越这次可不一样，已经打到下邳了，楚国的腹地完全暴露在彭越的攻势下。如果再不收拾彭越，后院着火可不是闹着玩的。无奈之下，项羽只好放弃对刘邦的围攻，转而回老家对付彭越。

汉三年六月，趁着项羽回老家的空当，刘邦重新回到荥阳，攻克了荥阳以西的成皋，击杀了楚军守将终公。眼看就要解开荥阳的围困，没想到此时的项羽已经击退了彭越，突然又来到荥阳，一个猛攻拿下荥阳，俘虏了周苛、枞公和韩王信。

项羽正在积极拉拢分化刘邦的将领，对周苛等人算是客气，项羽开出的价码是只要周苛肯归顺，将授予他上将军的职位，封三万户侯。三万户侯是什么概念呢？比未来汉国功劳最高的萧何、张良、曹参三位侯加在一起所分封的户数还多一千五百户，价码高的可以用近乎夸张来形容。但是周苛作为丰沛系的政治素养就体现出来，大骂项羽，宁死不降。项羽见他敬酒不吃吃罚酒，懒得和他解释，就把他煮死，枞公也被处决。韩王信没有丰沛系的政治素养，赶紧求饶投降，项羽就让他军前效力。再后来韩王信找机会又逃归了刘邦。刘邦没有计较他的历史污点，仍然让他担任韩王。

说项羽是一介武夫、不会用政治手段拉拢刘邦手下的将领，显然是不合适的，但是说项羽懂得用政治手段拉拢刘邦手下的将领，也是不合适的。为什么这么说呢？因为收买敌人除了要用金钱、官位表示诚意，更要用真情去化解对方的怨气。比如之前项羽去收买王陵，王陵的母亲以自杀拒绝合作，项羽居然将陵母的尸体水煮泄愤，这是彻底将王陵推向刘邦。不考虑这个层面，对一个已死的老人难道不能表示一点尊重，何苦要侮辱她的尸体泄愤？

可以看得出，项羽年轻人的性格特征很明显，做事直来直往。他极度厌烦讨价还价，收买人的时候甚至可以开出刘邦都开不出的天价，手法干脆了断，一锤子买卖，童叟无欺，决不会不厌其烦地一次次用热情去化解对手的怨气，从没有"做事留一线，日后好相见"的想法。

收韩信军

汉三年六月，楚军攻克荥阳后，立即又包围了成皋。刚攻克成皋的刘邦转眼间又被包围了，这两年来刘邦和项羽正面碰撞败多胜少，打得越来越没信心了，因此打算放弃成皋以东，将部队后退到巩、洛一线以减轻和楚军对抗的压力。但是郦食其坚决反对，他认为楚汉双方相持不下，现在战争到了关键时刻，不是你死就是我活。这时候如果退却了，就是示弱了，一定要咬牙顶住。荥阳、成皋、敖仓，太行山的险道、飞狐陉、白马津都是战略要地，一定要想办法抢占，占领了这些地方，才能取得战略上的主动，同时向世人表明汉军的强势地位，把仍在观望的人的信心收拢起来。

在郦食其的鼓励下，刘邦下决心和项羽继续死磕。郦食其同时还提出一个方案，现在楚汉双方都在咬牙坚持，齐国还置身事外，而齐国依然有千里之地、二十万大军，是决定胜利天平倒向的一枚重要砝码，郦食其主动提出要去说服齐国。刘邦接受了郦食其的请求，并且派他出使齐国。

七月，在楚军强大的进攻压力下，刘邦还是选择了逃出成皋，成皋内的汉军也在各自将领的带领下突围而出。逃出成皋的刘邦和夏侯婴两人北渡黄河，自称是汉使者，悄悄来到韩信的军营。此时天刚亮，韩信、张耳正在休息，又无紧急公文，侍卫自然让"使者"等等，不急着打扰司令休息。

这位"使者"却很不安分，在曹参的指引下进入机要室夺取了印信虎符，并下令召集军官们，宣布人事调动。等韩信、张耳起床后才知道是刘邦来了，心里大惊。可是主要军官已经被刘邦换掉了，韩家军再次还原成刘家军，即使有什么歪念头也没用了。

刘邦得到韩信训练出来的这支生力军，汉军声势大振，刘邦准备南渡黄河继续和项羽拼。郎中（警卫员）郑忠提出建议，劝住了刘邦，于是刘邦派出部分部队在巩（今河南巩义市）一带正面防御楚军的攻势。刘邦带领从韩信那拐来的精锐兵团屯驻在黄河北岸的渡口，从侧翼威胁到项羽的楚军，使得项羽不能全力进攻巩一带的汉军。

刘邦屡战屡败却始终没有崩溃，牢牢地缠住了项羽，有效地策应了韩信的第二战场，基本达成自己的战略意图。项羽虽然强硬并且屡次胜利，战线从荥阳推进到成皋，又从成皋推进到巩，但每前进一步都非常艰难，无法取得决定性胜利。

曹咎之死

汉三年八月，刘邦派出卢绾、刘贾二人带两万兵、数百骑兵，绕过正面，从黄河以北渡过白马津，配合彭越攻占了睢阳（今河南省商丘市睢阳区）、外黄等十七座城，焚烧了楚军的大量军粮，给项羽的后方造成了巨大的麻烦。

彭越上次对项羽的骚扰体现了他的价值，刘邦将悍将郦商配备给彭越做助手，郦商的部队同时补充给彭越增强兵力。"将欲取之，必先予之。"这是当年项梁对付刘邦的手段，现在刘邦活学活用，用来对付彭越，有力地将彭越拉上自己的战车。

九月，面对彭越的背后骚扰，项羽手下又缺乏可以和彭越对抗的人才，只好命令海春侯大司马曹咎坚守成皋，自己则带兵去驱赶彭越这个游击战将军。临走前，项羽交代曹咎等说："你们要谨慎地守住成皋，如果汉军挑战，千万不要和他们交战，只要别让他们东进就行。十五天之内，我一定杀死彭越，平定梁地，回来再跟将军会合。"

于是项羽就带兵向东进发，一路上攻打陈留、外黄。外黄起先不归顺，抵抗几天才投降了。楚军应该受到了一些伤亡，愤怒的项羽决定把外黄城15岁以上的男子全部押到城东活埋了。外黄县令门客的儿子13岁，前去劝说项羽。小孩对项羽说道："彭越凭强力威胁外黄，外黄人无法对抗才姑且投降，为的是等待大王来解救我们。如今大王来了，又要全部活埋他们，百姓哪儿还会有归附之心呢？从这往东，梁地十几个城邑的百姓都会很害怕，就没有人肯归附您了。"项羽认为他的话对，就赦免了这些人。然后东进睢阳县，沿路的县城听到这些情况都争着投降项羽。这是有记录的项羽第一次品尝到运用政治手段的甜头，之前项羽信奉哲学的是"不服打到你服为止"，可惜当他明白这些时已经太迟了。

项羽忙着击退彭越，那边成皋可不安定，汉军果然多次向楚军挑战，楚军都没出击。汉军就派人去辱骂他们，一连五六天，大司马曹咎忍不住气愤，不顾项羽对他的嘱咐，派兵渡汜水。士卒刚渡过一半，汉军出击，大败楚军，缴获楚军的全部物资。大司马曹咎、董翳、司马欣等都在汜水边上自刎了。大司马曹咎，原来是蕲县狱椽，长史司马欣以前是栎阳狱吏，两个人都曾经对项梁有恩，所以项羽非常信任他们。项羽将无能之辈强行推到领导岗位简直是在害他们。

项羽在睢阳听说曹咎的军队被打败了，赶紧带兵往回赶。项羽赶到的时候，汉军正把楚将钟离眜包围在荥阳东边。由于汉军非常害怕项羽，发现项羽赶到后赶紧放弃了围攻，逃入附近的山地据险而守,这才使得钟离昧免于被消灭。虽然项羽赶了回来,救下荥阳的楚军残部,但已经太迟了,汉军已经夺回了成皋和敖仓,驻扎在荥阳以北的广武山上,在战争态势上已经占据了上风。

汉四年十月,韩信偷袭了齐国,击溃了齐军主力。齐王田广无奈,赶紧向昔日的敌人项羽求助。项羽认为这是个机会,派出楚军大司马大将龙且,率领十万大军,号称二十万,前去救援齐国,齐楚如果联盟成功,那同刘邦的对抗能力就大大增强了。

广武山对峙

项羽的战略形势越来越差,此刻的他已经顾不得贵族的风度,做了一件很不上台面的事情。

楚汉双方在广武山前的巨壑(历史上称为"广武涧")前对峙,项羽做了一张高腿案板,把刘邦的父亲刘太公搁置在上面,向刘邦宣告说:"现在你如果不赶快投降,我就把你爹煮死。"

刘邦是江湖痞子出身,项羽和他这种社会底层的混混比不要脸那哪里比得过?刘邦说:"我和项羽作为臣子一块接受了怀王命令,曾说'相约结为兄弟',这样说来,我的爹也就是你的爹,如果你一定要煮了你的爹,就希望你能分给我一杯肉汤。"项羽大怒,真的要把刘太公给炖了。项伯说:"天下事还不知道怎么样,再说要夺天下的人是不顾及家的,即使杀了他也不会有什么好处,只会增加祸患罢了。"项羽听从了项伯的劝告,放了刘太公。

项羽又对刘邦说:"天下纷纷乱乱好几年,只是因为我们两人的缘故。我希望跟汉王挑战,决一雌雄。再不要让百姓老老小小白白地受苦啦。"刘邦笑着回绝说:"我宁愿斗智,不能斗力。"项羽又让勇士出营挑战,汉军有善于骑射的楼烦族(北方的游牧民族)将领,楚兵挑战好几次,楼烦将领每次都把他们射死。项羽大怒，就亲自披甲持戟出营挑战。楼烦将领搭箭正要射，项羽瞪大眼睛向他大吼一声，这位楼烦将领吓得眼睛不敢正视，两只手不敢放箭，转身逃回营垒，不敢再出。刘邦一打听原来是项羽，对项羽的勇武大为吃惊。

刘邦和项羽站在广武涧东西两边互相对话。刘邦为了恶心项羽，让秘书智囊们拼凑了一篇文章，列举项羽的一条条"罪状"："当初我和你项羽一同受怀王之命，说定了先入关中者在关中为王，你项羽违背了约定，让我在蜀汉为王，这是你的第一条罪状。你项羽假托怀王之命，杀了卿子冠军宋义，而自任上将军，这是你的第二条罪状。你项羽奉命援救了赵国，本应当回报怀王，而你项羽却擅自劫持诸侯的军队入关，这是你的第三条罪状。怀王当初约定入关后不准烧杀掳掠，你却焚毁秦朝宫室，挖了始皇帝坟墓，私自收取秦地的财物，这是你的第四条罪状。你硬是杀掉已经投降的秦王子婴，这是你的第五条罪状。你采用欺诈手段在新安活埋了二十万秦兵，却封赏他们的降将，这是你的第六条罪状。你项羽把各诸侯的将领都封在好地方，却迁移赶走原来的诸侯王田市、赵歇、韩广等，使得他们的臣下为争王位而反叛，这是你的第七条罪状。你项羽把义帝楚怀王赶出彭成，自己却在那里建都，又侵夺韩王的地盘，把梁、楚之地并在一起据为己有，这是你的第八条罪状。你项羽派人在江南秘密地杀了义帝，这是你的第九条罪状。你为人臣子却谋杀君主，杀害已投降之人，你为政不公，不守信约，不容于天下，大逆不道，这是你的第十条罪状。如今我率领义兵和诸侯们前来讨伐你这个残贼，只让那些受过刑的罪犯就可以除掉你项羽，又何必劳累我来跟你挑战呢？"

项羽被刘邦一阵连珠炮骂得无法辩解，一股气被憋得难受，嘴巴说不过就动手，让埋伏好的弓弩手一箭射中了刘邦。刘邦没想到项羽也会耍流氓，暗箭伤人，被一箭射中胸部，疼得直趴下腰来，他怕因中箭倒地，挫伤了汉军的气势，就着趴下的姿势按着脚说："这个混蛋射中了我的脚趾了！"汉军将士们远远看到，看不太清楚刘邦的情况，军心才没有浮动。刘邦这一箭伤得不轻，一下病倒了，张良硬是把他拖起来出去巡行，慰问部队，稳定军心，不让楚军的威势压过汉军。刘邦强撑着身体出去巡视军营，让将士安心，可是这么一折腾伤口开裂，病情加重，立即赶回成皋后方休养。

差不多同时，汉四年十一月，龙且败于韩信，楚军一半精锐随着龙且的死而消失。项羽大为恐慌，派出韩信的好朋友武涉前去说服韩信，希望韩信可以保持中立，最好可以和项羽联合，但并未取得效果。

刘邦病愈后，西行入关，来到栎阳，慰问当地父老，摆设酒席，把原塞王司马欣的头悬挂在木杆上示众（让原司马欣手下的复国分子死了这条心）。刘邦在栎阳停留了四天，又回到部队驻扎在广武。关中出关参战的军队也日益增多，项羽的局面越发窘迫。

韩信已经消灭了齐楚联军主力，取得了决战的胜利，但齐国毕竟是富庶之地，人口众多，对汉军的抵抗还是颇为激烈，韩信的主要精力一直放在镇压齐国各地的抵抗上，迟迟不能对项羽发起进攻。项羽和刘邦的这次很乏味的广武山对峙从汉四年十月一直持续到汉四年九月，前后竟达十一个月之久。

10
兵　仙

韩信其人

刘邦的老板范儿

让我们把眼光转向韩信，楚汉战争的另一条战线。

汉二年四月，彭城大战，刘邦惨败。

汉二年五月，京索之战，项羽被刘邦挫败，楚汉战争进入焦灼状态。同月，回到领地的魏王豹宣布和汉国断绝盟友关系，同时派兵堵塞黄河渡口，防止汉军渡河袭击魏国。

魏王豹的背叛从侧面威胁到刘邦对楚作战的进行，刘邦势必重新夺取魏国，解除侧翼的危险。魏国是个小国，刘邦要消灭他还是相对容易的，只是由于楚汉战争进入焦灼状态，刘邦不希望这时候出乱子，因而在同项羽打拉锯战的同时，还是一直尽力想通过外交手段争取魏王豹。

到汉二年八月，刘邦从关中后方赶赴荥阳前线同项羽继续鏖战，汉魏双方已经谈判了两个多月，始终没有得到一个刘邦所期望的结果。刘邦依然不轻易放弃通过谈判解决问题的可能，派出巧言善辩的郦食其对魏王豹再次进行劝告。刘邦给郦食其开出的工资条是，如果完成任务，将来给郦食其在魏国选择一个地方建立他的侯国，封户数为万户。但是刘邦还是失望了，魏王豹非常坚决地回绝了郦食其，并且借机抱怨刘邦对人不讲礼貌，让他很不愉快："人生一世间，如白驹过隙耳，汉王对人很轻慢，我们这么有身份的人他一样当庭辱骂，就像在对待奴仆，我再也不想见到他。"

粗鲁的言行终究是很不好的习惯，恶果终于爆发出来了。虽然刘邦的不礼貌行为并不是魏王豹背叛的真正理由，但至少是给了别人借口。幸亏这事造成的破坏性后果尚在刘邦可控范围，倘若引爆的问题超过控制那就真的坏事了。我们学刘邦一定要学他好的地方，切不可把他错误的地方也当成优点来学。

魏王豹的态度何以如此坚决，据说可能和一起灵异事件有关。相面大师许负用专业技术角度判定魏王豹的小老婆薄姬将来会生出天子来。魏王豹理解岔了，认为自己也有资格参与逐鹿中原，不必把刘邦苦口婆心的劝告太当回事。郦食其无功而返，既然魏王豹这么不识趣，那么武力解决就是问题的唯一答案了。

早在郦食其交涉的时候，刘邦就在着手开打的准备了，韩信被任命为平魏战役的总指挥，带领部队进驻蒲坂（今山西永济西）渡口，在黄河的西岸摆出一副进攻魏国的态势，在军事上威慑魏王豹，配合郦食其的谈判。魏王豹也不甘示弱，派重兵进驻蒲坂渡口东岸，和汉军隔河对峙，决心顽抗到底。随着郦食其交涉的无功而返，刘邦终于正式向韩信下达了总攻击的命令。

刘邦不是项羽。项羽幻想可以空手套白狼，只给陈平一个官位就让人家去送死。刘邦是下够了本钱去让韩信打拼的，刘邦将汉军最优秀的步兵指挥官曹参、骑兵指挥官灌婴及其直属部队都划归韩信指挥。在荥阳前线战时吃紧的情况下，刘邦自己咬牙顶住项羽，却挤出如此丰厚的一笔本钱让韩信去拼，刘邦在工作上给韩信的支持力度是非常大的。韩信是应该永远感激刘邦的知遇之恩，刘邦不但是提拔他的人，更是爱护他和使用他的人。韩信所取得的一切辉煌成就都离不开老板（刘邦）的全力支持。但是遗憾的是韩信并不感恩，他似乎有种错觉，误以为他所取得的成就都是他个人能力的体现，这是非常错误的。韩信终其一生也没有摆正自己的位置，这也是他人生最后走向悲剧的一个注脚。

郦食其回到荥阳将谈判结果向刘邦做了汇报。刘邦问郦食其："魏军的总司令是谁？"郦食其回答："柏直。"刘邦说："这人还太嫩了，不能抵挡韩信。魏国骑兵指挥官是谁？"郦食其回答："冯敬"。刘邦说："冯敬是原秦国将领冯无择的儿子，虽然有些才华，但不能对抗灌婴。魏国的步兵指挥官是谁？"郦食其回答："项它。"刘邦说："对付不了曹参，我没什么可以担心的了。"

这段对话见于《汉书》，不知道《史记》为何漏记了。这段话是最体现刘邦老板风范的一段话了。刘邦对平魏战役是非常重视、密切关注的，体现在他不厌其烦地向郦食其询问魏国的情况。但刘邦又不会管得太多，他不会去教导韩信怎么排兵布阵。他只做老板该做得事情，把握一下大方向，给项目经理（韩信）配备足够的物力人力，让项目经理自己动脑去打。所以刘邦的手下总能充分发挥出自己的特长来，这也是未来韩信说刘邦"善将将"的理由。刘邦的管理可谓松弛有度。管得太松的类型就是不闻不问，手下把公司都掏空了他都不知道。管得太紧的比如诸葛亮，什么都要管，打仗的时候给将领三个锦囊，到了指定地点依次拆开，将领都被管死了，不需要思考，只要做执行的机器就行了。谁说当大老板不需要素质？刘邦的境界、眼光、判断力都是一流的。

随着平魏战役的展开，韩信终于开始独立带兵打仗，一颗璀璨的将星即将冉冉升起。韩信将以他卓越的军事才华在中国历史的舞台上展现他的身姿，用他辉煌的军事胜利让历史铭记住这位传奇的军事怪才，他是"兵家之仙"。

悲苦少年韩信

让我们把目光徐徐回到 20 年前的淮阴（今江苏淮安市），韩信的家乡。由于史书记载不详，我们无法确知韩信小时候是什么样，只能从有限的记载中推断出他的一些故事来。

韩信应该是出生在一个破落的贵族家庭，到他父亲的时候已经衰败，韩信还很小的时候就听过他父亲的教导："我们家祖上阔着呢。"然后开始滔滔不绝地讲着一种韩信见所未见的生活，因而在韩信童年时期的内心就植入一颗进入贵族生活圈梦想的萌芽，这种强烈的憧憬伴随他始终。韩信喜欢读书，把家里那些祖上遗留下来的兵法书读得滚瓜烂熟，他认为这个能使他到达梦想的彼岸。

韩信还没来得及长大，他父亲就在贫苦交集中死去。家庭支柱轰然倒塌，母亲苦苦支撑这个家庭，很快也心力交瘁累死了。这时候的小韩信应该只有 10 岁左右，懂点事情但还不能自立。出于对进入上流社会有种近乎病态式的执著，韩信不惜一切按照学术专著（算命术）的指导将母亲安葬在一个所谓的风水宝地。街坊邻居们看到十岁小孩（韩信）父母双亡，无人照顾，自然萌生同情，经常给他饭吃接济他。由于太早失去父爱母爱，韩信失去了家庭温暖。同很多问题少年一样，漂泊、浪荡的寄生生活更使得他心灵极度扭曲，变得乖张难驯。

时光荏苒，小韩信也渐渐长大，他需要自食其力了，但是他却有一种贵族式的自傲，这让他很难和人相处。工作没着落，很穷又不能当官吏（秦汉时期是有类似规定的，家产不到一定程度不能当官，防止官员因为穷疯了去贪污）。不懂得感恩的韩信长期这么混吃下去，已经和街坊邻居一户户都闹僵了，邻居们都非常厌恶他，开始有意无意抵制他来蹭饭。但吃惯了百家饭的他觉得这是理所当然的，对这些曾在他困难时候接济、帮助他的邻居们产生了强烈的不满，这使得他更加孤立。

可能南昌亭长素质高点，韩信此时和他还没闹翻，就跑去他家白吃白喝，南昌亭长作为村干部，有钱，伙食好，又是有素质的人，不方便开口说："小韩啊，你看我家经济也很一般，你不如到另外一家去吃，下个月再过来，好不？"韩信在他家一连吃了好几个月。亭长夫人可不干了，她早上提早就把饭做好，然后赶快吃掉，等韩信来了只有空锅了。亭长夫人以此向韩信吃白食发出无声抗议。韩信是个聪明人，马上就明白了他们的意思，愤而离开了。但是性情乖张的韩信已经把各家都得罪了，和南昌亭长闹翻后的他真的走投无路了。此时的他居然想到去河边钓鱼，这是他唯一自食其力的记载，结果却不怎么成功，当场饿晕在河边。

但是幸运之神眷顾了他。当时有一群老大妈在河边漂洗衣服，应该是佣工一类的人。其中有一位老大妈看到韩信这么可怜，就把自己的饭分来给他吃。一连几十天，韩信度过了这段难熬的时光。韩信感激涕零，对她说："我将来一定重重酬谢您。"大妈非常生气："你这么大的人了还不能养活自己，我是可怜你才给你吃的，哪里指望你回报我。"

漂母几十天的馈赠让他感激涕零，却没考虑南昌亭长一样不求回报给他好吃好喝几个月。只因已经习惯这种生活的他把这当成是理所当然的，他不仅不感激，反而因为起了冲突而记恨人家。日后韩信衣锦还乡，拿一百块伙食费给南昌亭长，嘲笑他好人没做到底。

淮阴街头有个混混要寻韩信开心，说："别看你长得高高大大的，还带着宝剑晃悠，其实是个胆小鬼。"当众羞辱他："来，你要不怕死就用宝剑刺我，要是怕死，就从我胯下钻过去。"韩信盯着他看了很久，真的趴下去从"古惑仔"的胯下钻过去。整个街市的人都哄笑起来，说他是胆小鬼。

这里是自己的家乡啊！周围的街坊邻居都认识，又是吃百家饭长大的，混混要当众羞辱他，大家却选择了冷眼旁观看他笑话。如果他为人好点，相信会有张家大爷、王家大婶出来拉一把，把这些闹事的混混轰走，也不至于要受胯下之辱。可是我们没有看到。

至于韩信日后夸他是"壮士"，笔者更是呲之以鼻。这种人其实是欺软怕硬的流氓，碰到比他弱的流浪汉（韩信）就去欺负，碰到比他强的估计逃得比兔子还快，哪里配得上"壮士"的称号？不过韩信用这种近乎怪诞的处理办法倒是解决了自己的尴尬。

韩信后来提拔这个混混当中尉（首都警备司令），韩信这么做是恩怨不明的。南昌亭长是真正对他好过的人，他不仅没有任何感恩反而对其尖酸挖苦。小混混是伤害他、侮辱他的人，他却给予了奖赏。有人夸韩信这么做是懂得玩弄手腕收买人心，这说的不是人话。做人恩是恩、怨是怨，要明了，这是做人最起码的原则。连孔子都反对"以德报怨"。一个人如果没有恩怨的原则，甚至混淆了恩怨人情，必定会受到社会无情的嘲弄。韩信在人生起步阶段的磕磕碰碰可以作为一个明证。

当然，假如韩信能在恩怨明了的基础上，宽恕小混混，还能重谢南昌亭长，说明他不但有做人的"原则"，还有做人的"气量"。这样韩信的成就一定会更高。

伯乐与千里马

项梁起兵后，他的部队路过淮阴招兵买马，韩信就带剑参加了队伍，开始了他对理想的追逐。

在项梁时期，韩信虽然满怀理想，却一直无所成就。到了项梁兵败，韩信又归属项羽，项羽让他担任自己的警卫员，也相当于储备干部，韩信得以有机会向项羽提出一些建议，但没有被项羽采纳。项羽自身也是不世的军事天才，他的决策和判断力都非常优秀，自然不需要旁人的建议。

韩信大概觉得很憋屈，感到自己不受重用，在鸿门分封结束后，他负气出走转投刘邦，但也只混了个连敖（具体官职不详）的小官，还因为犯错险些被处斩。幸而被夏侯婴发现后救下，推荐升官当了后勤处长，算是因祸得福。

发展的平台给了韩信，但他依然没做出什么成绩，唯一的收获是得以和他命里的贵人萧何有了工作交流，并得到了萧何的赏识。焦躁的韩信却没等萧何给消息就再次负气出走，逼得"萧何月下追韩信"，这才开始迎来他人生的春天。

在"萧何月下追韩信"之前，韩信的人生一直是在磕磕碰碰中度过的，短时间的逆境可以用"时运未到"来解释，长时间的不顺利恐怕更应该从自身找问题吧。其实韩信这种人成功的可能性是近乎为零的。因为韩信"不会做人"。所谓的"会做人"不是现在社会教人"八面玲珑，做老好人"的世俗哲学，而是指会体贴人、会关心人、会理解人等这些做人最起码的道理。韩信的性格是极其乖张的，乖张到让你简直不能想象。

韩信当楚王的时候，有人告发韩信谋反，举报信递到刘邦手里，刘邦就问群臣："大家怎么看？"将领们激情飞扬："发兵，活埋了韩信那小子。"韩信长期担任汉军北方集团军的总司令，很多将领都在他手下干过，现在有人诬告老首长（韩信）要谋反，老部下们第一个反应居然不是帮老首长辩解，而是异口同声要干掉他。可见韩信的人际关系有多差！

韩信被刘邦诱捕后软禁在长安，他嫌弃和周勃、灌婴等人同列。有一次去樊哙家做客，樊哙人心眼很实，对韩信的本事那是打心眼佩服，又是跪又是拜，并很客气地说："大王您居然光临寒舍。"对于已经被贬为淮阴侯的韩信来说，那是非常给面子的，常人应该非常受用才对。韩信却酸溜溜地回了句："我这辈子竟然和樊哙这般人为伍了。"

"做事先做人。"韩信的性格太乖张了，不会和人相处，无论做什么事情都得不到同事的帮助和支持，缺少帮助的他注定在事业上会一再碰壁。他前半生的颠沛流离、无所成就不是因为他太聪明，而是因为他太不合群了。

不能说项羽没注意到他，项羽是有意提拔他当储备干部，可是他生性高傲，还没有所表现，领导（项羽）对他的水平和能力还没认识到位就跑了。投奔汉国后，韩信一样浮躁不安，什么业绩也没做出来就又负气出走了。

幸亏韩信遇到了知己萧何，他才得以超常规的 N 次方的速度提拔当大将军。韩信的案例大概是天下苦难"穷屌丝"的迷梦，幻想着不必努力就能飞上天去，这不是一种正确的升迁途径，是无法复制的案例。两千年来仅此一例。韩信是个怪才，他一无是处，只有军事指挥能力上是个罕见的奇才。如果用木桶效应来解释，韩信这只木桶只有军事这块板是超长，其他板全都是坏的，所以容量很小，无所成就。

刘邦作为优秀老板的才能在这里体现出来了，为了补足韩信的短板，他将曹参配备给韩信。司马迁认为曹参能建立那么大的野战之功是因为他"以与淮阴侯俱"，实则不尽然。曹参在划归韩信指挥之前就已经屡立战功了，他是有独立作战能力的优秀将领，只是他的军事谋略是远远不如怪才韩信。

曹参搭档韩信的最大作用其实不是监视韩信，而是把韩信的短板补齐。曹参打仗勇猛果敢，到楚汉战争结束后他身上累计战伤七十处，是丰沛系仅次于萧何的第二号人物，深受将领们敬畏和爱戴。在丰沛系把持的军界，如果连他都服从韩信的指挥，其他人有资格不服从吗？如果缺少曹参，和军官们关系紧张的韩信是绝对指挥不好军队的。韩信取得那么多的胜利是离不开曹参的默默支持的。当然，反而言之，如果缺少了韩信，以曹参的指挥能力也不可能赢得那么辉煌的胜利。

当韩曹两人密切配合、优势互补的时候，立刻发挥出惊人的效能来。这是韩信的成功，也是曹参的成功，然而归根结底，还是刘邦的成功。韩信的完美使用是刘邦一生最大的业绩，善于用人是刘邦最大的优点。"韩信"每个年代都会有，真正能用好"韩信"的人没有几个。 这是刘邦最让我们佩服的地方。韩信最后的成功不是证明"金子总会闪光"，而是证明"世界上没有垃圾，垃圾是放错地方的资源"。

兵仙出击

声东击西

韩信即将开始他辉煌的军事生涯，他独立指挥的对敌第一战就是灭魏之战。

韩信对于军事情报工作是非常重视的。当郦食其谈判失败回来的时候，韩信先拦住郦食其，惴惴不安地问："魏国没有用周叔做大将吧？"郦食其回答："是柏直。"韩信一听就精神了："是这小子。"魏国也很奇怪，军事机密满大街都知道，连敌方派来的谈判组都能轻易掌握。

魏军企图在蒲坂津阻挡汉军。韩信将计就计，故设疑兵，在蒲坂津准备了大量的战船，假装要在这里渡河，而部队主力却使用木质瓦罐状的容器作为简单的浮力器材，从距离蒲坂上游约六七十公里的夏阳渡口泅水隐秘渡河，偷袭安邑。

魏王豹发现汉军从天而降，大吃一惊，慌忙迎战，可惜已经太迟了。失去黄河天堑的阻挡，双方的实力差距很快就体现出来。汉军在曹参的统领下连克东张、安邑（今山西夏县）、曲阳、武垣等地，在武垣俘虏了西魏王豹，结束了西魏国战役。战役九月份开始，九月份结束，总用时不到一个月。

汉军占领了西魏国的全部土地，并设置了河东郡和上党郡。魏王豹及其家属全部成了俘虏，包括那个能生天子的薄姬。薄姬后来给刘邦生了个儿子刘恒，就是后来的汉文帝。魏豹被押送荥阳，刘邦让他在军中效力。

汉军消灭了魏王豹的魏政权，完成了战役任务。此时，荥阳战事吃紧，刘邦就抽走韩信的精锐部队，开往荥阳去抵御楚军。但是韩信如果不表现一下，怎么体现他自身的价值？韩信主动要求带领剩下的数万军队进攻代国和赵国。刘邦就派张耳和韩信一起，带领部队进攻代国、赵国。

汉二年闰九月，韩信打垮了代国军队，在阏与（今山西和顺）生擒了代相国夏说，攻占了代国。至此，黄河以北太行山以西的区域属于汉国。

背水一战

攻打完代国，韩信又开始筹划进攻太行山以东的赵国。之前刘邦命令韩信攻打魏国，由于部队都是精兵，战役当然容易。代国是小国，韩信攻打它还算轻松，但赵国比起西魏、代国实力高了好几个层次。此时汉军精锐已被刘邦调走，韩信手上只有训练不足的三万人马，攻打实力雄厚的赵国是一道大难题。但是，韩信之所以被后世称为"兵仙"，就是他善于创造奇迹。项羽在彭城演绎了一场神话，韩信很快也要在井陉演出一场属于他的神话。

赵王赵歇和赵相成安君陈馀得到汉军来袭的消息，就在井陉口集结了部队，号称二十万大军。按照中国吹牛皮的古典习惯，二十万大军实际兵力大约十万左右。不过赵军总兵力依然是韩信的三倍以上，而且多是精锐。韩信取胜的可能性非常低。

广武君李左车向陈馀提出建议认为，汉将韩信连续击败魏国和代国，兵锋甚锐，现在和他硬拼占不到便宜。井陉是一条非常狭长的通道，等韩信进入山谷，陈馀封住井陉出口，自己（李左车）带三万人绕道到后方，把后退的道路也封住，用不了十天，韩信和张耳就会被消灭。最后李左车还恐吓了陈馀，说如果不按这个计策一定会失败。史书说由于陈馀信奉儒家学说，经常宣称正义的军队不用欺骗诡计，认为韩信是强弩之末，如果这种兵力都害怕以后还怎么在江湖上混？坚决不接受李左车的意见。

韩信再次显示了他对情报工作的重视，先派人暗中打探，了解到陈馀没有采纳广武君的计谋，大喜，才领兵进入井陉狭道。离井陉口还有三十里，停下来宿营。半夜传令出发，他挑选了两千名轻装骑兵，每人拿一面红旗，从隐蔽小道上山，在山上隐蔽监视赵军。韩信下达的战斗任务是："交战时，赵军见我军败逃，一定会倾巢出动追赶我军，你们火速冲进赵军的营垒，拔掉赵军的旗帜，竖起汉军的红旗。"又让副将传达开饭的命令，说："今天打垮赵军后正式会餐。"将领们将信将疑地回答道："好。"韩信对手下军官说："赵军已先占据了有利地形筑造了营垒，他们看不到我们大将旗帜、仪仗，就不肯攻击我军的先头部队，怕我们到了险要的地方又退回去。"意思就是他要亲自上。

汉三年十月，韩信和张耳率领三万人马突破井陉口，攻击赵国。韩信派出万人为先头部队出井陉口，违反兵法作战条例，背靠河水摆开战斗队列。赵军远远望见，看到汉军指挥官如此"无能"，纷纷大笑不已，内心都有点轻视汉军了。

天刚蒙蒙亮，韩信设置起大将的旗帜和仪仗，大吹大擂地开出井陉口。赵军确认了韩信，就打开营垒攻击汉军，激战了很长时间。这时，韩信、张耳假装败退，抛旗弃鼓逃回河边阵地，河边阵地的部队打开阵型放他们进去，然后再和赵军激战。战斗打得非常激烈，赵军迟迟不能取胜，陈馀感到非常焦急，下令赵军倾巢出动，务求一战而胜。韩信、张耳的部队被挤压到了河边，眼看就要被压入河中淹死，全军将士只好回头殊死奋战，拥有数量和质量优势的赵军竟然一时无法把他们打败。

韩信预先派出去的两千轻骑兵，看到赵军倾巢出动，就火速冲进赵军空虚的营垒，把赵军的旗帜全部拔掉，竖立起汉军的两千面红旗。这时，苦战一日的赵军也已经打得精疲力尽，只能悻悻的收兵回营，准备明日再战。回去的时候却看到营地已经插满了汉军的红旗，赵军士兵大为震惊，以为汉军已经增派了援兵，就要夹击疲惫的赵军了，士兵们的心理顿时崩溃，军心大乱，纷纷落荒逃跑，赵军军官靠诛杀逃兵也控制不住军队。汉军乘机前后夹击，彻底摧垮了赵军，俘虏了大批人马，在泜水岸边斩杀了陈馀。

战斗胜利后，汉军众将献上首级和俘虏，向韩信祝贺，趁机问韩信："兵法上说：'行军布阵应该右边和背后靠山，前边和左边临水'。这次将军反而令我们背水列阵，说'打垮了赵军正式会餐'，我等并不信服，然而竟真取得了胜利，这是什么战术啊？"韩信回答说："这也在兵法上，只是诸位没留心罢了。兵法上不是说'陷之死地而后生，置之亡地而后存'吗？我军的将士没有得到足够的训练，这就是所说的'驱赶着街市上的百姓去打仗'，在这种形势下不把将士们置之死地，使人人为保全自己而战不可；如果给他们留有生路，就都跑了，怎么还能用他们取胜呢？"将领们都佩服地说："好。将军的谋略不是我们所能赶得上的呀。"

韩信确实是了不起的军事天才，他读兵法会深入思考兵法的实质性东西，不是死读书。现在我们的成语里有句"背水一战"，就是指这个故事，韩信巧妙利用人求生的本能，激发了部队的战斗力。和项羽在巨鹿之战的"破釜沉舟"是一个道理。

回头谈一下李左车的策略，因为陈馀失败了，大家自然很惋惜陈馀没有采纳李左车的建议，或者嘲笑陈馀"迂腐"。笔者很不以为然，首先，陈馀在反秦战争打响以来表现一直是非常杰出的，能取得这么多成就的人绝不是"迂腐"的人。其次，陈馀的决策其实风险低收益高。李左车还是比较书生气的，他的策略风险更高。

在不知道结果的情况下，让笔者选择，笔者还是会选择陈馀的办法。李左车的策略只是因为陈馀兵败才显得看上去很美，如果按照李左车的策略，陈馀将失败的更加彻底。理由很简单，因为战争是一种动态的运动，你改变战术，敌人也会做出应对。

韩信是非常注重情报工作的，他一直在偷看陈馀出牌。如果陈馀真的接受李左车的策略，那么韩信自然就不会进入井陉，而是在太行山以东静静等待李左车，那么孤军深入的李左车除了被消灭还能怎样？对于陈馀来说，由于古代没有无线电，他无法掌握李左车的实时情况，只能在井陉口苦苦等待，一直等到确认李左车被消灭为止，结果是战争还没开打，赵军就先损失了30%的兵力。分兵历来是兵家大忌。

相比之下，陈馀的策略更为稳妥，十万大军聚集在一起，总数是汉军的三倍多，不给你各个击破的机会。按最坏打算，用两倍甚至三倍的战损比和你耗，赵军依然可以获胜。更何况赵军多是百战精锐，比起新训练不久的汉军更有战斗力。陈馀对韩信绝对没有任何蔑视和轻视。只是没想到汉军玩背水一战，战斗力暴增N倍。但陈馀也没有输，只是啃不下来而已。陈馀最大的错误是发现韩信后急于求成，将全军压上，以至于被汉军偷袭营地后士兵们惊慌失措，乃至全军溃散。赵军其实是胜算较大的一方，陈馀的布置还是具有较大合理性的。

令人惊奇的是韩信此时却显示出罕见的谦逊，对李左车好言相劝，最后收服了李左车担任他的参谋。李左车向韩信提出建议，主要的精神是指出眼下赵国的形势尚未稳定，再树敌是不明智的行为，应该采用外交手段解决燕国和齐国，避免外国介入赵国的战争。而其中燕国较为弱小，齐国较为强大，顺序是先争取燕国再争取齐国。韩信接受了他的策略。汉三年十月，韩信摧毁了实力强大的赵军主力的当月，韩信挟井陉之战的余威，将燕国拉上汉国的战车。

韩信已经取得了井陉决战的胜利，摧毁了赵军主力，使得汉军在北方的势力取得爆发性增长，为了遏制汉军过快扩张的势头，楚国方面多次派出奇兵渡过黄河攻击赵国境内目标。原为刘邦盟友的彭越也不希望汉国过分强大，默许、纵容甚至部分参与了楚军的军事行动，干扰汉军对赵国的占领和控制。

赵军主力虽然被摧毁，但赵国依然实力强大，韩信的三万兵马要控制赵国全境依然不是容易的事情。韩信需要逐城逐地地打垮赵国的抵抗力量，完成对赵国全境的征服、占领任务。期间的汉三年六月，刘邦又一次很不"道义"地抽调走韩信重新培养起来的精锐部队。直到汉四年十月，赵军主力被消灭的一年后，汉军才宣告完成平定赵国的战争。

战火烧向齐国

韩信为刘邦打下魏国、代国、赵国，拉拢燕国，使得刘邦在彭城惨败后的战略颓势一步步扭转过来，初步取得了战争中的强势地位，韩信可谓功勋卓著。韩信自己也是这么看的，认为凭自己的功勋应该封王了，可是刘邦似乎把他忘了，一直没下达封王的委任状，韩信自己又不好意思明说。

汉四年十月，完全平定赵国后，刘邦开始着手攻打齐国的准备，他悄悄增强了韩信的兵力，颍阴侯灌婴、棘蒲侯陈武、阳陵侯傅宽、蓼侯孔聚、费侯陈贺等悍将纷纷加入北方兵团的战斗序列。刘邦准备打一场大战，争取消灭齐国，一旦夺取了齐国，汉国将有压倒性优势，楚汉战争的结果就没有任何悬念。

韩信看到刘邦又要用到自己了，知道这是个讨价还价的机会，于是拐了弯把自己的话递上去。韩信自以为很聪明地打了份报告给刘邦，请求立张耳为赵王，用以镇抚赵国。张耳虽然是前任赵王（恒山王），可是无勇无谋，又是韩信的副手，按功劳排名顺序当然是要封韩信为赵王才对。所以这份报告表面上是要求封张耳，实际上却是要求封韩信自己。

这个时候，刘邦在洛阳一带被项羽打得满头包，焦头烂额的他计划向西退却，收缩防线，减轻压力。郦食其鼓动刘邦要咬牙顶住，刘邦接受了郦食其建议的同时又派郦食其出使齐国，准备拉拢齐国。

当郦食其来到齐国后，就向齐王田广分析刘邦和项羽双方的差距，鼓动齐王田广倒向刘邦。郦食其指出两人的不同。刘邦"对于投降的将领马上将这座城封赏给他，得到财物都分给这些效力的人。和所有人共享利益，这些豪英贤才都很愿意为他效力"，反观项羽却"不记得别人的功劳，天天念叨别人的过错，帮他立下战功的人得不到奖赏，攻下城池的得不到分封。只一味信任和使用他们项家的人，要封官给别人，官印拿在手上反复摩挲，磨到边角都磨圆了还舍不得给别人；攻城夺取的财物积累了一大堆却舍不得赏赐别人，所有的人都不想跟他，有才能的人内心埋怨，不肯为他效力"。

郦食其作为刘邦派出的代表，当然会夸刘邦贬低项羽，但也必须要有一定的事实基础，否则这种鼓动只能遭到嗤笑。读者也可以大体看出刘邦和项羽用人方面的差距，刘邦是不讲出身，有功即赏。项羽喜欢用项家人，对有功的人赏赐颇为吝啬，以至于人才工作的积极性都很受打击。

此外，郦食其还提到一点"蜀汉之粟方船而下"。意思是说刘邦的后勤保障非常充足。刘邦战争的底气，恐怕就源于"蜀汉之粟"。汉二年，关中发生了大饥荒，"人相食"。反倒是蜀汉地区这块刘邦当年不是很看得上的地方，在经济上一直默默支撑了刘邦的战争。

齐王田广接受了郦食其的劝说，宣布和汉国结盟，主动撤除了历下（今山东济南）大军的戒备，每天和郦食其聚会喝酒。

韩信的抉择

蒯彻挑事

在韩信磨刀霍霍向齐国的时候，郦食其传来消息，他已经成功说服了齐王田广，齐国和汉国宣布结盟，齐军已经主动解除了对汉军的警戒，为表示诚意，要求韩信立即停止进军。得到消息的韩信只好停止进军，但是一个人进来搅局打乱了这一切，这个人就是范阳辩士蒯彻。

辩士是战国时代的骄子，他们周旋于国君庙堂之上，一会儿撺掇国君干这个，一会儿撺掇国君干那个，他们的意见往往深刻影响时局的发展。战国时代结束后，这类辩士活动的空间就没有了，但并未马上灭绝。当战争爆发，天下纷扰再起的时候，就是他们大展身手的时候，蒯彻就是其中一位。

蒯彻挑唆韩信趁齐国防备松懈的时机攻打齐国，和郦食其抢功。蒯彻给韩信分析："将军你按照汉王的命令去攻打齐国，汉王却不和你商量自己又派了使者去说降齐国，有没有诏书下令将军停止进军呢？为什么要停止进军？而且郦食其这个人凭借三寸不烂之舌就说降下齐国七十几座城池，将军您带着数万大军，一年到头辛辛苦苦才拿下赵国五十几座城池，流血流汗打了几年仗的功劳还比不上一介书生吗？"

蒯彻的话在道理上是讲不通的，但是这话戳中了韩信郁闷的心，如果就此偃旗息鼓，那还要武人做什么？武人们还靠什么立军功、求封赏？以韩信为代表的武人们既然来了就是来闹事的，让他们突然急刹车，内心实在是憋屈。

至于刘邦为何不给韩信下达停止进军的诏书，这么重要的事情恐怕不能用"忘了"来解释。刘邦集结了那么多兵力给韩信，可不是来打酱油的，主要的目的是希望汉军一战而胜，彻底解决齐国问题。他很不希望让齐国继续这么首鼠两端，但出于对齐国实力的忌惮，还是接受了齐国的结盟要求，却又故意不给韩信下达停止进军的命令，应该是想留个后门，让韩信自己定。如果韩信有信心拿下齐国就开打，如果没有信心就维持现状。当然，倘若韩信进军了却打输了，那么刘邦还可以说是韩信"擅自主张"，将责任推给韩信，利用韩信的脑袋去修补同齐国的关系。

韩信或许并没有意识到自己这么做的风险，或许作为武人搏命沙场是不会考虑这么多的。于是韩信趁着齐军解除防备的时候偷袭齐国。这当然是不顾大局的自私行为，曹参、灌婴等人此时盘算自己的小九九和韩信高度一致，也在故意装傻，并积极参与到韩信的平齐战役中。

汉四年十月，韩信指挥汉军偷袭了驻扎在历下的齐军主力，猝不及防的齐军被击溃了。汉军接着快速向齐国首都临淄推进，齐王田广大惊失色，认为是郦食其出卖了他。倒霉的郦食其知道辩解是无益的，只好硬撑着，被愤怒的齐王田广扔进锅里煮死。

战潍水

韩信偷袭得手后，主力尽失的齐王田广无力抵抗。但他们积极开展了自救行动，齐国的几个重要首脑选择了分开逃散，齐王田广从临淄向东南方向逃往高密（今山东高密一带），齐将田既向东逃往胶东（今山东莱阳一带），齐相国田横向西南方向逃往博阳（今山东泰安附近），各自收罗军队，准备反攻，同时向楚国求援。

齐国历下的齐军主力虽然被击溃，但齐军并未毁灭，韩信集中精力消灭仍盘踞在这一带的齐军残部，没有贸然追击田广。曹参扫荡了齐国东部一带，灌婴则扫荡了临淄南北两面的齐军，齐将田光被俘，另一名齐将田吸被杀，齐相国田横的军队被灌婴击溃了，田横逃奔老朋友彭越。这样齐国东部的局面基本被稳定了。

这时候楚将龙且带领的楚国援军来到高密，同齐王田广会合，汉四年十一月，齐楚联军在潍水一带展开了对韩信指挥的汉军的大对决。战争要怎么打，齐楚联军内部展开了争论。

有人提出，韩信指挥的汉军远离国土，打不赢就是死，因而拼死作战，其锋芒锐不可挡。齐楚两军在本乡本土作战，士兵想家很容易逃散。最好的办法应是深沟高垒，坚守不出，同时用齐王田广的旗号去安抚已经沦陷城邑的人民，调动齐国的民族主义情绪。这些城邑的官吏和百姓知道他们的国王还在，就会纷纷起来反叛韩信的军管，到时候汉军客居两千里之外，势必得不到粮食，就可以不战而胜。

这个战略当然非常稳妥，也就是后世所谓的"人民战争"，如果齐楚联军真的这么做，估计韩信会很头疼。但是，楚军主将龙且不同意这个意见。龙且说："我生平知道韩信的为人，容易对付得很。而且来救援齐国不打仗就赢了，我还有什么功劳啊？现在打赢了他，'齐之半可得'，为什么不进攻?!"龙且说这话似乎有点轻视韩信。要知道在过去一年多的时间里，韩信转战千里，攻无不克，战无不胜，井陉之战以少胜多更是成为军事史上的经典。龙且居然还瞧不起韩信，未免也太狂妄自大了。

但如果细细推敲，龙且说这话恐怕也有不得已的苦衷。对龙且而言，他此行不是来当活雷锋的，而是准备和汉国争夺齐国这块肥肉的。楚军准备和汉军打的是日俄战争模式，对齐国人民而言，汉军是敌人，楚军一样是敌人，输赢都不是齐王田广的福气。因而楚军不能容忍齐国民族独立力量兴起，只得自行将韩信击退。龙且要依托楚军自身的力量击退韩信，吞并齐国的土地。

因此龙且只能否决了"人民战争"这条稳妥的策略，选择了单纯依靠楚军力量求速战决胜这条不归路。齐军主力已经溃散，齐王田广和韩信对抗的底气来自于龙且带来的十万楚军，既然龙且这么说了，田广等人只能祈祷决战的时候楚军可以发挥超常战斗力，击退汉军。

于是齐楚联军和韩信指挥的汉军在潍水边展开了决战，韩信下令连夜赶做一万多口袋，装满沙土，偷偷堵住潍水上游。双方隔着潍水摆开阵势，韩信带领一半军队渡过河去，进攻龙且，交战之后假装败退。龙且果然上当，很高兴地说："本来我就知道韩信胆小害怕。"于是就渡过潍水追赶韩信。就在这时，韩信下令挖开堵塞潍水的沙袋，河水汹涌而来，立即将楚军分割成两块。韩信立即回师猛烈反击，此时龙且的军队一多半还没渡过河去，已经过河的龙且势单力薄，当场被杀。在潍水东岸的楚军部队无法渡河，眼睁睁地看着主将被杀，军心大乱，于是四散逃跑，齐王田广也逃跑了。韩信追赶败兵直到城阳，把田广和楚军士兵全部俘虏了。

汉四年十一月的潍水之战，韩信打垮了齐楚联军主力。潍水之战的结果对项羽来说是致命的，楚国失去了齐国这个强力盟友，失去了龙且指挥的十万精锐。楚汉双方力量的差距越来越大，现在汉国只要再用力压一压，楚国就要陷入灭顶之灾。

韩信封王

韩信取得了潍水之战的胜利，但是齐国作为大国，并未灭亡。潍水之战结束后，韩信依然花了半年以上的时间用于平定齐国的叛乱，迟迟不能腾出手去打击项羽的后方。

如此看来，之前项羽无法快速平定齐国也就不值得嘲笑了，齐国、赵国作为大国，民族主义情绪高涨，汉国或楚国要征服他们还是要花不少功夫的。韩信平定赵国、齐国功劳不小，但是，这其中还应该有刘邦的一半功劳，正是由于刘邦对项羽的牵制，创造了良好的外部环境，才保证了韩信有精力慢慢去征服赵国（前后花了一年时间）和齐国（前后花了半年时间）。

同月（汉四年十一月），刘邦针对韩信要求封张耳为赵王报告的批复到达北方集团军司令部，韩信满心欢喜地打开诏书，差点没昏过去。刘邦骑驴下坡，真的封张耳为赵王，韩信从汉左丞相转正为汉相国，成为汉王国"最大"的官。韩信心里应该就想到两个字："流氓！"他仿佛看到刘邦在嗤嗤地笑："和朕玩这个，你还嫩了点。"韩信被刘邦算计了一把，内心非常郁闷，无奈生米已经做出熟饭，只能接受成为汉国"最大的官"这个哭笑不得的结果。

韩信纵横千里，横扫西魏、代、赵、齐四国，诱降燕国，将汉国的战略颓势扭转了过来，功勋卓著，封王本来就是应该的。郁闷中的他决定不玩这么隐晦的，他给刘邦再打了份报告："齐国狡诈多变，反复无常，南面的边境与楚国交界，不设立一个暂时代理的王来镇抚，局势一定不能稳定。为有利于稳定当前的局势，希望允许我暂时代理齐王。"总之，韩信来硬的了，直接向刘邦伸手要求封王，虽然还是有一点点遮遮掩掩、扭扭捏捏。

报告打到刘邦的大营，此时的刘邦还和项羽在广武山对峙，打得非常艰苦。收到韩信的这份请示，刘邦当场就怒了："吾困于此，旦暮望若来佐我，乃欲自立为王！"张良、陈平两人急了，猛踩了刘邦一脚，低头和刘邦说："我们现在形势很艰难，就算韩信想背叛，你拿他有办法吗？不如顺势封他为齐王，让他继续效力，不然难保他会变心。"刘邦才领悟过来，顺势接着骂："男子汉大丈夫，平定了诸侯就该当真齐王，当假齐王有意思吗？"

刘邦的这个表演很连贯，将他的不满藏了下去。然后刘邦就派张良前往齐国，宣布任命韩信为齐王，勉励韩信再接再厉，继续为刘邦效力。

汉四年二月，韩信被刘邦正式立为齐王。刘邦当初没舍得给韩信一个赵王，现在连齐王都被迫贴出来，真是偷鸡不成蚀把米。

刘邦取得胜利

此时的韩信已然成为项羽、刘邦外的第三大势力了，他的决定将直接影响到战争的进程。高傲的项羽终于害怕了，他决定通过和谈的手段去争取这位昔日的警卫员。

项羽派盱眙人武涉前往规劝齐王韩信。武涉的原话比较乱，整理起来就是对韩信说："第一，刘邦不满足于当汉中王，悍然挑起楚汉战争，他是个贪婪无底线的人。第二，刘邦这个人不讲信用，项羽放他一马他居然反咬一口。你不要寄幻想于同刘邦和平共处下去，你现在可以和刘邦相处下去，是因为他现在需要用到你去打项羽，一旦项羽覆灭，下一个就是你。当前刘、项争夺天下到了关键时期，你往哪边倒哪边就会赢，你不如抓住这个时机，自立门户，在楚汉间寻求平衡，和项羽、刘邦一起三人共分天下。错过这个时机，你就只能跟着刘邦继续攻打项羽。相信你很聪明。"

韩信辞谢说："我侍奉项王，官位不过郎中，职位不过是个持戟的卫士，言不听，计不用，所以我背楚归汉。汉王授予我上将军的印信，给我几万人马，'解衣衣我，推食食我'，言听计用，所以我才能够到今天这个样子。人家对我亲近、信赖，我背叛他不吉祥，即使到死也不变心。希望您替我辞谢项王的盛情！"

武涉无功而返。武涉的话其实还是比较到位的，但他是项羽派出的人，他的动机不言而明，很难让韩信完全信任。但是另一个人却不安分，那就是蒯彻。武涉走后，辩士蒯彻开始挑事，挑唆韩信自立门户。

蒯彻没有直接说，先告诉韩信，说："我曾经学过看相技艺。"韩信就很好奇，说："好，先生看看我的相怎么样？"蒯彻让韩信把身边的人屏蔽，单独和韩信谈。蒯彻说："看您的面相，只不过封侯，而且还有危险，不安全。看您的背相，显贵而不可言。"韩信说："这话是什么意思？"

这时，铺垫完成，蒯彻开始滔滔不绝地给韩信分析形势："秦末以来，豪杰纷起，战争不断，天下无辜的百姓肝胆涂地，父子的尸骨暴露在荒郊野外，战争已经打得太惨烈了。楚军打赢了彭城之战，却在京索一带被汉军止住，到现在已经三年了。汉王统领几十万人马在巩县、洛阳一带抗拒楚军，凭借着山河的险要，虽然一日数战，却无尺寸之功。战争双方已经打得精疲力尽了，需要一个圣贤人物来平息这场天下的祸乱。现在你帮谁谁就赢，但是我的看法是不如让楚、汉双方都不受损害，同时存在下去，你和他们三分天下，鼎足而立。再以齐国强大的经济军事实力为后盾，依托武力迫使他们屈服，下一步不断蚕食他们，建立一些诸侯国去牵制他们，最后成为天下的领导人。我听说：'苍天赐予的好处不接受反而会受到惩罚；时机到了不采取行动，反而要遭祸殃。'希望您仔细考虑这件事。"

韩信有点犹豫，说："汉王给我的待遇很优厚，他的车子给我坐，他的衣裳给我穿，他的食物给我吃。我听说，坐人家车子的人，要分担人家的祸患；穿人家衣裳的人，心里要想着人家的忧患；吃人家食物的人，要为人家的事业效死，我怎么能够图谋私利而背信弃义呢？"

蒯彻说："你不要以为现在和刘邦好，将来也可以和刘邦好。张耳和陈馀两个当初可是好的不得了，相约为'刎颈之交'，到后来一闹翻，就恨不得要拿下对方的脑袋。大夫文种、范蠡在最困难的时候辅佐越王勾践，到了事业成功后，文种就被迫自杀。感情这东西靠不住的。您现在立下的功劳已经是大到没法封赏了，计谋和能力也已经被证明是世间少有的杰出，现在你归附楚国，楚国人不敢信任；归附汉国，汉国人震惊恐惧，身处臣子地位而有着使国君感到威胁的震动，名望高于天下所有人，我私下为您感到担忧。"

韩信说："先生暂且说到这儿吧！让我考虑考虑。"

此后过了数日，蒯彻又去催促韩信机会难得，要他当机立断，时机丢掉了就不会再来。韩信犹豫不决，不忍心背叛汉王，又自认为功勋卓著，汉王终究不会夺去自己的齐国，于是谢绝了蒯彻。蒯彻见自己的规劝没有被采纳，只好假装疯癫跑了。对韩信的争夺，还是刘邦取得了胜利。

刘邦"解衣衣我，推食食我"让韩信非常感动。无法否认，在韩信的争夺战中，刘邦的这个小动作发挥了重大作用。"厚黑"学者欣喜地以为这是刘邦"厚黑"的证据，认定刘邦是"装"出来的，目的是为了收韩信的心。他们据此得出一个结论：只要你"装"出"解衣衣我，推食食我"，就可以将下属骗得团团转，让下属肝脑涂地。

刘邦此举收韩信的心是肯定的，但说刘邦此举是"装"，恐怕在社会上混五年以上的人都不会这么认为。实际上人做事是很讲真感情的，"解衣衣我，推食食我"必须建立在一种真挚情感上，否则马上穿帮。台湾著名管理学教授曾仕强就指出，你关心下属必须诚心诚意，不能有歪门邪念，一旦有歪门邪念，很容易被下属看穿，结果只能适得其反。

11
和平阴霾

垓下决胜

鸿沟议和

汉四年的五六月间，项羽和刘邦也在广武山一带对峙了半年多，双方都打得精疲力尽，经济濒于崩溃，都渴望早日结束战争。而项羽的局面尤其糟糕，因为韩信通过半年时间已经基本平定了齐国，从后方包抄了过来，向项羽的后方发动了疯狂进攻。

韩信派遣灌婴率军去鲁北攻打楚将公杲的军队，获得全胜。灌婴挥师南下，打败了薛郡郡守所率领的军队，亲自俘虏骑将一人。接着又进攻傅阳（今山东枣庄市南），进军到达下相东南的僮城（今江苏省睢宁县西南）、取虑（今江苏省睢宁县西南）和徐城（今江苏泗洪县）一带。渡过淮河，蹂躏了淮河以南的城邑，兵锋直到长江边的广陵。灌婴的部队像一把尖刀一样在西楚国的腹地开膛破肚。

项羽此时蹲在广武山和刘邦对峙，抽不开身的他派出项声、薛公和郯公去收复这些地区。由于灌婴是骚扰性质的进攻，并没有驻兵占领这些地区，因而项声等人又重新收复了淮北一带。但是，灌婴蹂躏了楚国淮南一带的领土后，很快又重新渡过淮河北上，在下邳击败了项声、郯公，斩杀了楚将薛公，并再次攻占了下邳。

项羽在长江以北的领土几乎被韩信翻了个底朝天，他唯一可以倚望的是他的侄儿（从兄子）项它。项它重兵屯驻彭城，依托彭城坚固的城防苦苦支撑着。由于彭城这个战略要地依然在西楚手上，韩信难以完全征服这一带领土，只要汉军前脚一走，楚军基本后脚还能收复。就这样楚汉双方又耗了两个多月，到了汉四年八月，双方都接近极限了。史书上记载："楚汉久相持未决，丁壮苦军旅，老弱罢转饟。"刘邦派出陆贾向项羽传递求和的要求，要求归还他的家人，遭到项羽的拒绝。

刘邦在辖区内初次加征"算赋"，这是一种人头税，显出汉方经济上的窘迫。为了挽救日益衰落的士气，刘邦还下令为阵亡将士制作衣衾棺木，将尸体运回家乡安葬。项羽方面的情况缺失记载，但料想情况只会更加糟糕。

对刘邦而言有个小小的好消息，那就是燕王臧荼雪中送炭，增派了骑兵来支援他。燕王臧荼是颇有眼光的国王，楚汉争霸期间他没有消极等待，更没有首鼠两端。在韩信打败陈馀，汉国形势大为好转时，他果断出手，坚决倒向刘邦。早在十个月前，刘邦进攻曹咎的成皋争夺战中，燕军也积极参与了。

也是在这段时间，韩信包围了彭城。为了尽快解决战争，汉国方面以封侯作为条件要求楚军守将项它向汉军投诚，自知无法坚守的项它正式向汉军投诚。汉帝国建国后项它被刘邦封为平皋侯，五百八十户。彭城的失陷意味着楚国江北的门户大开，只要韩信大军南下，项羽江北的所有城池都保不住了。项羽依托西楚国本土负隅顽抗的可能性已经彻底破灭了。

前次陆贾求和无果，刘邦又派侯公去劝说项羽。侯公大概比较圆滑，说了不少好听话，给了项羽台阶下，项羽终于决心跟刘邦定约。汉四年九月，刘邦和项羽正式签订合约，平分天下，鸿沟以西的地方划归汉，鸿沟以东的地方划归楚。刘邦派好朋友周緤作为人质，代替刘邦的家属，项羽立即释放了刘邦的家属。签订条约后，项羽再释放周緤。

楚、汉双方的官兵都呼喊万岁，大概双方官兵们都认为，和平就要到来，他们很快就可以回家同家人团聚，恢复和平的田园生活了，他们对新生活充满了期待。刘邦封侯公为平国君，却不肯再跟他见面，说："这个人是天下的善辩之士，他待在哪国，就会使哪国倾覆，所以给他个称号叫平国君。"

毁约

史书上说，条约签订后项羽就带兵"东归"，但从地图上看，这个说法是不正确的，准确的说法应该是项羽南下。鸿沟议和约定的"鸿沟中分"的客观条件其实是不存在的，因为彭城已经失陷，项羽在长江以北的领土实际上已经落入汉国手里，汉国不可能再吐出来。鸿沟只是一种形式大于实质上的分界，双方应该是以实际控制区为边界。项羽南下也说明他也默认了这个既成事实，否则他应该东归重夺彭城（彭城在鸿沟以东，法理上项羽完全可以向汉国索要）。此时的项羽应该已经心灰意冷了，条约签订后的他能做的只能是南下，依托目前实际控制的江淮一带，在淮河以南建立一个新的楚国。他将不再是号令天下的西楚霸王，只能是众多诸侯王中的一个。

刘邦大概认为项羽认栽服软，战争胜负已分，也打算撤兵西归。这时候张良、陈平却拉着刘邦，劝他说："汉已占有天下大半的土地，诸侯们又都归附于汉。而楚军已兵疲粮尽，这正是上天亡楚之时，不如索性趁此机会把它消灭。如果现在放走项羽而不打他，这就是所谓的'养虎自遗患'。"

刘邦听从了他们的建议，不顾条约墨迹未干，悍然撕毁条约。刘邦以樊哙为先锋，亲率主力追击项羽。到阳夏南，先锋樊哙追上了楚军的后防部队并打垮了这支部队，俘虏了楚将周将军和四千名士兵。

项羽苦不堪言，但限于实力，他只能忍气吞声，继续南逃。刘邦定好会合日期，指示韩信、彭越派兵共同攻打楚军。彭越在这个空当，攻克昌邑周边二十余城，他给刘邦捎句话："魏地刚刚占领，人心还不稳定，依然害怕楚军，你那我就去不了了。"韩信占领彭城以后继续向周边扩大占领范围，但也在观望，拒绝前往会合。

汉五年冬十月，汉军追击楚军到陈县以东，这里有很多垓（小山岗），它的另一个名字就叫垓下。韩信、彭越的部队没有按期赶来会合。已经退无可退的项羽回头反击汉军，再次把汉军打得大败。刘邦被迫后撤，在垓下以北约 20 公里的固陵（今河南太康南）建立营垒，掘深壕沟坚守。

刘邦和项羽就这样对峙着。项羽为何不再继续南逃呢？因为项羽已经逃无可逃了，陈县是非常重要的战略要地，只有守住陈县，陈县往南的领土才能保住。就类似堵住强盗要堵住门口一样，如果让强盗冲进屋去了，再堵截就要花上更大力气。同时陈县旁的颍水连接长江，项羽安排周殷兵团镇守九江郡，粮食可以从江东四郡运来，在九江郡转运，沿着颍水输送垓下。项羽的军需保证能供应得上。总之，项羽已经不能再跑了，陈县就是西楚军为保卫西楚国必须流尽最后一滴血的地方。

垓下血战

眼看凭自己的力量无法战胜项羽。刘邦再次请教他的高参张良："诸侯不按约定过来，怎么办？"张良回答说："楚军快被打垮了，韩信和彭越还没有得到分封的地盘，所以，他们不来是很自然的。君王如果能和他们共分天下，就可以让他们立刻前来。如果不能，形势就难以预料了。君王如果把从陈县以东到海滨一带的地方都给韩信，把睢阳以北到谷城（今山东平阴县南）的地方给彭越，使他们各自为自己而战，楚军就容易打败了。"刘邦说："好。"于是派出使者告诉韩信、彭越说："你们跟汉王合力击楚，打败楚军之后，从陈县往东至海滨一带的地方给齐王（韩信），睢阳以北至谷城的地方给彭相国。"使者到达之后，韩信、彭越都说："我们现在就带兵出发。"

这种描述方法给我们造成彭越和韩信的领土相差不大的一种印象，事实上查阅一下地图会发现，彭越和韩信的领土差距非常大。从睢阳以北至谷城给彭越，实际只有东郡再加半个砀郡，这也可能是彭越对刘邦比较恭谨的一个原因。

而韩信加封的概念则完全不一样，从陈县往东至海滨实际上包含半个陈郡和泗水郡、东海郡、故鄣郡、会稽郡，加上齐国五郡（济北、齐、胶东、薛、琅琊），有九郡半的土地，成为仅次于刘邦的第二大势力，比鸿门分封后项羽的土地还大，几乎再造了一个项羽。大家说，战争后刘邦会不会心里直发毛？刘邦内心中估计也是一百个不愿意，不过眼下这关如果过不了，还谈什么未来？只能走一步算一步，用厚赏稳住齐王韩信。

得到刘邦的承诺后，彭越由北向南赶来，而且还带来了缴获的十余万斛粮食。这对于经济吃紧的刘邦来说无疑是雪中送炭。彭越的部队和刘邦会师，从西面和北面围住项羽。

韩信让曹参镇守齐国，继续镇压国境内的反抗，亲帅三十万主力南下，以灌婴为先锋，开始逼近垓下。灌婴部队本来就在彭城，于是一路向东，连克留、沛、萧、相、鄼，又攻克苦、谯等地。就这样，韩信军就从东面向项羽围了上来。

汉五年十一月，刘邦派出刘家最能打的战将刘贾南渡淮河，包围了寿春（今安徽寿县），配合淮南王黥布诱降了楚国大司马周殷。周殷是陈平表扬的所谓项羽手下少有的几位"骨鲠之臣"，周殷是很难招降的，此时却被迫投降了，可见楚军形势的恶化。周殷响应了刘贾的招降，以舒县（今安徽庐江县西）的兵力屠戮了六县，征发了九江郡的兵卒，和黥布、刘贾等人合兵一处，并行北上，屠戮了城父（今安徽亳州南），到达垓下，从南方围了上来。

项羽真的被团团包围了。

大军压境后，刘邦展开了双方的第一轮前哨战。刘邦向项羽左翼的陈县守将展开了诱降，项羽的令尹灵常（后被封为阳义侯）叛变。灵常和汉军联手攻击了项羽的西侧，驻守陈县的楚将钟离眜和陈公利几的部队被击溃，钟离眜兵败逃亡，刘邦用封侯（封地在颍川郡，具体封地失考）诱降了陈公利几。汉军攻克陈县，等于打断了项羽的左臂，同时也切断了项羽的粮食补给路线。

此时项羽手上大概还有十万人左右的军队，而且粮食匮乏，被数量占压倒性优势的汉军团团包围了，光韩信军就有三十万。汉军在汉相国韩信的指挥下步步紧逼，不给项羽偷袭的机会。军粮匮乏之下，再拖延时日只能是等死，因而项羽被迫主动要和汉军决战，寄希望于楚军的战斗力，争取击溃汉军，打一场奇迹之战。

汉五年十二月，楚汉双方在垓下摆好阵势，准备展开决战。韩信自帅三十万大军居中，蓼侯孔藂居左，费侯陈贺居右。刘邦部队在韩信后方，绛侯周勃、棘蒲侯陈武（也做柴武）的部队在刘邦的后方。显然，汉军依然对楚军骁勇的冲击力感到畏惧，将部队厚度叠厚，准备利用数量上的优势以抵消楚军的冲击力。为了防止万一韩信军真的被项羽冲垮，刘邦又统领周勃、陈武组成第二道战线。刘邦对这次战役非常重视，这是真正的人生大考，主考官就是项羽，刘邦已经重修了很多次。我们可以想象，刘邦坐在战场上是什么样的紧张和不安，应该还有兴奋和期待，打了四年多的仗，今天要做一次了结了。垓下决战的过程毫无美感可言，只是纯粹的杀戮，双方都准备拼凶斗狠，不同的是汉军拼数量，楚军拼质量。

开战后，项羽一马当先，率领楚军以雷霆攻势向汉军发动猛攻。韩信也指挥军队向楚军压了过来，双方一接触，质量差距就体现出来，汉军抵挡不住楚军的凶猛，伤亡逐渐加大，战线一直向汉军的纵深方向推进。韩信指挥军队向后稍微退却，抵消楚军的部分冲击力。汉军虽然伤亡惨重，但没溃败。随着激战时间的延长，楚军的伤亡也开始增大，阵型开始松散，攻击力逐渐减弱。

汉军两翼的孔藂、陈贺部逐渐凸出，开始向楚军的两翼包抄。楚军猛攻猛打却不能打破韩信的阵型，被汉军包夹后兵力不足的劣势更加明显，韩信开始转守为攻，楚军终于抵挡不住了。项羽知道楚军的攻击力已经枯竭，再也攻不动了。看着层层叠叠的汉军保护下的韩信和刘邦，项羽只能无奈地回头。楚军败下阵来，退入军营。这一仗楚军士兵阵亡约两万人，约占总兵力的

20%，再加上伤兵，楚军已经基本失去了战斗力。

项羽被围困在垓下的营垒，兵少粮尽，汉军及诸侯兵把他团团包围了好几层。深夜，听到汉军在四面唱着楚地的歌，项羽大为吃惊，说："难道汉已经完全取得了楚地？怎么楚国人这么多呢？"项羽连夜起来，在帐中饮酒。这时候，项羽不禁慷慨悲歌，自己作诗吟唱道："力拔山兮气盖世，时不利兮骓不逝。骓不逝兮可奈何，虞兮虞兮奈若何！"项羽唱了几遍，美人虞姬在一旁应和。项羽眼泪一道道流下来，左右侍从也都跟着落泪，没有一个人能抬起头来看他。

"鸟之将死，其鸣也哀。"此时的项羽感到大难将至，放心不下的两个，一个是坐骑乌骓马，另一个是美人虞姬。当夜，不甘于失败的项羽骑上心爱的乌骓马，率领精心挑选的八百多精锐骑兵，趁夜突破重围，向南冲出，飞驰而逃。天快亮的时候，汉军才发觉，命令骑将灌婴带领五千骑兵去追赶。

有人说"四面楚歌"是张良的计谋，有人说是韩信的计谋，目的在于瓦解楚军的斗志，让楚军士兵大量叛逃。但实际上，张良、韩信的传记根本没提这是计谋，"四面楚歌"可能根本就不是计谋，只是偶然事件而已，楚军也没有因为"四面楚歌"而瓦解。既然四面楚歌并没有真正瓦解楚军的士气，那项羽为何要逃跑呢？

古代通讯技术不发达，项羽不可能一个电话就知道某地的具体情况。之前灌婴虽然蹂躏西楚腹地，但毕竟没有过长江。项羽一直认为江东四郡（九江、庐江、会稽、故鄣）还在手上，因而自己必须坚守垓下，以阻挡汉军进一步南下，侵入四郡。只要土地还在手上，自己有地盘、有人口、有军队、有粮食，还有东山再起的机会。但是汉军队伍内忽然出现了数量庞大的楚人，令他疑惑："汉皆已得楚乎？是何楚人之多也！"

　　这个不正常现象引起了项羽的警惕。他判断汉军可能已经渗透进长江南，占领了江东四郡或部分，而且正在不断扩大占领区，征召了大量楚人入汉军，这才出现"四面楚歌"这个现象。既然江东四郡已经沦陷，那么在垓下坚守已经没有意义了。

　　同时，项羽还有另一个判断，就是汉在江东的统治未必已经稳固，自己必须马上回到江东，乘汉在江东的统治尚未牢靠时重夺江东，兴许还有复兴的机会。因此，项羽被迫壮士断腕，抛弃八万子弟兵，精选八百精锐骑兵，在夜色的掩护下逃出汉军的包围圈，组织策划非常成功。到了天快亮的时候，汉军才发觉。项羽的南逃意味着垓下楚军的末日。汉军随后向群龙无首的垓下楚军发动了进攻，楚军被"斩首八万"，全军覆没。

和平到来

项羽之死

　　项羽一路南逃，到了他渡过淮河的时候，部下能跟上的只剩下一百多人了。项羽到达阴陵（今安徽定远西北），迷了路，去问一个农夫，农夫骗他说："向左边走。"项羽带人向左，陷进了大沼泽地中，就这样被汉兵追上了。项羽又带着骑兵向东，到达东城，这时就只剩下二十八人。汉军骑兵追赶上来的有几千人。

　　项羽自己估计不能逃脱了，对他的骑兵说："我带兵起义至今已经八年，亲自打了七十多仗，我所抵挡的敌人都被打垮，我所攻击的敌人无不降服，从来没有失败过，因而能够称霸，据有天下。可是如今终于被困在这里，这是上天要灭亡我，决不是作战的过错。今天肯定得决心战死了，我愿意给诸位打个痛痛快快的仗，一定胜它三回，冲破重围，斩杀汉将，砍倒军旗，让诸位知道的确是上天要灭亡我，决不是作战的过错。"

于是把骑兵分成四队，面朝四个方向。汉军把他们包围起几层。项羽对骑兵们说："我来给你们拿下一员汉将！"命令四面骑士驱马飞奔而下，约定冲到山的东边，分作三处集合。项羽高声呼喊着冲了下去，汉军像草木随风倒伏一样溃败了，项羽杀掉了一名汉将。这时，赤泉侯杨喜为汉军骑将，在后面追赶项羽，项羽瞪大眼睛呵叱他，赤泉侯连人带马都吓坏了，倒退跑了好几里才缓过神来。

项羽与他的骑兵在三处会合了。汉军不知项羽在哪里，就把部队分为三路，再次包围上来。项羽驱马冲了上去，又斩了一名汉军都尉，杀死有百八十人，聚拢骑兵，仅仅损失了两个人。项羽问骑兵们："怎么样？"骑兵们都敬服地说："正像大王说的那样。"

这时候，项羽想要向东渡过乌江。乌江亭长正停船靠岸等在那里，对项羽说："江东虽然小，但土地千里，民众有几十万，也足够称王啦。希望大王快快渡江。现在只有我这儿有船，汉军到了，没法渡过去。"

项羽笑了笑说："上天要灭亡我，我还渡乌江干什么！再说我和江东子弟八千人渡江西征，如今没有一个人回来，纵使江东父老兄弟同情我让我做王，我又有什么脸面去见他们？纵使他们不说什么，我项籍难道心中没有愧吗？"

项羽既然南逃了，说明他是有求生欲望的，到乌江边为什么突然又改变主意呢？原因就是他原以为江东受到侵略，自己必须快马加鞭赶回来"解放"家乡的父老乡亲们。乌江亭长这么一讲，他才发现自己误判形势了，江东并没有受到侵略，自己抛弃了当年追随他北渡的八千江东子弟，成了一个不折不扣的逃兵。八千江东子弟为他而死，他哪有颜面再去见江东父老呢？因此项羽只能求死以求解脱了。

于是项羽对亭长说："我知道您是位忠厚长者，我骑着这匹马征战了五年，所向无敌，曾经日行千里，我不忍心杀掉它，把它送给您吧。"然后项羽命令骑兵都下马步行，手持短兵器与追兵交战。光项羽一个人就杀掉汉军几百人。项羽身上也有十几处负伤。项羽回头看见汉军骑司马吕马童，说："你不是我的老朋友吗?"吕马童仔细端详了项羽一番，指给王翳说："这就是项王。"项羽说："我听说汉王用黄金千斤，封邑万户悬赏征求我的脑袋，我就把这份好处送你吧!"说完，自刎而死。

汉五年十二月，项羽自刎乌江。这一年的项羽年仅 31 岁。

项羽自杀后，王翳拿下项羽的头，其他骑兵互相践踏争抢项羽的躯体，由于相争而被杀死的有几十人。最后，郎中骑将杨喜，骑司马吕马童，郎中吕胜、杨武各争得一个肢体。五人到一块把肢体拼合，正好都对。后来刘邦就封吕马童为中水侯，封王翳为杜衍侯，封杨喜为赤泉侯，封杨武为吴防侯，封吕胜为涅阳侯。各地残余的楚军抵抗已经没有意义了，很快就放弃抵抗投降了。包括项伯在内的项氏族人也向刘邦投降，刘邦把他们改姓刘，表明没有秋后算账的意思，让他们安心。

项伯后来被刘邦封为射阳侯，改名刘缠，感谢他在鸿门宴上帮他"缠"斗住项庄的功劳。刘缠一直活到汉孝惠三年。史书上有记载的项羽另外两个族人：平皋侯刘它（项它）一直活到汉孝惠五年，桃侯刘襄（项襄）活到汉孝文十年。有记载的这几个项氏族人都活过刘邦，都得到善终。特别是刘它，此人是老牌"反动派"。刘邦发动彭城之战的时候他和龙且帅大军驻扎在定陶抵抗刘邦；刘邦打魏国的时候他担任魏国的步兵司令；韩信打齐国的时候，他驻扎砀郡支援龙且；鸿沟议和前他还在为项羽负责防卫楚都彭城。刘邦也没有对他秋后算账。刘邦对待项氏的这些降臣颇为宽容，说刘邦嗜杀恐怕属于臆想。

在彭城之战中放了刘邦一马的楚将丁公也来归顺，原以为凭这个功劳可以捞点实惠，没想到刘邦把丁公捉拿并放到军营中示众，说道："丁公做项王的臣下不能尽忠，使项王失去天下的，就是丁公啊！"于是就斩了丁公，还说道："让后代做臣下的人不要仿效丁公！"

若论背叛，刘缠（项伯）的行为绝对比丁公恶劣多了，怎么就不追究反倒重赏了？"赏刘缠和斩丁公"是古代君王驾驭人的一种权术，毫无道理可言，就是要让臣属捉摸不透，这绝不是成功的要诀。只不过此时天下已定，处理丁公无论是杀是赏影响都不大罢了。

定陶分账

刘项的楚汉战争就要落下帷幕了，这场耗时四年多的战争将以刘邦的胜利而告终。面对即将到来的胜利，刘邦想到他的那个跟班小弟，同年同月同日生的卢绾，想给他封王，但卢绾的业绩太差，怎么办？

当年四楚王之一的临江王长期保持中立。在楚汉战争期间临江国保持中立，不给刘邦添乱，算是帮刘邦。但项羽灭亡后，临江国的中立行为就变成了立场不够坚定的表示。临江国国力又比较弱小，正好适合练兵。

刘邦就派卢绾和刘贾进攻临江国，想用这个功劳作为给卢绾封王的依据，然而令刘邦失望的是卢绾被打败了。临江国虽弱，也不是那么好对付的。无奈之下，刘邦只好启用战将靳歙才搞定临江国，擒杀了第二代临江王共驩。靳歙被封为信武侯。

各路楚军见大势已去，纷纷投降。鲁县人却还为项羽坚守，不肯降服。原来，怀王当初封项羽为鲁公，鲁县人承认项羽是他们的领主。刘邦对鲁县人的气节也很欣赏，就率领诸侯军北上，把项羽的头颅给鲁县的父老们看，鲁县人这才投降。于是，刘邦按照鲁公这一封号的礼仪为项羽举办了葬礼，并且亲临吊祭，把项羽安葬在谷城。

解决了鲁县的问题后，刘邦来到位于定陶的联军司令部，驱马驰入齐王韩信的军营，要他交出兵权。韩信本身也没有造反野心，他也很满意自己的所获，对刘邦收回兵权他没感到什么不妥，就将兵权交还给刘邦。刘邦收走韩信兵权后，却突然宣布："义帝没有后嗣，韩信是楚国人，了解楚国风俗，将齐王韩信迁徙为楚王。"这一来韩信可吃大亏了。

按照垓下决战前刘邦给韩信的盟约，韩信将拥有齐国五郡（济北郡、齐郡、胶东郡、薛郡、琅琊郡），并且加上楚国的四郡（泗水郡、东海郡、故鄣郡、会稽郡），还有陈郡和砀郡的一部分，成为仅次于刘邦的第二势力。这种超级势力当然让刘邦感到丝丝凉意，在同项羽征战的时候，因为要用到韩信，没有办法。一旦项羽灭亡，韩信就成为刘邦的心头大患，但是如果"狡兔"刚死立马就捕杀"走狗"，那是毫无信誉和道义可言的行为。所以刘邦只能选择"半"毁约的方式，一方面承认韩信的封王，另一方面将韩信的齐国领土全收走，让韩信势力一下减了大半。如果不想爆发战争，削弱韩信无疑是最明智的选择。韩信吃了大亏，但无奈兵权已经被收走，想要依托武力反抗已经不可能了。好在毕竟他还是拥有四郡之地的楚王，也能衣锦还乡，还可以接受这个结果。

刘邦履行当初的约定，正式封彭越为梁王。拥有了梁国（大体是东郡再加半个砀郡）的土地，在今天河南山东河北三省交界的一块地方。

原九江王、现在的淮南王黥布的地位突然变得很尴尬，因为他当初冒着生命危险转投刘邦，原指望背后捅项羽一刀，将淮河以南的土地统统收入囊中，也不枉自己所流的血汗。但是自己的业绩太差，淮南一带的楚地已经被业绩超优秀的齐王韩信合情合理地拿走了。黥布辛辛苦苦奋斗了四年，地盘居然没变大，这真是瞎折腾。但刘邦给了一个解决方案。

汉元年正月，刘邦将黥布的老丈人，原四楚王之一的衡山王吴芮迁往新占领的临江国，在那里建立长沙国，由吴芮担任长沙王。又画了个大饼，将象郡、桂林郡、南海郡等被秦国南方集团军叛军实际控制的区域名义上也划给长沙王。

而原衡山王的领土衡山郡则交给黥布作为酬劳。黥布的老婆（吴芮的女儿）和孩子早在他背叛项羽时就被项羽派人杀尽了，因而对这个翁婿之情就没太大顾忌了，心安理得地将老丈人的国土收入囊中。而刘邦也达到了分化吴芮和黥布翁婿关系的目的。

再加上早已经确认领土边界的燕王臧荼、韩王信、赵王张敖（张耳子，张耳已死），就这样，中原大地的势力分割基本完成，形成一超多强、众星拱月的一种政治结构。

历史学家缪凤林教授就指出："西汉之初，当国者皆无学识，猥欲参用周、秦之制，以封建与郡县并治。"刘邦以及这些军功功臣们在吸取了秦国专一制下快速灭亡的教训，认为分封制优于专一制，开历史倒车，重新推行分封制，将一个庞大的帝国再次肢解开来。中华大地出现了汉王和诸侯王分裂共治天下的政治局面。这种政治结构是刘邦对各路军阀（诸侯王）既得利益的承认。分封制下汉王国和诸侯王国并非上下级关系，而是一种盟友关系。就这样，汉王刘邦与诸侯王们在定陶共同建立了一个半松散体制的汉王朝。

刘邦称帝

诸侯们联名上疏曰:"楚王韩信、韩玉信、淮南王英布、梁王彭越、故衡山王吴芮、赵王张敖、燕王臧荼冒死再拜言大王陛下:早先的时候秦帝国无道,天下人一起诛灭了它。大王您最早擒获秦王,安定了关中,在天下人中功劳最多。又救民于水火,让天下的老百姓都安定下来,功德实在是隆盛而且丰厚的。又给了有功的诸侯王们恩泽,让他们建国家立社稷。现在天下已经安定下来,可是大家都是王,没有上下级的区别,这样大王您的卓著功德在后世就难以突显出来,我们冒死再拜,要求您追加皇帝这个尊号。"

刘邦说:"寡人我听说'皇帝'这个尊号是圣贤之人才有资格担当的,没有内在的东西挂个空名,恐怕不妥吧。现在诸侯王们要把我推得太高。让我怎么好意思呢?"

诸侯王们都说:"大王您从卑微的身份起家,消灭暴乱的秦国,威名震动海内。到了偏僻的地方,从汉中行使您的威德,诛灭不义之徒,让有功之人建立国家,平定了海内,有功之臣都共同享受到了食邑和分封,没有私藏起来。大王您德行施布在四海,诸侯'王'这个封号不足以昭显您的德行,当皇帝实在是非常适合,希望大王您可以让天下感受您的荣光。"

刘邦说:"既然诸侯王们都认为我称帝是必要的,那就这样吧。"

于是,汉五年二月,诸侯王和太尉卢绾等三百人,通过博士稷嗣君叔孙通确定良辰吉日,在泛水以北(泛水之阳)登基称皇帝。尊王后曰皇后,太子曰皇太子,追尊先媪曰昭灵夫人。

这段故事貌似有几分马屁味道,其实也不尽然。刘邦在这段学术探讨中其实颇为真诚,"皇帝"这个词二十年前才由秦始皇突发奇想生造出来，当时的人们未必感到"皇帝"有多尊崇。像项羽就不喜欢，宁可称"霸王"也不称"皇帝"，大概他觉得"王"才威风，"皇帝"是个什么玩意？

西汉建国初期各个王国都处于独立状态，诸侯王的权力很大，在封国内南面称孤，除王国的丞相必须由汉政府委任，接受诸侯王和汉政府的双重领导外，皇帝对诸侯王国行政、司法、军事等各方面在法理上没有任何干涉权，王国的丞相仅能视为皇帝派驻各国的一个联络员而已。当然，这也是作为盟友关系的一种强化和制度保证。

为了强化和确认这种盟主的领导关系，楚王韩信、韩王信、淮南王英布、梁王彭越、故衡山王（长沙王）吴芮、赵王张敖、燕王臧荼联名上书劝进，要刘邦加封"皇帝"尊号。刘邦由诸侯王们推举称帝，仅意味着他的地位比其他诸侯王略高些，相当于诸侯王们的带头大哥而已。

必须指出，汉初的这种政治体制是有严重缺陷的，那就是各诸侯王国的独立性很强，汉中央政府同各个诸侯王国之间的关系就难免非常紧张，皇帝对诸侯王始终保持着警惕和提防。双方动不动就会擦枪走火，刘邦在接下来执政的六七年时间里，几乎年年都忙着平叛、削藩，一直到死前他都没能松口气下来。而彭越、黥布等异姓诸侯王既是这种体制的受益者，同时也是这种体制的受害者。

打击诸侯王的分裂势力、强化中央集权就成为帝国未来的一个发展方向。刘邦死后，汉帝国经历了孝惠、吕后、孝文、孝景、孝武几代皇帝的努力，才逐步完成剥夺诸侯王权力的任务，真正造就我们现在心目中一言九鼎、神圣不可侵犯的皇帝。

秦末乱世的兵戈不休终于告一段落。刘邦下发特赦令："兵不得休八年，万民与苦甚，今天下事毕，其赦天下殊死以下。"

宣布一个和平时代的到来。

阴霾散去

帝国日渐稳定

称帝后，刘邦就到洛阳居住，和他的戚姬过着幸福的生活，老婆（吕后）孩子（刘盈）被扔在关中。根据《西京杂记》戚姬侍女贾佩兰记录的片段，可以感受到刘邦和戚姬这个时期在洛阳的生活应该是颇为开心：

"陛下每次心情不愉快的时候，就让戚夫人击筑（中国古代的一种击弦乐器），自己唱大风诗以和之，也常以弦管歌舞相欢娱。

十月十五日一起去灵女庙祭神，吹笛击筑。歌唱《上灵》乐曲，接着又挽着胳膊，用脚步应着音乐的节律，载歌载舞，唱到非常热闹的时候，连凤凰也来飞舞。

七夕节的时候，一起到百子池边，就着湖景演奏西域的音乐，演奏完又用彩色丝线相连接，作为相爱的明证。

八月四日，一起在北院的竹林中下围棋。约定胜者终年有福，负者终年疾病。结果陛下输了，只好取丝缕就北辰星祈福长命百岁。

九月九日，重阳节，菊花绽放，陛下和夫人佩茱萸，吃着蓬糕，喝菊花酒，共祝长寿。还采集菊花的茎叶，掺着黍米酿酒，相约来年再一起喝菊花酒。"

这段时期，刘邦的主要工作是尽力恢复战后的经济。五月，士兵都遣散回家了。各诸侯子弟留在关中的，免除赋税徭役十二年，回到封国去的免除赋税徭役六年，国家供养他们一年。之前逃亡山泽的人太多了，现在天下大定，宣布总特赦，他们的田地住宅统统归还，官员不得刁难。之前因为饥饿自卖为奴隶的也统统恢复自由。

参战的士兵军官以及战争期间为政府服务的各级吏员既没有罪又没有爵位的统统赐给大夫（第五级爵位，相当于排长这一级别）作为勉励，大夫以上都加爵位一级。七大夫（第七级爵位，又称公大夫，相当于营长这级）以上爵位的统统国家发工资养着，七大夫以下的，享受终身免除劳役的优待，还勒令县官必须对这些退役的营团级（七大夫、公乘）以上干部要尊重。

这时候战争虽然已经结束，刘邦却不能松懈，因为帝国还存在很多隐患，他在设法消除这些隐患。田横就是其中一位。田横以齐王身份藏匿在彭越那里，汉定天下后，他逃入海中，住在小岛上，身边还有五百来人。刘邦派出使者，勒令田横归附，保证他的人身安全，允诺最少给他封侯，不然就发兵攻打。田横只好动身前往洛阳朝拜刘邦。为了保障田横的人身安全，刘邦还勒令郦商不要因哥哥郦食其的死寻仇乱来。但在距离洛阳三十里的时候，自尊心极强的田横自杀了。刘邦非常感慨他的气节，用国王的礼节埋葬了他，他的手下五百壮士听见消息全部自杀。

刘邦很不喜欢一个人，那就是燕王臧荼。按理说臧荼在楚汉战争下积极支持刘邦，定陶劝进的时候他也参与了，刘邦不应该敌视他才对。但刘邦觉得臧荼不算自己人，处心积虑想要收拾他。

汉五年秋七月，刘邦称帝后五个月，代郡发生了叛乱并引发了动荡，刘邦以燕相国温疥的告发为证据，指责燕国入侵了代郡，带兵大举进攻臧荼，臧荼猝不及防，两个月后的汉五年九月，臧荼兵败被俘虏。消灭完臧荼，燕王的位置空了出来，刘邦很想让卢绾去接这个位置，群臣心里也很清楚刘邦的意思，就由楚王韩信牵头上书要求立卢绾为燕王，刘邦很开心地"尊重群众意见"，让他的哥们儿卢绾当上燕王，让丞相樊哙带兵平定代地的叛乱。这样除了较为偏远弱小的长沙王吴芮外，诸侯王清一色都是汉集团在楚汉战争时期分出去的功臣将领。

刘邦回到洛阳后，召集侯爵们开派对。大概平臧荼这个事情刺激到利几，利几之前提过，他原先是项羽的将领，在垓下决战前投降刘邦，刘邦给他封侯。利几害怕被诱捕，就起兵造反。刘邦亲自带兵把利几的叛乱给镇压下去。

帝国的新走向

帝国日渐稳定，刘邦经常在洛阳南宫摆设酒宴和群臣们欢乐。有一天，刘邦心情比较高兴，就说："列侯和各位将领，你们不能瞒我，都要说真心话。我之所以能取得天下，是因为什么呢？项羽之所以失去天下，又是因为什么呢？"

高起、王陵回答说："陛下傲慢而且好侮辱别人，项羽仁厚而且爱护别人。可是陛下派人攻打城池夺取土地，所攻下和降服的地方就分封给人们，跟天下人同享利益。项羽却嫉贤妒能，有功的就忌妒人家，有才能的就怀疑人家，打了胜仗不给人家授功，夺得了土地不给人家好处，这就是他失去天下的原因。"

刘邦说："你们只知其一，不知其二。如果说运筹帷幄之中，决胜于千里之外，我比不上张子房；镇守国家，安抚百姓，供给粮饷，保证运粮道路不被阻断，我比不上萧何；统率百万大军，战则必胜，攻则必取，我比不上韩信。这三个人都是人中俊杰，我却能够使用他们，这就是我能够取得天下的原因所在。项羽虽然有一位范增却不能用，这就是他被我擒获的原因。"

宴会开了很多，可是群臣在朝廷饮酒作乐争论功劳，有人喝醉了就狂呼乱叫，甚至拔出剑来坎削庭中立柱，刘邦为这事感到头疼。

对刘邦而言，过去是战争时期，凡事因陋就简，讲究效率。但建国后不同了，帝国的行政需要走向正规化，以前战争时期形成的这种工作习惯用于和平时期是不合适的。不是皇帝脾气变了，而是环境变了，需求变了。儒生叔孙通知道皇帝愈来愈讨厌这类事，他感到时机成熟了。

叔孙通就劝刘邦："儒生很难为您打江山，可是能够帮您守江山。我计划去鲁地征召的一些儒生，跟我的子弟们一起制定朝廷上的仪礼。"刘邦说："仪式会不会很麻烦啊？"叔孙通说："不会，仪式不是一成不变的，我准备参考过去的礼仪搞点创新，创造一套新的仪式，既简单又好用。"刘邦说："那你试试吧。"于是叔孙通就跑到鲁地招人开始编排演练朝廷的仪式，编排完成后请刘邦观看，得到刘邦的认可。

刘邦住在洛阳，有一天，他的亲信侍从、来自齐国的虞将军告诉他，有一个叫娄敬的齐国人要来和他谈国家大事。娄敬是被征发到陇西戍守边塞的戍卒，路过洛阳。

刘邦是个善于听取意见的人，就召娄敬进宫来见，并赐他一起吃饭谈论。刘邦问娄敬要谈什么大事，娄敬便劝说刘邦道："陛下建都洛阳，难道是要跟周朝效仿隆兴吗？"刘邦回答说："是的。"娄敬就告诉刘邦，现在的情况和周朝不一样。娄敬的原话比较长，大体意思就是比较周朝和汉朝建国的不同，认为周朝是靠德立国，汉朝是靠"大战七十，小战四十"，生灵涂炭而立国的，两者不能横比的。娄敬指出秦国的地理形势非常好，进可攻退可守，建议应该将都城建到关中去。

刘邦就将定都关中的意见拿到朝廷上同大臣们讨论，在会议上遭到群臣的激烈反对，他们认为，周朝建都洛阳称王天下几百年，秦朝建都关内只到二世就灭亡了，不如建都在周朝都城（洛阳）。而且他们还认为："洛阳东面有成皋，西面有崤山、渑池，背靠黄河，面向伊水、洛水，它地形的险要和城郭的坚固也足可以依靠。"

刘邦听后觉得有点犹豫，就去征求张良的意见。张良告诉他："洛阳虽然有这样险固，但它中间的境域狭小，不过几百里方圆，土地贫瘠，四面受敌，这里不是用武之地。关中东面有崤山、函谷关，西面有陇山、岷山，肥沃的土地方圆千里，南面有富饶的巴、蜀两郡，北面有利于放牧的胡苑，依靠三面的险阻来固守，只用东方一面控制诸侯。如果诸侯安定，可由黄河、渭河运输天下粮食，往西供给京都；如果诸侯发生变故，可顺流而下，足以运送物资。这正是所谓'金城千里，天府之国'，娄敬的建议是对的。"

在张良的支持下，刘邦终于下决心往西定都关中。刘邦还表扬了娄敬，于是赐娄敬改姓刘，授给他郎中官职，称号叫奉春君。刘邦的行为是领袖的行为，积极听取各方面意见，更重要的是不能因为大家的七嘴八舌就乱了思维，一定要有自己的主见，意见消化够了用个人威信一锤定音，这样团队才有执行力。

韩信被擒

汉六年十月，镇压完臧荼的次月，刘邦心里一件踏实不下来的事情重新提到了。有人密告楚王韩信意图谋反，这给刘邦带来了烦恼。

原来，项羽的部将钟离眜骁勇善战，在楚汉战争期间给刘邦添了不少麻烦，刘邦非常怨恨他，听说他人逃亡在楚国，就诏令楚国逮捕钟离眜。但钟离眜与楚王韩信是好朋友，关系很好，项羽兵败后钟离眜逃来归附韩信，韩信把他藏匿在王府。由于楚王的包庇，没人能抓他。但是韩信的舍人（机要员）栾说（《汉书》

作乐说）写信向汉政府告发了此事。

收留受通缉的敌方将领，谋反之心思昭然若揭，可谓罪证确凿。可是刘邦拿到这个告发信却不敢乱来，因为他颇为忌惮韩信的军事才华，对于能否顺利击败韩信他没有十足把握。于是刘邦拿着告发信开了个内部小会，和将领们商量怎么办。将领们说："赶紧发兵，活埋这小子。"刘邦听后默默不语。刘邦打仗多年，军事素养也不错，他心里知道将领们嘴巴说得轻巧，真和韩信打起来后果很严重。

见和将领们说话对不上头，刘邦只好私下请教他的高参陈平，陈平一再推辞，反问道："各位将领说些什么？"刘邦只好把会上的情形告诉陈平。

陈平问："有人上书说韩信谋反，有外人知道这件事吗？"刘邦说："还没有。"

陈平问："韩信本人知道这情况吗？"刘邦说："不知道。"

陈平问："陛下的部队跟楚国比哪个强？"刘邦实说："不如人家。"

陈平问："陛下的将领中用兵有能超过韩信的吗？"刘邦说："没有谁赶得上他。"

陈平说："如今陛下的军队不如楚国精锐，将领的才干又赶不上韩信，却要发兵攻打他，这不是逼迫他同我们作战吗？我私下里为陛下的安危而担忧。"

刘邦问："那该怎么办呢？"陈平给他出了个主意："古时天子巡察各地，会见诸侯。南方有个云梦泽，陛下只是假装出游云梦，在陈县会见诸侯。陈县在楚国的西部边界，韩信听到天子出游，就会到郊外迎接拜见陛下。拜见时，陛下趁机将他拿下，这只不过是一个力士就能办到的事。"刘邦觉得陈平的主意不错，于是派出使者告知各诸侯到陈县会面，说："我即将南游云梦"。

刘邦看似平平淡淡的一份出行公告，却相当于给了楚王韩信一枚重磅炸弹，韩信头都大了。韩信感到皇帝此行是冲着他来的，不是旅游那么简单，可问题是皇帝并未指责他什么。自己好不容易衣锦还乡，他才不愿意因为皇帝的一次旅游就搞得鸡飞狗跳，再次起兵打仗，打烂好不容易得来的幸福生活。既然不想起兵造反，那就去朝拜皇帝吧。可是，去见皇帝他又怕被借机扣押。韩信是左右为难。这时候有人给韩信出主意，说："杀了钟离昧去朝见皇帝，皇帝一定高兴，就没事了。"思前想后，韩信还是抱着侥幸心理，他招来钟离昧，要他的人头。

钟离昧说："汉王所以不攻打楚国，是因为我在您这里，你想逮捕我取悦汉王，我今天死，你也会紧跟着死的。"依靠钟离昧可以负隅顽抗？这是钟离昧在说大话，水平和钟离昧不相上下的将领刘邦没十个也有八个。以韩信的军事造诣可不会相信钟离昧的忽悠。钟离昧见难逃一死，于是骂韩信道："你不是个忠厚的人！"终于刎颈身死。韩信拿着他的人头，到陈县朝拜刘邦。

刘邦一看就乐了，你这不是不打自招吗？命令武士捆绑了韩信，押在随行的车上。韩信这才后悔，说："果真像人们说的'狡兔死了，猎狗就遭到烹杀；飞禽光了，弓箭就会收藏起来；敌国被打败了，谋臣就要死了。'现在天下已经平安，我本来应当遭烹杀！"刘邦回过头对韩信说："你别唧唧歪歪了！你想要谋反，罪证已经很明显了！"刘邦就把韩信带到洛阳控制起来。当天，下令大赦天下庆祝。

有个叫田肯的人来祝贺，趁机劝说刘邦道："陛下抓住了韩信，又在关中建都。秦地是形势险要之地，周围有山河环绕，与关东有千里长的疆界被山河阻隔。如果关东拥有百万军队，那么秦地只需兵力二万就可以抵挡住。秦地地势这样有利，如果对诸侯用兵，就好像从高屋檐角的滴水器往下流水一样，居高临下，势不可当。还有齐地，东有琅邪、即墨的富饶，南有泰山的险固，西有黄河的天险，北有渤海的地利。土地纵横各二千里，与诸侯的疆界被山水阻隔，超过千里，如果诸侯拥有百万军队，那么齐地只需二十万就可以抵挡。所以说，齐地可以和秦地并称东秦和西秦。如果不是陛下的嫡亲子弟，就不要派去做齐王。"刘邦说："好。"赏给他黄金五百斤。

从田肯来庆贺也很明显看出，汉帝国对各诸侯王国的敌视态度是尽人皆知的事情，这也侧面证明了汉国和诸侯国确实不是上下级的关系。韩信被擒，标志着楚汉战争正式结束。剩余的诸侯王国已经没有可以和刘邦相抗衡的了，汉帝国终于在历史舞台上初步站稳了脚跟。至此，刘邦开始趋向于"利用"诸侯王，皇帝和诸侯王之间的关系开始趋于缓和。

半年后，刘邦宣布赦免韩信并把他降封为淮阴侯，然后把韩信控制在长安，韩信龙困浅滩，再也风光不起来了。但是，韩信在长安过得很不爽。他在家闷闷不乐，日夜怨恨，常常托病不参加朝见和侍行，并以和绛侯、灌婴处于同等地位感到羞耻。韩信曾经拜访樊哙，樊哙跪拜送迎，自称臣子，说："大王怎么竟肯光临！"韩信出门笑着说："我这辈子竟然和樊哙这般人为伍了。"

刘邦经常约韩信来谈心，和他讨论将军们水平的高下。刘邦问韩信："像我的才能能统率多少兵马?"韩信说："陛下不过能统率十万。"刘邦说："你怎么样?"韩信回答说："臣多多而益善耳。"刘邦笑着说："你既然比我强，为什么还被我俘虏了?"韩信说："陛下不能将兵，而善将将，这就是我被陛下俘虏的原因。况且陛下是上天赐予的，不是人力能做到的。"

12
动荡中前行

来自北方的威胁

分封功臣

随着楚王韩信被擒，皇帝刘邦心里的一块石头算是落地了，汉帝国终于可以庆祝了，大规模的分封工作随之展开。

汉六年十二月甲申日开始，第一批分封了十人，有平阳侯曹参、信武侯靳歙、清阳侯王吸、汝阴侯夏侯婴、阳陵侯傅宽、广严侯召欧、广平侯薛欧、博阳侯陈濞、户牖侯陈平、堂邑侯陈婴共十人，曹参、王吸、夏侯婴、召欧、薛欧都是丰沛老乡，占一半。

汉六年正月，开始新一轮分封，对帝国领土边界进行了重新划分。楚国被分成两块，淮河以北三十六县交给同母弟弟刘交，封为楚王；淮河以南五十三县交给从堂兄刘贾，封为荆王。

六天后，以韩王信"材武善战"为名，把韩王信从颍川郡迁徙到太原郡，以太原郡三十一县建国，把他从帝国的腹心位置搬到北方前线，等于削弱了韩王信对中央的直接威胁，同时又可以利用"材武善战"的韩王信为汉帝国守边，一箭双雕。韩王信不乐意北迁，就和刘邦赌气说：'首都晋阳（今山西太原西南）离边境太远，干脆首都定在马邑（今山西省朔州市）算了。'刘邦顺势批准了。

刘邦又将长子刘肥分封齐王，以齐地七十三县建齐国。刘邦还下令各国凡是说齐国话的人统统遣送还给齐国。因为刚刚经历了战争，大量人口非正常死亡，此时不缺地就缺人，人力才是财富。刘邦这样做大概是出于对曹氏和刘肥的歉疚吧。其实刘肥是个有福之人。楚汉战争时期，刘盈被项羽追杀，刘肥因为是私生子反倒置身事外。楚汉战争结束后，刘肥虽然不算嫡子，失去了皇位，但却可以以刘邦长子的身份拿到齐王的宝座。当年韩信拼死拼活才拿到，最后还被刘邦涮了，刘肥没流一滴汗就得到了，有个好爹真好。此时的刘肥正值年富力强，过着非常幸福的生活。

这么一来，诸侯王就有：燕王卢绾、韩王信、赵王张敖、梁王彭越、齐王刘肥、楚王刘交、淮南王黥布、荆王刘贾、长沙王吴臣（吴芮长子）。老刘家称王的数量实现了零到三的暴增，加上铁哥们卢绾、女婿张敖，诸侯王中亲刘势力已经拥有压倒性优势，刘汉政权得到很大程度的巩固。

刘邦在封刘肥为齐王的同时，把曹参派去给刘肥当相国，这样做有两个好处：一是将曹参这样的大军头外放，也是一种削藩，防止丰沛系功勋老将们团结在曹参周围对抗刘邦，避免政权的内部分裂；二是曹参是重量级的功勋元老、战斗英雄，有他坐镇可以辅助齐王刘肥稳定齐国局面，确保帝国东部的稳定。

汉六年正月丙戌，新的一批侯爵又开始分封，有周吕侯吕泽（吕后大哥）、建成侯吕释之（吕后二哥）、留侯张良、射阳侯刘缠、酂侯萧何、曲周侯郦商、绛侯周勃、舞阳侯樊哙、汾阴侯周昌、梁邹侯武儒、成侯董渫、蓼侯孔藂、费侯陈贺、阳夏侯陈豨十四个侯。

封侯风波

萧何以文官封侯引起了武人集团的强烈反对。因为汉代封侯以军功作为第一标准。像策反黥布的随何，功勋卓著都未能封侯。武将们向刘邦提出了抗议。

武将们说："我们身披战甲，手执兵器，亲身参加战斗，多的身经百战，少的交锋十回合，攻占城池，夺取地盘，都立了大小不等的战功。如今萧何没有这样的汗马功劳，只是舞文弄墨，发发议论，不参加战斗，封赏反倒在我们之上，这是凭啥呢？"

刘邦就说："诸位懂得打猎吗？"武将们回答说："懂得打猎。"刘邦又问："知道猎狗吗？"武将们说："知道。"刘邦说："打猎时，追咬野兽的是猎狗，但发现野兽踪迹，指出野兽所在地方的是猎人。而今大家仅能捉到野兽而已，功劳不过像猎狗。至于萧何，发现野兽踪迹，指明猎取目标，功劳如同猎人。再说诸位只是个人追随我，多的不过一家两三个人。而萧何让自己本族里的几十人都来随我打天下，功劳是不能忘怀的。"武将们都不敢再言语了。

这事情首先反映出汉代人的质朴，这些军功武夫们有话就说，不藏着掖着。但刘邦的这段话其实是歪理，比如萧何族人参战，那可以按他们各自的贡献予以奖赏，功劳是不能算到萧何头上的。这事纯粹是刘邦利用个人威信在强压，只不过武将们碍于领导情面不好反驳，只要刘邦给予他们的待遇没有降低，也就默认了这个结果。

称帝以后的刘邦有一个倾向，就是越来越不讲理，越来越寻求强化个人权威，但这不是因为刘邦变了，而是情形变了。在战争时期，政务比较单纯，一切为了战争胜利。刘邦称帝后，将领群臣的利益和观点开始多元化，作为一个新建帝国的掌舵人，假如不使用个人威信强力压服，很难保政权不发生分裂。

而且此时政权还面临着转型的新问题。战争时期，文官的任务是搞好后勤，一切为了战争胜利，文官要围着武官转。战争结束后，国家转入经济建设阶段，情形倒过来了，武官的任务是保卫和平，武官要围着文官转。这就需要领导人利用个人威权为政权的转型保驾护航。建国后的和平建设时期，刘邦一直在打压武功派，用个人的威信为文治派保驾护航。

张良不曾有战功，刘邦说："出谋划策于营帐之中，决定胜负在千里之外，这就是子房的功劳。让张良自己从齐国选择三万户作为封邑。"张良是聪明人，当然不敢接受这么丰厚的封赏，于是张良说："当初我在下邳起事，与主上会合在留县，这是上天把我交给陛下。陛下采用我的计谋，幸而经常生效，我只愿受封留县就足够了，不敢承受三万户。"随后几天，又加封了隆虑侯周灶、阳都侯丁复、新阳侯吕清、东武侯郭蒙等四人。

前后二十八人封侯，然后封侯工作突然陷入停顿，二月份整整一个月，没有任何人受到分封。一些将领怀疑分封要终止了，情绪开始不稳定起来，刘邦却完全没有察觉。

刘邦在洛阳南宫，从桥上望见一些将领常常坐在沙地上彼此议论。此时的他正好和张良在一起。刘邦问："这些人在说什么？"张良就告诉他说："陛下不知道吗？这是在商议谋反呀。"

刘邦吓了一跳，说："天下已接近安定，为什么还要谋反呢？"

张良说："陛下以平民身份起事，靠着这些人取得了天下，现在陛下做了天子，而所封赏的都是萧何、曹参这些陛下所亲近宠幸的老友，所诛杀的都是一生中仇恨的人。如今军官们计算功劳，认为天下的土地不够一一封赏的，这些人怕陛下不能全部封到，恐怕又被怀疑到平生的过失而遭受诛杀，所以就聚在一起图谋造反了。"

以曲周侯郦商的情况来看，张良提到的这个土地不够封赏的情况恐怕是事实。按照郦商的列传记载，他在征战的过程中获得的封户已经超过万户了。可是建国后最后确认时，他的封户却被压到四千八百户。郦商这种老革命尚且不能保障足额分封，那么其他人呢？也难怪将领们会产生叛乱的想法。

刘邦于是忧心忡忡地问："这件事该怎么办呢？"张良说："皇上平生憎恨，又是群臣都知道的，谁最突出？"刘邦说："雍齿与我有宿怨，曾多次使我受窘受辱。我原想杀掉他，因为他的功劳多，所以不忍心。"张良说："现在赶紧先封赏雍齿来给群臣看，群臣见雍齿都被封赏，那么每人对自己能受封就坚信不疑了。"

于是皇上便摆设酒宴，三月份戊子，封雍齿为什方侯，并且当众命令丞相萧何等文官班底加快分封的评定进度。群臣吃过酒后，都高兴地说："雍齿尚且被封为侯，我们这些人就不担忧了。"

刘邦每五天朝拜父亲刘太公一次，按照一般人家父子相见的礼节。太公的家令劝说太公道："天上不会有两个太阳，地上不应有两个君主。当今皇帝在家虽然是儿子，在天下却是万民之主。太公您在家虽然是父亲，对皇帝却是臣子。怎么能够叫万民之主拜见他的臣子呢！这样做，皇帝的威严就不能遍行天下了。"

后来刘邦再去朝见太公，太公就抱着扫帚，面对门口倒退着走。刘邦大为吃惊，急忙下车搀扶太公。太公说："皇帝是万民之主，怎么能因为我而乱了天下的规矩呢！"于是刘邦就尊奉太公为太上皇，心里赞赏那个家令的话，赐给他五百斤黄金。这个故事不过是皇帝强化个人权威的一个小插曲，实际上价值几何笔者并不以为然。

白登山之围

汉六年正月，韩王信的国家被迁往今山西朔州一带，成为汉帝国的北防前线。到了这一年九月，游牧民族匈奴人入侵了韩国。韩王信一边进行抵抗，一边派使者和匈奴谈判，争取求和，这也是战争双方常有的事情。

与此同时，汉国作为韩国的盟友，派兵赶来救援。但汉国方面发觉到韩王信多次派使者同匈奴谈判，怀疑韩王信的忠诚度，派人责备韩王信。汉国的这种不信任态度一下子就将韩王信推了出去。韩王信害怕被处决，索性就向匈奴投降，成为匈奴的马前卒，并率军向南攻打太原郡。诸侯王级别的人发动叛乱，影响非常恶劣，刘邦亲率大军前往平叛，同时派出使臣积极同匈奴交涉，刘邦大军在铜鞮（今山西省沁县南）一带击败了入侵的韩王信军，在战场上斩杀韩王信的部将王喜，失利后的韩王信逃跑投奔匈奴。韩军主力被击溃，叛军的势头受到了遏制。

韩王信的部将白土（今河北磁县）人曼丘臣、王黄等人拥立赵王后代赵利为王，又收集起韩王信被击溃的军队，并再次和韩王信及匈奴的首领冒顿单于联系上，准备联合攻打汉朝。同时，匈奴的干涉军开始介入汉国的内乱，匈奴左右贤王带领一万多骑兵和王黄等人在广武（今山西省山阴县）以南地区会合，就是说匈奴骑兵以韩国军队为前导从雁门关侵入中原。

韩军和匈奴军到达晋阳时和汉军遭遇，被汉军击败。退往离石（今山西省吕梁市离石区），汉军乘胜追到离石，再次把他们击溃。失败后的匈奴逃到楼烦西地区聚集，就是说匈奴退到了雁门关一带，刘邦出动战车部队和骑兵部队再次将匈奴军队打败。

至此，汉军已经初步完成了肃清进入汉境匈奴的任务。而接二连三的胜利使得刘邦感到这个陌生的敌人也不过如此，开始有点轻敌了。再往北越过句注山（今雁门山），汉军就要越过国境了。

这时使者往复来回了十几波，他们给刘邦的信息是匈奴都是老弱残兵，很好打。使者们不知道匈奴已经故意把他们强壮能战的士兵和肥壮的牛马都藏了起来，只让使者看到老弱的士兵和瘦弱的牲畜。使者的错误情报让刘邦更进一步误判了匈奴的实力，产生了"毕其功于一役"、彻底解决匈奴问题的冲动。刘邦得到信息说匈奴的冒顿单于驻扎在代谷，就计划向代谷大举进攻。这时刘敬作为使者回来，却提出自己的担忧，他承认他看到的匈奴军队确实多是老弱病残，不堪一击，但是他指出："两国交兵，这时该炫耀显示自己的长处才是。现在我去那里，只看到瘦弱的牲畜和老弱的士兵，这一定是故意显露自己的短处，而埋伏奇兵来争取胜利。我以为匈奴是不能攻打的。"

这时汉朝的二十万大军已经出征，部队已经越过了句注山。大概是汉军大部队已经行动，不方便再调整了，同时也有几分侥幸心理，刘邦骂刘敬道："齐国来的孬种！凭着两片嘴捞得官做，现在竟敢胡言乱语阻碍我的大军。"就用镣铐把刘敬拘禁起来押在广武县。

句注山以北的部分地区虽然在秦朝一度被秦军攻占，但秦末汉初中原大地战火纷飞，中原王朝无力顾及这些地区，已经被匈奴逐步渗入侵占。越过句注山意味着汉军踏入匈奴的土地，这应该算是汉帝国对匈奴发动的第一次主动进攻，只是这次进攻没有七十多年后他曾孙武帝时那么威风，反倒被匈奴人打得灰头土脸。

这时候遇到天气大寒，士兵们的手指头被冻掉了两三根。面对恶劣的天气，刘邦急于解决问题，再加上轻敌，他仅带着少量精锐轻兵急进，把大军抛到后边。刘邦到达平城（今山西大同市）以北的白登山（今名马铺山）时，突然冒出大股匈奴骑兵。刘邦一下傻眼了，赶紧带部队上白登山据险而守，匈奴骑兵则把他团团围住。今天，大同在山西省境内，但在当时，实际上刘邦已经出国境线一百多公里了。

于险境之中，陈平出了一个奇计，派人送给匈奴阏氏（即王后）许多礼物，让阏氏劝冒顿单于说："现在已经攻取了汉朝的土地，但没什么价值；更何况两国君主不互相为难。"同时，由于韩王信的部队没有按约定及时赶来会合，冒顿单于怀疑这里面是不是有什么阴谋，最后下令骑兵解开一角的围困，放被围困在白登山的汉军出来。

当时天降大雾，看得不是很清楚。已经被困在山上七天七夜的刘邦看到解围了，急着要跑出来，护军中尉陈平和太仆夏侯婴制止刘邦的急躁，命令士兵每张强弩朝外搭两支利箭，缓步慢慢地撤出包围。部队撤进平城之后，汉朝的大股救兵也赶到了，匈奴的骑兵这才解围而去。汉朝也收兵而归。刘邦的大舅子、吕后的大哥吕泽在这次和匈奴的武装冲突中受了重伤，不久不治而死。刘邦只好将吕泽的长子吕台封为郦侯，次子吕产封为交侯，以示抚恤。

刘邦和匈奴第一次交手被打得灰头土脸。回到广武县，刘邦便赦免了刘敬，对刘敬说："我不听您的意见，因而在平城遭到围困。我已经把前面那十来批出使匈奴说匈奴可以攻打的人都斩首了。"赏赐刘敬食邑两千户，封为关内侯，称作建信侯。

经历了白登山之围，刘邦感到匈奴同以往的敌人不同，这个敌人居无定所、来去如风，不可能一战而胜。眼下国家刚刚经历两场内战的消耗，国力极度空虚，经不起再次大规模战争的折腾。于是刘邦决定调整国防战略，放弃了主动进攻的思维，转向防御性的策略，做好长期抗战的打算。

刘邦算一算老刘家的亲人，二哥还没有封王，想想二哥刘仲持家有道，而面对眼前这个局面，刘邦也想找个人替自己分忧。于是刘邦将他二哥刘仲改名刘喜，封为代王，以云中、雁门、代三郡五十三县建代国，填补韩王信的空缺。留下樊哙兵团收复这一带的失地，不再主动越境出击。让阳夏侯陈豨以赵相国的身份统一调度赵国、代国的部队和这一带汉军边防部队防御匈奴，做好长期抗战的准备，然后动身返回洛阳。

来自内部的不安

惹怒小人

汉七年十二月，刘邦回洛阳时路过赵国。女婿赵王张敖从早到晚亲自侍奉饮食，态度很谦卑，颇有子婿的礼节。大概是因为经历了白登山之围，刘邦对眼下的局面很烦，心情很不好，就把气出在女婿身上。刘邦席地而坐，像簸箕一样伸开两支脚责骂。

赵国的大臣贯高、赵午等人虽然已六十多岁了，看到刘邦的举动非常愤怒。他们原是张耳的门客，混黑社会出身，性格生平豪爽、易于冲动。贯高、赵午等人对刘邦的行为非常愤怒，竟规劝张敖杀掉刘邦。张敖听了，吓了一跳，把手指咬出血来，发誓决不背叛刘邦。贯高、赵午等十多人见状决定自己干。

贯高、赵午等人是不是疯了？杀了刘邦，张敖就能升级为皇帝？这是智力正常人的行为吗？难怪你们混了几十年还是当马仔。看看你们以前的老同事（刘邦），人家同样是跟张耳混的，同样六十岁的人，都混到当皇帝了。

不管怎么说，因为女婿理智，刘邦的赵国之行没有惹出祸来，顺利通过了赵国。刘邦南归路过曲逆（今河北顺平东南），发现这座县城，就改封陈平为曲逆侯，酬谢他在解决白登山之围的贡献。

也在这个月，匈奴向新生的代国发动了猛攻，代王刘喜吓得弃国南逃，一时传为笑柄。刘邦无可奈何，又不忍心治他的罪，就将他贬为合阳侯养老去了。刘邦比较疼爱自己与戚姬所生的儿子刘如意，把眼下唯一空缺出来的王位给了他，立为代王。当然，刘如意此时还是小孩子，不可能去封国主持工作，北防匈奴的重任基本还是压在阳夏侯陈豨身上。

元功十八人

也是差不多在这个阶段，刘邦突然又提出了要搞"评比"，准备排出功劳最大的十八位功臣。这个消息立刻引发了轰动，群臣都积极参与。在评功讨论会上，群臣的一致意见是："平阳侯曹参身受七十处创伤，攻城夺地，功劳最多，应该排在第一位。"

刘邦考虑到之前已经委屈了功臣们，较多地赏封了萧何，到评定位次时就没有再反驳大家，但心里还是想把萧何排在第一位。看到领导为难，鄂千秋赶快来替领导解围。鄂千秋说："各位大臣的主张是不对的。曹参虽然有转战各处、夺取地盘的功劳，但这不过是一时的事情。陛下与楚军相持五年，损失军队，士卒逃散，只身逃走有好几次了。然而萧何常从关中派遣军队补充前线，在没有得到诏令的情况下，数万士卒开赴前线解救陛下的危急，这种情况已有多次了。汉军与楚军在荥阳对垒数年，军中没有现存的口粮，萧何从关中用车船运来粮食，使得军粮供应从不匮乏。陛下虽然多次失掉崤山以东地区，但萧何一直保全关中等待着陛下，这是万世不朽的功勋啊。如今即使没有上百个曹参这样的人，对汉室又有什么损失？汉室得到了这些人也不一定能保全汉室。怎么能让一时的功劳凌驾于万世功勋之上呢？应该是萧何排第一位，曹参居次。"

有了鄂千秋的铺垫，刘邦说："好。"于是便确定萧何为第一位，特恩许他带剑穿鞋上殿，上朝时可以不按礼仪小步快走。然后刘邦又加封鄂千秋为安平侯。当天，萧何父子兄弟十多人都封有食邑。后又加封萧何两千户，理由是刘邦曾经到咸阳服役时，萧何多送给他二百钱。

元功十八人的排位史料上留下两套名单。

甲名单是：萧何第一，曹参二，张敖三，周勃四，樊哙五，郦商六，奚涓七，夏侯婴八，灌婴九，傅宽十，靳歙十一，王陵十二，陈武十三，王吸十四，薛欧十五，周昌十六，丁复十七，虫逢十八。

乙名单是：萧何第一、樊哙二、张良三、周勃四、曹参五、陈平六、张敖七、郦商八、灌婴九、夏侯婴十、傅宽十一、靳歙十二、王陵十三、韩信十四、陈武十五、虫达（虫逢）十六、周昌十七、王吸十八。

这两份名单都有些问题不能解答，据说吕后执政后还搞过一次评比调整，所以出现了两份名单。今天，我们已经搞不清最当初的功臣名单是什么样子的。但刘邦利用这种评比实现了一些企图：一是利用荣誉感收买成员，提升他们对汉帝国的忠诚；二是利用评比在群臣之间制造隔阂和矛盾，实现对下属的分化和挑拨。

萧何、曹参二人虽说肚量都不错，但据说就此有了过结，一直不能解开。作为文治派和武功派各自的领军人物，他们的不能抱团是刘邦的巨大胜利，对于刘邦实现稳定统治具有积极意义。可见，刘邦玩弄人心的手段是非常高明的。

废太子的尝试

七年二月，长安长乐宫修复完成，丞相萧何以下的主要政府机构先行迁往长安办公。同时丞相萧何也开始在筹备建设未央宫，并将建设蓝图向刘邦汇报。未央宫是未来皇帝朝见群臣的地方，建东阙、北阙、前殿、武库、太仓等建筑，总面积约五平方公里，约相当于七个故宫大小。

刘邦看到未央宫殿设计的这么壮观，很生气，对萧何说："天下动荡纷乱，苦苦争战好几年，成败还不可确知，为什么要把宫殿修造得如此豪华壮美呢？"萧何辩解说："正因为天下还没有安定，才可以利用这个时机建成宫殿。再说，天子以四海为家，宫殿不壮丽就无法树立天子的威严，而且也不能让后世超过呀。"这通狡辩让刘邦可以心安理得地享受到高档生活办公场所，刘邦很高兴，就接受了萧何的歪理。

春天，刘邦下令对轻罪的干部进行赦免，对生育子女的人家免除两年的劳役。总之刘邦在努力恢复楚汉战争后的经济和社会创伤。

刘邦和戚姬是颇有真感情的，戚姬给刘邦生了三儿子刘如意后，刘邦一直很疼爱这个孩子，想把他立为太子，取代嫡子刘盈。戚姬当然开心，一心撺掇刘邦改易储君，于是刘邦把改立刘如意为太子的意见拿到朝廷上讨论。

群臣中丰沛的骨干居多，很多是在老家看着刘盈长大的叔叔伯伯，自然心里不乐意。吕后一族在朝中势力不小，又是砀郡系的利益代言人，砀郡系的人也不乐意看到刘盈被废。刘邦的议题原本是很难通过的，但一则消息突然，大家骤然得到这个消息一时都懵了；二则群臣虽然不满，但是得罪皇帝的事情谁也不愿意干，一时间竟然没有人敢带头跳出来反对。一阵冷场后，刘邦就差点就要宣布意见一致通过。这个紧要关头，御史大夫周昌跳出来反对，使得情况峰回路转。

周昌是刘邦的沛县老乡，为人坚忍刚强，敢于直言不讳。除了萧何、曹参，其他人对周昌都是非常敬畏的。有一次，周昌在刘邦休息时进宫奏事，刘邦正和戚姬拥抱，周昌见此情景，回头便跑。刘邦又羞又恨，连忙上前追赶。追上之后，骑在周昌的脖子上问道："你看我是什么样的皇帝？"周昌挺直脖子，昂起头说："陛下您就是夏桀、商纣一样的皇帝。"刘邦心胸还是比较开阔的，气出完了，人也冷静下来。听了他这么说哈哈一笑，事情就算了。

周昌不做老好人，他率先跳了出来，在朝廷中挑头和刘邦极力争辩。刘邦问他理由何在，周昌有口吃的毛病，再加上是在非常急切的时候，口吃得更加厉害了，他说："我的口才虽然不太好，但是我心……心……知道这样做是不行的。陛下您虽然想废掉太子，但是我……我……坚决不能接受您的诏令。"刘邦看他这个样子，都觉得好笑。

有了挑头人，早有不满的群臣纷纷附和，一时间朝廷上反对声一片。在群臣的激烈反对之下，刘邦只好暂时放弃了改易储君的企图。事过之后，吕后因为在东厢侧耳听到上述对话，她见到周昌时，就跪谢说："若不是您据理力争的话，太子几乎就被废掉了。"

刘邦见提案通不过，自然想找丰沛系以外的张良寻求支持。张良看在眼里，明白在心里，自然不敢趟这趟浑水。他就以体弱多病为借口，又闹着要去学修仙，经常不上朝，远离这些是是非非。

和亲匈奴

针对匈奴屡屡寇边这个问题，刘邦感到很忧虑，就问刘敬对策。刘敬说："汉朝天下刚刚平定，士兵们被战火搞得疲惫不堪，对匈奴已经无法用武力制服。冒顿杀了他的父亲自己做了君主，又把他父亲的许多姬妾作自己的妻子，他凭武力树威势，是不能用仁义道德说服的。只能够从长计议，让他的子孙后代臣服汉朝了，然而又怕陛下不能办到。"

刘邦说："果真可行的话，为什么不能办？只是该怎么办呢？"刘敬认为让长公主（鲁元公主）嫁给冒顿和亲，让冒顿单于成为汉朝的女婿，就可以让匈奴逐渐臣服了。刘邦听后认为可行，便要送长公主去匈奴。吕后得知后天天来吵，对刘邦说："我只有太子和一个女儿，怎么忍心把她远嫁匈奴！"刘邦没有办法，便找了个宫女以长公主的名义，嫁给冒顿君主作妻子。同时，派遣刘敬与匈奴订立议和联姻盟约。

刘敬从匈奴考察回来，便称说匈奴在黄河以南的白羊、楼烦两个部落，离长安最近的只有七百里路，轻装骑兵一天一夜就可到达关中地区。关中地区刚刚经过战争还很凋敝，人丁稀少，建议把关东各国的豪门名家都迁移到关中居住，充实关中的人口。

刘敬一会儿说冒顿单于"杀父代立，妻群母"，没有恩义可言，一会儿又是让刘邦嫁女儿给冒顿为女婿，用结亲恩义来收服他。一会儿说关中是"金城千里"，进可攻退可守，一会儿又是匈奴入侵，"一日一夕可至"，非常危险。他出的馊主意多，好主意少，只是在帝国庞大的身躯面前，政策的矛盾和错误被掩盖罢了。

北方的大叛乱

定朝仪

亲是和了，但显然没有什么作用，匈奴骑兵依然不时支持韩王信的叛军在边境实施骚扰。汉八年的冬天，刘邦带兵在东垣（今河北正定）一带击溃了入侵的韩王信叛军。击退了叛军的骚扰后，刘邦再次经过女婿的赵国，张敖依然很恭敬地侍奉了刘邦，还把美人赵氏送给刘邦陪睡觉。但是贯高等人却不安分，偷偷密谋刺杀刘邦。刘邦路过一个县，还没休息，突然第六感上来，问手下："这个是什么县呢？"手下回答："这个县名叫柏人（今河北省柏乡县）"。刘邦说："柏人，逼迫人的意思。"于是决定连夜赶路，不在这里留宿，这一决定使得刘邦幸运地躲过这一劫。刘邦走后，张敖发现赵氏怀孕了。这下小妾变小妈，张敖吓坏了，赶紧送出宫去，另在外给她建了一套别墅供奉起来。

三月，汉政府下令商人不得穿丝质服装，不得拥有兵器，不得骑马，想以此抑制社会的商业冲动，引导民间搞好农业生产。由于皇帝的示范效应，佩戴刘邦年轻时候发明的竹皮冠成为时尚，政府正式下令，没有科级（公乘）以上待遇的人员没资格佩戴刘氏冠。

到了年底（汉八年九月），刘邦在洛阳开宴会，淮南王黥布、梁王彭越、赵王张敖、楚王刘交都应邀赴约，宴会上的气氛应该还算融洽。汉八年这一年基本还是比较平静的。

转眼到了汉九年十月。未央宫建成，投入使用。各诸侯王及朝廷群臣都来长安朝拜皇帝参加岁首大典。叔孙通主持制定的朝仪也在这次落成典礼中首次采用。

该礼仪是：在天刚亮时，谒者开始主持礼仪，引导诸侯及百官依次进入殿门，廷中排列着战车、骑兵、步兵和宫廷侍卫军士，摆设着各种兵器，树立着各式旗帜。谒者传呼"小步快走"。于是所有官员各入其位，大殿下面郎中官员站在台阶两侧，台阶上有几百人之多。凡是功臣、列侯、各级将军军官都按次序排列在西边，面向东；凡文职官员从丞相起依次排列在东边，面向西。大行令安排的九个礼宾官，从上到下传呼。于是皇帝乘坐"龙辇"从宫房里出来，百官举起旗帜传呼警备，然后引导着诸侯王以下至六百石以上的各级官员依次毕恭毕敬地向皇帝施礼道贺。诸侯王以下所有官员没有一个不因这威严的仪式而惊惧肃敬的。

等到仪式完毕，再摆设酒宴大礼。诸侯百官等坐在大殿上都敛声屏气地低着头，按照尊卑次序站起来向皇帝祝颂敬酒。斟酒九巡，谒者宣布"宴会结束"。最后监察官员执行礼仪法规，找出那些不符合礼仪规定的人把他们带走。从朝见到宴会的全部过程，没有一个人敢大声说话或有不当举止。大典之后，刘邦非常得意地说："我今天才知道当皇帝的尊贵啊。"于是授给叔孙通太常（文化部长兼国策研究室主任）的官职，赏赐黄金五百斤。

"定朝仪"或许从表面看上去制造了君臣的某种隔阂，大家不能再像过去那样哥俩好了。但这却是刘邦的汉帝国行政走向正规化的一个必然产物，对汉帝国的和平建设起到积极作用。今后，刘邦工作的另一条主线就是行政逐步向正规化方向转变，提拔一批年轻的行政干部，日渐疏远这些打江山的老臣。

朝会结束后，刘邦在未央宫前殿摆设酒宴大会诸侯、群臣。淮南王黥布、梁王彭越、赵王张敖、楚王刘交仍然受邀来参加。刘邦捧着玉制酒杯，起身向太上皇献酒祝寿，说："当初老人家您常以为我没有才能，无可依仗，不会经营产业，比不上刘仲勤苦努力。可是现在我的产业和刘仲相比，谁的多呢？"殿上群臣都呼喊万岁，大笑取乐。这是刘邦在公开场合调侃他老爹，可见直到此时，刘邦集团依然有比较强烈的江湖哥们气息。

周昌贬官

两个月后，十二月，贯高的仇人知道了他谋杀皇帝的计谋，就向刘邦秘密告发此事。刘邦震惊了，下令逮捕赵王张敖、贯高等人，涉案的十多人都要争相刎颈自杀抵罪，只有贯高愤怒地骂道："谁让你们自杀？如今这事，大王确实没有参与，却要一块逮捕。你们都死了，谁替大王辩白没有谋叛的意思呢！"

贯高和宾客孟舒等十多人，都自己剃掉头发，用铁圈锁住脖子，囚禁囚车里和赵王一起押送到长安。在审判张敖罪行的审判庭上，贯高为张敖辩解说："只有我们这些人参与了，赵王确实不知。"官吏审讯贯高，严刑鞭打几千下，用烧红的铁条去刺，身上没有一处是完好的，但始终没改口供。

吕后听说女婿被捕，向刘邦解释，认为张敖娶了鲁元公主，自家人不会干出这种事，刘邦愤怒地说："若是让张敖占据了天下，难道还会考虑你的女儿吗！"不听吕后的劝告。

廷尉（司法部长）把审理贯高的情形和供词报告给了刘邦。刘邦也不得不佩服贯高的骨头硬，就想让贯高的同乡中大夫泄公通过私情去套贯高，贯高坚称这是他们的计谋，和赵王张敖无关。见问不出结果来，刘邦心生一计，表示要赦免赵王，并通过泄公将这事告诉贯高继续套口风，但是贯高得到消息后选择了自杀，让刘邦的计谋落空。贯高自杀后，余怒未平的刘邦依然下令处决了他的三族亲人。

汉九年一月，刘邦宣布赦免了赵王张敖，但死罪虽免，活罪难逃，张敖从赵王被降为宣平侯。如果不是贯高瞎胡闹，刘邦恐怕也不会出手收拾女婿。张敖摊到这群奇葩手下，除了自认倒霉还能有什么办法？刘邦疼爱刘如意，就将刘如意从代王迁徙到赵国，担任赵王。

还有刘邦睡过的赵氏，已经怀孕了，因为张敖谋反案而受牵连被逮捕。赵氏在监狱向狱卒报告她怀有刘邦的孩子，要求报告皇帝，刘邦正在气头上就没理会。赵氏的弟弟赵兼通过审食其向吕后报告这个事情，吕后当然嫉恨，哪肯替他们母子向刘邦通报这事，审食其也没有去力争。结果赵氏就在监狱生下孩子，羞愤之下赵氏就自杀了。狱卒只好抱着婴儿给刘邦，刘邦看到这个小生命后才感到后悔，下令将赵氏安葬在赵氏的家乡东垣，让吕后好好抚养这个孩子，并给孩子起名刘长。

汉九年二月，刘邦召见了受赦免的田叔、孟舒等十来个张敖的臣属，和他们交谈才发现他们懂得治国，手下丰沛老臣只会打打杀杀，不会治国。对此，刘邦很高兴，就把他们拜为郡守、诸侯相。

有一天，刘邦心中不乐，慷慨悲歌，大家都不知道皇帝为什么会这样。御史（皇帝秘书）赵尧看出了刘邦的心思。赵尧当时还是个年轻人，他是掌管符玺的御史。曾经有个赵国人方与公对赵尧的直接领导御史大夫周昌说："您手下的御史赵尧，年纪虽轻，但他却是一个奇才，您对他一定要另眼相待，他将来要代替您的职位。"周昌笑着说："赵尧年轻，只不过是一个刀笔小吏罢了，哪里会到这种地步！"

赵尧上前请问道："陛下您闷闷不乐的原因，莫非是为赵王年龄太小，而戚夫人和吕后二人又不和睦吗？担心在您万岁之后而赵王不能保全自己吗？"刘邦说："对。我私下里非常担心这些，但是却拿不出什么办法来。"

赵尧说："您最好为赵王派去一个地位高贵而又坚强有力的相国来保护他，这个人还得是吕后、太子和群臣平素都敬畏的人才行。"刘邦说道："对。我考虑此事是想这样,只是满朝文武谁能担此重任呢?"

赵尧说道："御史大夫周昌,这个人坚强耿直,而且从吕后、太子到满朝文武,人人对他都一直敬畏,只有他才能够担此重任。"刘邦说："没错。"

于是刘邦就悄悄召见了周昌谈心,对他说："我想一定得麻烦您,您无论如何也要为我去辅佐赵王,您去担任他的相国。"周昌一听眼泪就下来了,以为刘邦嫌弃他,回答:"我从一开始就跟随陛下,您为什么单单要在半路上把我扔给诸侯王呢?"

刘邦说:"我知道这是降职,但是我私下里又实在为赵王担心,再三考虑,除去您之外,其他人谁也不行。真是迫不得已,您就为我勉强走一遭吧!"既然老大话都说到这份上了,周昌只好从御史大夫调任赵国相国,担负起这个特殊使命。原赵相国陈豨就转成代国相国,依然负责北面的军事防务。

周昌走了以后,过了很长一段时间,刘邦手拿着御史大夫的官印,轻轻地抚弄着说:"谁才是御史大夫最合适的人选呢?"然后仔细地看了看赵尧,说道:"没有人比赵尧更合适了。"这样,就任命赵尧为御史大夫。

赵尧是刘邦建国后提拔重用的年轻官员,有别于那些丰沛系老臣,他被提拔具有非常典型的代表意义。建国后,以前一起打江山的兄弟们成了君王聚拢权力时最大的绊脚石,他们既有小团体自身的利益,也有推翻君王的实力,因而历代帝王无论生前如何强势,最后都会被这个集团的小团体利益所裹挟,被迫向这个军功利益集团妥协。

陈豨叛乱

周昌去赵国后马上就惹出事了。前边提到的刘邦倚赖的北防重臣是宛朐人陈豨，他和刘邦有个共同爱好，就是崇拜偶像信陵君。所以陈豨也很喜欢养食客，对待宾客时用平民百姓之间的交往礼节，而且总是谦卑恭敬、屈己待人。陈豨休假回乡路过赵国，随行宾客有一千多辆车子，把邯郸所有的官舍全部住满了。

周昌长期担任检察总长，对这些体制外力量非常警惕。陈豨回到代国的边防一线后，周昌就请求进京朝见。周昌见到刘邦之后，指出陈豨宾客众多，在外独掌兵权好几年，恐怕会有变故。实际上他对陈豨的指控是莫须有的指控，这个有罪推定将陈豨放到一个非常危险的境地。

听到周昌的指控后，刘邦就下令调查陈豨的宾客在经济等方面违法乱纪的事，其中不少事情牵连到陈豨。这是刘邦用经济问题先从外围敲打陈豨，试探和观察陈豨。结果陈豨害怕了，暗中派宾客到叛乱的王黄、曼丘臣等处通消息，准备留条后路。然而，一晃八九个月过去了，朝廷和陈豨双方相安无事。

到了汉十年十月，淮南王黥布、燕王卢绾、荆王刘贾、梁王彭越、楚王刘交、齐王刘肥等诸侯王按惯例来长安朝拜刘邦。

五月太上皇后死。

七月太上皇死。楚王刘交、梁王彭越都来送葬。

八月，朝廷突然下令征召代相国陈豨入朝。陈豨得到征召令后很犹豫，因为一年来朝廷一直在查他手下人的经济问题，出了不少事情，眼下还没定论，陈豨正烦呢。在这个节骨眼上朝廷突然征召他，究竟是想要听取他边防工作的述职报告还是想趁机抓起来审讯？陈豨感到惶恐不安。陈豨又想到韩信的教诲，韩信告诉他：你位高权重就会被诋毁，虽然你深受皇帝信任，但也经不得三人成虎。陈豨感到此次被征召入长安是凶多吉少，于是他先是宣称自己病情严重，试图拖延时间不肯进京。最后实在拖不下去，陈豨联合原先的敌人韩王信和匈奴人，宣布叛乱，自立为代王。

随着匈奴、韩王信、赵王赵利、代王陈豨几股势力的联合，加上陈豨长期主持北方防务，对汉军北防军情了如指掌，酿成了汉帝国建国以来北方规模最大的一起叛乱事件。汉帝国在黄河以北地区的局面急转直下，赵国二十五座城池中就有二十座被攻陷。

由于刘邦处置不当，引发了陈豨的突然叛乱。消息传到长安，朝廷震惊。刘邦说："陈豨曾经给我做事，还算稳重。代地我认为是很重要的地方，所以封陈豨为列侯，让他以代相国的身份镇守代地。如今他竟然和王黄等人劫掠代地！但是代地的官吏和百姓并没有罪，全都赦免他们。"

汉十年九月，刘邦准备亲自率军北上，前去讨伐陈豨。刘邦的老朋友蒯成侯周緤流着泪劝阻道："从前秦王攻取天下，不曾亲自出征，现在您经常亲自出征，难道是没了可派遣的人吗？"刘邦也很感动，恩准他特殊待遇"入殿门不趋，杀人不死"。这是给臣属一种极高的礼遇，一般只有个别元老重臣才能享受到。周緤可不是"装"的，刘邦和这些当年丰沛的老朋友的感情是非常真挚的。

到达邯郸后，刘邦了解了敌情，很高兴地说："陈豨不在南面占据漳水、北面守住邯郸，可知他不会有所作为。"赵相国周昌汇报说："常山共有二十五座城池，陈豨反叛，失掉了其中二十座。"上奏请求把常山的郡守、郡尉斩首。

当初认定陈豨有叛乱野心的是周昌，可是周昌除了告状外任何准备都不做，以至于叛军一举攻陷了赵国80%的领土，周昌的过错有多大？当然，由于宝贝儿子（刘如意）未来指望周昌保护，即使生气刘邦也会忍着这口气。

刘邦比周昌理智。刘邦问："郡守、郡尉叛变了吗？"周昌回答说："没有。"刘邦说："这是力量不足的缘故。"随后就赦免了他们，同时还恢复了他们的守尉职务。

刘邦问周昌："赵国还有能带兵打仗的壮士吗？"周昌回答："有四个人。"然后让这四个人拜见刘邦，刘邦一见便破口大骂道："你们这些小子们也能带兵打仗吗？"四个人惭愧地伏在地上。但刘邦还是各封给他们一千户的食邑，任命为将。左右近臣劝谏道："有不少人跟随您进入蜀郡、汉中郡，其后又参与征伐西楚，这些有功的人还未全部得到封赏，现在这几个人有什么功劳就予以封赏？"刘邦说："这就不是你们所能了解的了！陈豨反叛，邯郸以北都被他所占领，我用紧急文告来征调各地军队，但至今仍未有人到达，现在可用的就只有邯郸郡一处的军队而已。我不能吝惜封给四个人的四千户，我要用这个来激励赵地的年轻人！"左右近臣这次明白皇帝的良苦用心，都说道："对。"

于是刘邦又问："陈豨的将领都有谁？"左右回答说："有王黄、曼丘臣，以前都是商人。"刘邦很高兴地说："我知道应该怎么对付他了。"于是拿了许多黄金去引诱陈豨的部将，大打金元攻势，结果很奏效，陈豨的部将很多都投降了。刘邦又各悬赏千金来求购王黄、曼丘臣等的人头。

陈豨进攻受挫后，派王黄向匈奴求救。与此同时，燕王卢绾也积极响应皇帝的征召，率军从东向陈豨的军队施加军事压力。并且卢绾还派部下张胜出使匈奴交涉，声称陈豨等人的部队已被击败，要求匈奴人不要支持叛军。前燕王臧荼的儿子臧衍逃亡在匈奴，见到张胜说："您之所以在燕国受重用，是因为您熟悉匈奴事务。燕国之所以能长期存在，是因为诸侯多次反叛，战争连年不断。现在您想为燕国尽快消灭陈豨等人，但陈豨等人被消灭之后，接着就要轮到燕国，您这班人也要成为俘虏了。您为什么不让燕国延缓攻打陈豨而与匈奴修好呢？战争延缓了，能使卢绾长期为燕王，如果汉朝有紧急事变，也可以借此安定国家。"张胜认为他的话是对的，就暗中让匈奴帮助陈豨攻打燕国。

燕王卢绾发现情况不太对，怀疑张胜和匈奴勾结一起反叛，就上书皇帝请求把张胜满门抄斩。张胜返回后把之所以这样干的原因全部汇报燕王卢绾。卢绾这才明白张胜"用心良苦"，就找了一些替死鬼治罪处死了，把张胜的家属解救出来，并派张胜作为同匈奴的秘密联络员，又暗中派遣范齐到陈豨的处所联系，想让他的叛乱长期持续下去。

有了匈奴的帮助，再加上燕国的纵容，陈豨得以继续顽抗下去。又过了一两个月，到了汉高祖十一年的冬天，陈豨叛军的气焰居然再次嚣张起来。部将侯敞率领万余人游行，王黄率领骑兵千余名进攻曲逆，张春率领步兵万余人渡过黄河攻打了聊城（今山东聊城）。这是北方叛军首次出现越过黄河的情况。

好在这时候汉军大规模的动员也完成了，开始发动反击。汉将郭蒙与齐军将领联合在聊城把流窜过来陈豨大将张春打败，斩首一万多人。汉军主力在樊哙、郦商、灌婴等人的指挥下发动反攻，在曲逆城会战中汉军大获全胜，斩杀了陈豨的大将侯敞、王黄。然后这一路汉军向北和刘邦汇合，在刘邦的统一指挥下向北大步推进。

另一路汉军由太尉（国防部长）周勃指挥，取道太原方向，平定了太原和代郡。一直推进至马邑，坚守马邑的叛军不肯投降，周勃大军强行攻克了马邑。

汉十一年十二月，刘邦亲自率军攻打东垣。这里是恒山郡的郡治，是军事重镇，由赵王赵利负责把守，也相当于陈豨叛军的重要巢穴。刘邦一时未能攻克，叛军士卒就在城头上辱骂刘邦。不久东垣被汉军攻克，凡是骂刘邦的士卒一律斩首，没骂的士卒则处以黥刑，在额头上刺字。攻克东垣后，刘邦把东垣改名真定。王黄、曼丘臣所有被悬赏追捕的部下，一律被活捉，陈豨的军队也就彻底溃败了。这一带坚决不向叛军投降的城池被免税三年，作为奖励。

从汉十年九月，到汉十一年十二月，前后三个月的时间，陈豨的叛乱基本被打垮。

13

大风歌

韩信、彭越之死

两个韩信的死亡

汉十一年正月，韩王韩信在匈奴骑兵的支持下，再次侵入汉朝。汉朝派遣将军柴武带兵前去迎击。柴武击败了韩叛军后，将败退的韩王信包围在参合（今山西阳高南）。柴武给韩王信写了封信，说："皇帝陛下宽厚仁爱，尽管有些诸侯背叛逃亡，但当他们再度归顺的时候，总是恢复其原有的爵位名号，并不诛杀，这些都是大王您所知道的。现在您是因为战败才逃归匈奴的，并没有大罪，您应该赶快来归顺！"韩王信回信道："皇帝把我从平民中提拔上来，使我南面称王，这对我来说是万分荣幸的。在荥阳保卫战中，我不能以死效忠，而被项羽关押。这是我的第一条罪状。等到匈奴进犯马邑，我不能坚守城池，献城投降。这是我的第二条罪状。现在反而为敌人带兵，和将军作战，争这旦夕之间的活头。这是我的第三条罪状。文种、范蠡没有一条罪状，但在成功之后，一个被杀一个逃亡；现在我对皇帝犯下了三条罪状，还想在世上求取活命，这是伍子胥在吴国之所以被杀的原因。现在我逃命隐藏在山谷之中，每天都靠向蛮夷乞讨过活，我思归之心，就同瘫痪的人不忘记直立行走，盲人不忘记睁眼看一看一样。然而，当前的形势并不允许我回去。"

最后两军交战，柴武强攻下参合城，在巷战中将韩王韩信斩杀。从汉六年秋算起，韩王信整整造反了四年半，整个北方被搞得非常紧张。随着韩王信叛军的覆灭，代王这个位置需要有人填补，刘邦就将四子刘恒封为代王。刘邦认为代国直接面对匈奴的入侵，军事压力很大，决定对代国的土地进行置换，用代国北部的云中郡交换汉国太原郡的部分领土，这样代国就处在汉国的环形保护中，对于尚且年幼的刘恒来说无疑安全多了，刘恒还是比较幸运的。

在韩王信被斩杀的同月，在长安，和他同名同姓的韩信也因为谋反被诛杀。这应该是起冤案。

事情的起因是韩信的一位家臣得罪了韩信，韩信把他囚禁起来，打算杀掉他。家臣的弟弟上书告变，说韩信计划配合陈豨的叛乱，打算夜里假传诏书赦免各官府服役的罪犯和奴隶，发动他们去袭击吕后和太子，已经部署的差不多了，正等待陈豨的消息。

丞相萧何和吕后得到消息后大吃一惊，刘邦此时不在长安，他们担心自己没有能力制服韩信这只猛虎，不管事情真假，决定先做了他。吕后打算把韩信召来，又怕他不肯就范，就和萧相国谋划，派人以刘邦的名义去找韩信，说陈豨已被俘获处死，让列侯群臣都来祝贺，用这个消息压住韩信，防止他起事。然后又让萧何就去拉韩信前去庆祝，说："即使有病，也要强打精神进宫祝贺吧。"萧何是韩信的知己加恩人，他的面子韩信是要给的。

　　韩信进宫后，吕后命令武士把韩信捆起来，在长乐宫的钟室杀掉了。韩信就这样稀里糊涂地送了命，临斩时说："我后悔没有采纳蒯彻的计谋，以至被妇女小子所欺骗，难道不是天意吗?"吕后又下令诛杀了韩信三族。

　　刘邦在前线听说韩信被杀，就派遣使者拜丞相萧何为相国。汉代相国一职和丞相职能一样，但名号会尊贵些，等于刘邦给萧何提了一级。又给萧何加封五千户，并令五百名士卒、一名都尉做相国的卫队。为此许多人都来祝贺，唯独召平表示吊唁。

　　召平原是秦朝的东陵侯。秦朝灭亡后，他沦为平民，家中贫穷，在长安城东种瓜。召平对相国萧何说："祸患从此开始了。皇帝风吹日晒地统军在外，而您留守朝中，在没有立下战功的情况下，反而增加您的封邑并设置卫队，这是因为刚刚发生了淮阴侯在京城谋反的事件，皇帝对您也产生了不信任。设置卫队保护您，并不是宠信您。希望您辞让封赏不受，把家产、资财全都捐助军队。"萧相国听从了他的建议，刘邦果然很高兴。

　　不得不承认，刘邦的沟通手段非常老辣。在没有得到命令的情况下擅自杀了一个列侯，萧何未免显得有点自作主张了，刘邦其实是不满的。

　　但是反过来，你又不得不承认萧何的做法确实是为了汉帝国的国家安全，即使方法不对，至少出发点是好的。如果对他惩罚了，那么今后再发生类似的事情怎么办? 将来丞相就不敢自专，不得不千里迢迢来请示，误事了怎么办? 所以必须予以表扬。

　　同一件事情，既需要惩罚又需要表扬，处理办法就是这么矛盾。刘邦怎么办？刘邦采用一种夸张式的表扬，为萧何加封五千户，派遣一支五百人的卫队。五千户是什么概念呢？演义小说经常喊"赏千金，封万户侯"，可是大家只要查一下《高祖功臣侯者年表》，会发现一百四十多个列侯中，真正超过五千户的列侯也就十个出头而已，甚至元功十八人中很多人都没有达到五千户，相当多的列侯仅有区区几百户。可以说萧何一个加封就五千户，让列侯们情何以堪？举个日常的例子，某天有人请你帮他去买包烟，如果他给你两块或五块钱酬劳估计你会很乐意去，假如他给你两万块，你敢收吗？你一定会怀疑里边有什么阴谋。道理是一样的。萧何也正确理解了刘邦的意图，推掉这些加封，把家产、资财全都捐助军队，表示认错认罚，下不为例，双方完成互动。

刘邦平叛陈豨完成，回到京城，见韩信已死，又高兴又怜悯他，问："韩信临死时说过什么话？"吕后说："韩信说悔恨没有采纳蒯彻的计谋。"刘邦说："那人是齐国的说客。"就诏令齐国捕捉蒯彻。蒯彻被逮捕带到长安后，刘邦亲自审问："你唆使淮阴侯反叛吗？"蒯彻老老实实地承认说："是。我的确教过他，那小子不采纳我的计策，所以有自取灭亡的下场。假如那小子采纳我的计策，陛下怎能够灭掉他呢？"刘邦生气地说："煮了他。"蒯彻说："哎呀，煮死我，冤枉啊！"

刘邦说："你唆使韩信造反，有什么冤枉？"蒯彻说："秦朝法度败坏，政权瓦解的时候，山东六国大乱，各路诸侯纷纷起事，一时天下英雄豪杰像乌鸦一样聚集。秦朝失去了他的帝位，天下英杰都来抢夺它，于是才智高超、行动敏捷的人率先得到它。奴隶的狗对着尧狂吠，并不是尧不仁德，只因为他不是狗的主人。正当这时，我只知道有个韩信，并不知道有陛下。况且天下磨快武器、手执利刃想干陛下所干的事业的人太多了，只是力不从心罢了。您能够把他们一个一个都煮死吗？"这通辩解很是给力，刘邦也是讲道理的人，就说："放掉他。"于是赦免了蒯彻。

彭越之死

在平定陈豨叛乱的过程中，刘邦心里有个疙瘩。

原来，当刘邦先期抵达邯郸平叛时，向附近的梁王彭越征兵。此时兵力吃紧的刘邦对战争奇才梁王彭越是寄予厚望的，但是梁王彭越却汇报说身体不适，只派出将领带着军队到邯郸效力，这让刘邦很不高兴。

于是刘邦派人去责备彭越。彭越很害怕，打算亲自前往谢罪。他的部将扈辄说："大王当初不去，现在被他责备了才去，去了就会被捕。不如就此出兵造反。"彭越知道凭自己现有的实力造反毫无胜算，自然不敢起兵造反。但也没有向刘邦沟通解释，就这样一直称病耗着，双方的疙瘩一直没解开。

恰巧这时，梁国内部出事了。梁国的太仆（军马管理部部长）惹怒了梁王彭越，于是彭越打算杀掉他。太仆求生心切，逃到刘邦那儿告状，控告梁王和扈辄阴谋反叛。有了太仆的控告，刘邦想了个计策，派出使臣出使梁国，以工作为名会见梁王彭越，突然将他逮捕。梁王彭越没有防备，被逮捕并囚禁在洛阳。经廷尉审理，认为他谋反的罪行具备，请求依法判处死刑。刘邦心知彭越没有谋反，因此赦免了他，但出于猜忌，仍然把彭越贬为平民百姓，流放到蜀地青衣县（今四川省芦山县）。也是彭越该倒霉，他向西走到郑县（今天陕西华县）时，正好碰到从长安前往洛阳的吕后。由于很熟，彭越就向吕后哭泣，分辩自己没有罪行，表示只求不要流放，想回到家乡昌邑终老。吕后一口答应下来，带上他一块向东去洛阳。

吕后到洛阳见到刘邦后，没有替彭越辩解，反倒对刘邦说：

"彭王是豪壮的勇士，如今把他流放蜀地，这是给自己留下祸患，不如杀掉他。所以，我带着他一起回来了。"刘邦大吃一惊，才明白自己还是太过手软，于是，就让彭越的门客告他阴谋造反。

当时的廷尉是王恬开，他不是开国功臣，是汉五年（项羽死的那年）才有职务的新晋官员，唯领导（刘邦）马首是瞻。就按照领导的指示，以门客的控告作为判刑的依据，呈报请诛灭彭越家族，刘邦很快批准。

彭越死的非常惨，按照《汉书·刑法志》所描述，彭越先被脸上刺字，割去鼻子，然后把他的手指头和脚趾头一根根剁下来，最后乱棍打死，再割掉脑袋，当众剁成肉酱。可怜一代枭雄落得如此下场。此时是汉十一年三月。

刘邦还下令，不得为彭越收尸，敢为者坐牢。这时候梁国的大夫栾布却不顾禁令，他先对着彭越被割掉的脑袋汇报他奉命出使齐国的情况，然后边祭祀边哭泣。

栾布是梁地人，他的经历非常坎坷，当初彭越还是平民的时候两人就有交往。栾布曾担任燕王臧荼的将领，后来刘邦建国后突然袭击了燕国，栾布在那时候被俘虏了。梁王彭越听到了这件事，便向刘邦进言，请求赎回栾布让他担任梁国的大夫。可以说栾布和彭越既是君臣也是朋友，彭越对他的知遇和提携之恩让他没齿难忘。因而栾布不惜要付出生命的代价，用他的行为艺术向刘邦的残暴表示抗议。

于是，治安官就按照刘邦签发的法令逮捕了栾布，并将栾布哭吊的事情汇报上去。刘邦召见栾布，骂道："你要和彭越一同谋反吗？我禁令任何人不得收尸，你偏偏要祭他哭他，那你同彭越一起造反已经很清楚了。赶快把他煮死！"刘邦左右的人架起栾布走向汤镬（大锅）的时候，栾布回头说："希望能让我说一句话再死。"刘邦说："说什么？"

栾布说："当皇上你被困彭城，兵败于荥阳、成皋一带的时候，项王之所以不能顺利西进，就是因为彭王据守梁地，又跟汉军联合，给楚军造成了很大压力。在那个时候，只要彭王调头一走，跟楚联合，汉就失败；跟汉联合，楚就失败。再说垓下之战，没有彭王，项羽不会灭亡。现在天下已经安定了，彭王接受符节受了封，也想把这个封爵世世代代传下去。现在陛下仅仅为了到梁国征兵，彭王因病不能前来，陛下就产生怀疑，认为他要谋反，可是谋反的形迹根本就没有，却因苛求小节而诛灭了他的家族，我担心有功之臣人人都会感到自己危险了。现在彭王已经死了，我活着倒不如死去的好，就请您煮死我吧。"刘邦被他说得哑口无言，赦免了栾布的罪过，任命他做都尉。

诛杀完彭越后，刘邦将两个儿子分封到梁地，五子刘恢为梁王，六子刘友为淮阳王。此外，刘邦又将东郡增加给梁王，将颍川郡增加给淮阳王。

四月，给那些丰县跟随刘邦来关中的人获得终生免役的优待。

和解南粤国

五月，刘邦派出陆贾通过外交手段实现同南粤国的和解。

对这个南粤国有必要作一个交代。秦始皇统一六国后，他毫不满足，要将战争进行到底。于是派兵对今天两广、越南北部一带的土著居民发动进攻。当地土著居民则进行了激烈的抵抗，第一任秦军统帅屠睢战死。不过，最终秦军还是凭借整体优势击败了当地土著部落，攻占了这些地区。当时秦军的指挥官是任嚣，秦政府还有计划地向当地殖民，准备用秦人逐步同化这些地区。但是没多久就发生了陈胜吴广起义，整个殖民计划被打乱了。

这个时候，任嚣患了重病，临终前将龙川（今广东省龙川县）县令赵佗叫来，让赵佗接管秦国南方集团军，同时交代赵佗，现在北方全乱套了，也不知道会发生什么情况。任嚣让赵佗切断同中原的联系，除掉本地的秦朝官吏，依托殖民兵团的移民在这里站稳脚跟，建立自己的国家。

为什么赵佗掌控了秦军精锐的南方集团军（与他相对应的是蒙恬、王离的北方集团军），却不参与逐鹿中原？道理很简单，南粤地区的土著居民数量远大于秦人的数量，这些土著居民正时刻准备反攻倒算。此时赵佗维稳还来不及，哪有精力北上？

刘邦平定中原后，考虑到天下初定，中国劳苦，就没有向南越再发动新的征战，而是派遣陆贾带着赐给赵佗的"南越王之印"前去任命。对赵佗而言，"背靠大树好乘凉"。赵佗作为南越人外来的统治者，如果得到汉帝国的支持，他的统治会更牢靠，因而很愉快地接受了陆贾的任命，维持了汉国和南粤国的和平。陆贾还朝之后，把情况向刘邦汇报，刘邦非常高兴，任命陆贾为太中大夫。

陆贾在刘邦面前时常谈论《诗经》《尚书》等儒家经典，听到这些，刘邦很不高兴，就对他大骂道："老子的天下是靠骑在马上南征北战打出来的，哪里用得着《诗经》《尚书》！"陆贾回答说："您在马上可以取得天下，难道您也可以在马上治理天下吗？商汤和周武，都是以武力征服天下，然后顺应形势以文治守成、文治武功并用，这才是使国家长治久安的最好办法啊。从前吴王夫差、智伯都是因极力炫耀武功而致使国家灭亡；秦王朝也是一味使用严酷刑法而不知变更，最后导致自己的灭亡。假使秦朝统一天下之后，实行仁义之道，效法先圣，那么，陛下您又怎么能取得天下呢？"

刘邦听完之后，心情不快，脸上露出惭愧的表情，就对陆贾说："那就请您尝试着总结一下秦朝失去天下，我们得到天下，原因究竟在哪里，以及古代各王朝成功和失败的原因所在。"这样，陆贾就奉旨大略地论述了国家兴衰存亡的征兆和原因，一共写了十二篇。每写完一篇就上奏给刘邦，这些文章刘邦没有不称赞的，左右群臣也是一起三呼万岁。陆贾这部著作就是《新语》。

黥布的反抗

黥布的叛乱

汉十一年一月，韩信被杀。三月，彭越被杀。同为战争功臣的淮南王黥布被吓坏了。

当时淮南王黥布正在打猎，忽然看到汉政府传递来的彭越肉酱。黥布看了特别害怕，下令暗中部署、集结军队，在边界加强侦察，一旦有情况决心拼个鱼死网破，绝不像韩彭二人那样束手就擒，引颈受戮。结果又出事了。

黥布宠幸的爱妾病了，请求治疗。医师的家和中大夫贲赫家住对门，爱妾多次去医师家治疗，贲赫想去拍马屁，就送去了丰厚的礼物，并随黥布的爱妾在医家饮酒。贲赫给黥布的爱妾留下了很好的印象，爱妾在和黥布交谈时就拼命夸奖贲赫。结果黥布吃醋了，他怀疑两人有奸情。贲赫马屁拍到马腿上，苦不堪言，只好推说有病不去应班。这一来，黥布就更加恼怒，更认定贲赫是心虚，下令要逮捕贲赫。

贲赫苦不堪言，只好拔腿就跑，前往长安，上书告发黥布要叛变。刘邦看了他的报告，就和萧何商量，萧何认为："黥布不应该有这样的事，恐怕是因结有怨仇诬陷他。请把贲赫关押起来，派人暗中验证淮南王。"刘邦就派使者先去淮南国调查。黥布可不干了，韩信、彭越都是被皇帝以工作为名逮捕的，同样的招数能用第三遍？当知道朝廷的使者要来的时候，黥布毫不犹豫地杀死贲赫全家，起兵造反。

黥布对他手下的将领们说："皇上老了，厌恶打仗了，一定不能够亲自带兵前来，他派遣的将领，我只害怕淮阴侯韩信和梁王彭越，如今他们都死了，其余的将领没什么可怕的。"

黥布造反的消息传到长安，朝廷震动。汝阴侯滕公夏侯婴和原楚国令尹的薛公讨论这个事情。薛公说："他本来就当造反。"夏侯婴说："皇上分割土地立他为王，分赐爵位让他显贵，面南听政立为万乘之主，他为什么还要造反呢？"薛公就说："往年杀死彭越，前年杀死韩信，这三个人有同样的功劳，是结为一体的人，（黥布）自然会怀疑祸患殃及本身，所以造反了。"

这个危机时刻，刘邦却生病了，而且病得很厉害，讨厌见人。他躺在宫禁之中，诏令守门人不得让群臣进去看他。这样过了十多天，群臣很着急，可是又没有办法。最后大家还是拉出老实人樊哙，让他打头阵。樊哙推开宫门，径直闯了进去，后面群臣紧紧跟随。

樊哙等人见到刘邦之后，看到刘邦病恹恹的一人枕着一个宦官躺在床上。樊哙痛哭流涕地说："想当初陛下和我们一道从丰沛起兵，平定天下，那时候是多么的豪壮啊！而如今天下已经安定，您又是何等的疲惫不堪啊！现在您病得不轻，大臣们都惊慌失措，您又不肯接见我们这些人来讨论国家大事，难道您只想和一个宦官诀别吗？再说您难道不知道赵高作乱的往事吗？"刘邦听罢，笑着从床上起来。

既然黥布叛乱已成事实，那么贲赫就从造谣分子变成拥护朝廷的代表，刘邦就释放了贲赫，封他做了将军。刘邦召集将领们问道："英布（即黥布）造反，对他怎么办？"将领们都说："出兵打他，活埋了这小子，还能怎么办！"夏侯婴推荐薛公，说："我的门客原楚国令尹薛公，这个人很有韬略，可以问他。"刘邦就召见了薛公。薛公回答说："英布造反不值得奇怪。假使英布计出上策，山东地区就不归汉王所有了；计出中策，谁胜谁败很难说了；计出下策，陛下就可以安枕无忧了。"

刘邦问："什么是上策？"令尹回答说："向东夺取吴国，向西夺取楚国，吞并齐国，占领鲁国，传一纸檄文，叫燕国、赵国固守他的本土，崤山以东地区就不再归皇帝所有了。"

刘邦再问："什么是中策？"令尹回答说："向东攻占吴国，向西攻占楚国，吞并韩国占领魏国，占有敖仓的粮食，封锁成皋的要道，谁胜谁败就很难预料了。"

刘邦又问："什么是下策？"令尹回答说："向东夺取吴国，向西夺取下蔡，把辎重财宝迁到越国，自己跑到长沙，陛下就可以安枕无虑了。汉朝就没事了。"

刘邦问："英布将会选择哪种计策？"令尹回答说："选择下策。"刘邦说："他为什么放弃上策、中策而选择下策呢？"令尹说："英布本是骊山刑徒，自己奋力做到了万乘之主，这都是为了自身的富贵，而不顾及当今百姓，不为子孙后代考虑，所以说他选用下策。"刘邦说："好。"赐封薛公为千户侯，并册封皇子刘长为下一任淮南王，同时调集军队准备进攻淮南国。

刘邦亲征

刘邦对这次出征确实有点力不从心，于是他宣布要让太子刘盈挂帅，统领各路汉军和诸侯军进行平叛。

这事情惊动了吕后请来的"四皓"。"四皓"是什么人呢？他们八十多岁了，都是眉毛胡子发白的老人，名气很大，分别叫东园公、角里先生、绮里季、夏黄公。之前刘邦多次去请他们，他们却以刘邦待人没礼貌为理由，躲入深山，拒绝和刘邦见面。

由于刘邦一心想废掉刘盈，改立戚夫人的儿子赵王如意为太子。吕后非常担心，有人就给吕后出主意说："留侯善于出谋划策，皇上信任他。"吕后就派二哥建成侯吕释之胁迫张良表态，说："您一直是皇上的谋臣，现在皇上打算更换太子，您怎么能垫高枕头睡大觉呢？"张良还在耍滑头，说："当初皇上多次处在危急之中，采用了我的计谋。如今天下安定，由于偏爱的原因想更换太子，这些至亲骨肉之间的事，即使同我一样的有一百多人进谏又有什么益处？"吕释之竭力要挟说："一定得给我出个主意。"张良被逼得没办法，告诉吕释之可以去请"四皓"。于是吕后让吕释之派人携带太子的书信，用谦恭的言辞和丰厚的礼品，迎请"四皓"。"四皓"来了之后，就住在吕释之的府第中为客。

当刘邦要让刘盈挂帅的消息传来，"四皓"就商议说："我们之所以来，是为了要保全太子，太子如若率兵平叛，事情就危险了。"于是劝告吕释之说："'太子将兵，有功则位不益太子；无功还，则从此受祸矣。'再说跟太子一起出征的各位将领，都是曾经同皇上平定天下的猛将，如今让太子统率这些人，这和让羊指挥狼有什么两样？他们决不肯为太子卖力，太子不能建功是必定的了。我们听说'爱其母必抱其子'，现在戚夫人日夜侍奉皇上，赵王如意常被抱到皇上面前，皇上说'终归不能让不成器的儿子居于我的爱子之上'，显然，赵王如意取代太子的宝位是必定的了。您何不赶紧请吕后找机会向皇上哭诉：'黥布是天下的猛将，很会用兵，现今的各位将领都是陛下过去的同辈，您却让太子统率这些人，这和让羊指挥狼没有两样，没有人肯为太子效力，而且如让黥布听说这个情况，就会大张旗鼓地向西进犯。皇上虽然患病，还可以勉强乘坐辎车，躺着统辖军队，众将不敢不尽力。皇上虽然受些辛苦，为了妻儿还是要自己奋发一下。'"吕释之立即在当夜晋见吕后，将"四皓"的意见转达给吕后。于是吕后向刘邦哭诉，按"四皓"授意的那番话讲给刘邦。

在这个时候战况也急剧变化。

黥布向东攻打荆国，荆王刘贾虽然是战将出身，但毕竟和黥布还是没得比，在战斗中被打成重伤，逃到富陵（今江苏洪泽县）就死了。黥布得以收编了荆国所有的部队，又渡过淮河攻打刘交的楚国。楚国调动军队在徐、僮之间和黥布作战。楚军分兵三路，想采用相互救援的策略。有人劝告楚将说："黥布擅长用兵打仗，楚国人一向畏服他。况且兵法上说：'诸侯在自己的领地和敌人作战，一旦士卒危急，就会逃散。'如今兵分三路，他们只要战败我们其中的一路军队，其余的就都跑了，怎么能互相救援呢！"楚将不听忠告。黥布果然打败其中一路军队，其他两路军队都四散逃跑了。楚王刘交无奈，只能逃到齐国的薛县躲避黥布的兵锋。楚国就被黥布占领。

吞并了荆、楚两国，黥布实力大增，开始向西进军，大有问鼎中原的姿势。此事在政治上造成的影响很大，镇压黥布的叛乱已经变得不容有失，不存在让刘盈"历练"一下的可能了。刘邦只好向吕后表示："我本来就知道不能派这小子去，还是老子亲自去一趟吧。"

刘邦下令征召所有在服刑的犯人，除了死罪以外，全部参军，有立功表现的可以减刑。刘邦对这次平叛行动高度重视。刘邦亲自带兵东征，让群臣留守关中，群臣都送到灞上。

一直推说患病的张良也"勉强"支撑起来，送到曲邮（地名不详，应该是长安附近的一个亭），谒见刘邦说："我本应跟从前往，但病势沉重，无法跟随陛下出征了。楚国人作战彪悍，希望皇上不要跟楚国人硬碰硬。"言语说得非常诚恳，刘邦以为张良是在关心他，都有点感动了。看到刘邦被触动了，张良趁机规劝刘邦说："让太子做将军，监守关中的军队吧。"于是，刘邦下令征调上郡、北地郡、陇西郡的骑兵和车兵，巴蜀的步兵，以及首都警备司令部的三万中尉军统统交给刘盈指挥，让叔孙通做太傅，张良任少傅，辅佐刘盈。刘邦对张良说："子房虽然患病，也要勉强在卧床养病时辅佐太子。"

张良这个滑头显然已经上了吕后一党的车，处心积虑为刘盈保驾护航。此时让刘盈抓住关中的军队，一旦老迈的刘邦在征途上突然病死或战死，刘盈就可以顺利接班。刘邦做了这样的准备，显然他对于征黥布的前途也做了最坏的打算。

刘邦亲自率军向东攻打黥布，征调各诸侯王带兵参战。长子齐王刘肥也响应征召亲自南下，在齐相国曹参的调度指挥下，带领齐国步骑兵共十二万南下和刘邦会师。此时的黥布军队正向西挺进。

汉十二年十月，汉军和叛军在蕲县以西的会甄（今安徽宿州大营镇）相遇。汉军驻扎在庸城，建立防御工事。黥布的军队非常精锐，在城下列阵，军队摆出以前项羽采用的阵型，刘邦见了非常厌恶。刘邦在城头和黥布遥相望见，远远地对黥布说："何苦要造反呢？"黥布知道已经没有回头路了，就说："我想当皇帝啊！"刘邦大怒，骂他，随即两军大战。

这场大决战，刘邦指挥的汉军取得了胜利，黥布的军队被击溃逃走，刘邦派将领继续追击。

衣锦还乡

随着汉军在会甄决战中取得胜利，刘邦取胜已经没有悬念了。因而刘邦一面布置将领追击黥布的叛军残部，另一面拖着疲惫的身体准备回关中。

在刘邦回京途中，经沛县时停留下来。多年来戎马倥偬、政务繁忙的他很长时间没有回到老家了。于是他在沛宫置备酒席，把老朋友和父老子弟都请来一起纵情畅饮，并挑选沛中幼童一百二十人，教他们唱歌。酒喝得正畅快时，刘邦自己弹击着筑，唱起自己编的歌：

大风起兮云飞扬。

威加海内兮归故乡。

安得猛士兮守四方。

让儿童们跟着学唱。刘邦起舞，情绪激动，心中感伤，洒下行行热泪。

刘邦发出这样的感慨，应该是因为建国后连绵不断的战事让他觉得烦恼吧，之前有匈奴入侵，韩王信、陈豨的叛乱，不久前还有黥布的叛乱。他虽然亲自率兵一一将其平定，但辛苦可想而知。所以才会想"安得猛士兮守四方"。他累了，想要休息了。

刘邦对沛县父老兄弟说："远游的赤子总是思念着故乡。我虽然建都关中，但是将来死后我的魂魄还会喜欢和思念故乡。而且我开始是以沛公身份起兵讨伐暴逆，终于取得天下，我把沛县作为我的汤沐邑，免除沛县百姓的赋税徭役，世世代代不必纳税服役。"沛县的父老兄弟及同宗婶子大娘亲戚朋友和他一起快活饮酒，尽情欢宴，叙谈往事，取笑作乐。

过了十多天，刘邦要走了，沛县父老坚决要刘邦多留几日。刘邦说："我的随从太多，父兄们供应不起。"于是离开沛县。这天，沛县城里全空了，县里所有人都赶到城西来敬献牛、酒等礼物。刘邦又停下来，搭起帐篷，痛饮三天。

沛县父兄都叩头请求说："沛县有幸得以免除赋税徭役，丰邑却没有免除，希望陛下哀怜他们。"刘邦说："丰邑是我出生长大的地方，我最不能忘，只是因为当年丰邑人跟着雍齿反叛我才这样的。"沛县父老仍旧坚决请求，刘邦碍不过情面，才答应把丰邑的赋税徭役也免除掉，跟沛县一样。

这时传来一个好消息，叛乱的淮南王黥布被长沙王吴臣的儿子吴回诱杀了。

原来，黥布决战失败后，带兵逃过淮河，几次停下来交战，都被追来的汉军打败，最后被打得只剩一百多人逃到长江以南。黥布原来娶的是前长沙王吴芮的女儿，吴芮的孙子吴回（黥布的外甥）派人诱骗黥布，谎称要和黥布一同逃亡到南越，黥布相信了他，就随他到了番阳，结果在番阳兹乡的民宅里被吴回派人杀死，黥布的脑袋被吴回用来向皇帝表忠心。

镇压了黥布的叛乱后，楚王刘交重新回到楚国，刘邦的第七子刘长补了黥布的淮南王。但荆王刘贾没有后嗣。刘邦担心吴郡、会稽郡的人浮躁强悍，没有勇壮的王来镇慑他们，自己的儿子们年龄小，怕镇不住。二哥刘仲的儿子刘濞这年20岁，强壮有力，以骑将的身分参加了会甄决战，表现不错。于是刘邦就封立刘濞做吴王，统辖三郡五十三个县。

拜受印信后，刘邦让刘濞前来，为刘濞相面，看后说："你的容貌有反叛之相。"之后内心后悔起来，但已经任命完了，就轻拍他的后背，告诫他说："汉兴立以后五十年间东南方向将有叛乱发生，难道是你吗？然而天下同姓是一家人，你千万不要造反！"刘濞叩着头说："不敢。"刘濞是后来发动吴楚七国之乱的带头大哥，这是后话。

同月，另一个好消息传来，陈豨被周勃指挥的汉军追击到灵丘（今山西省灵丘县）斩杀。随着韩王信和陈豨先后被斩杀，北方的大规模叛乱终于彻底被平定了。

最后的时光

萧何被囚

首都长安。

和之前皇帝讨伐陈豨时的做法一样，这次讨伐黥布，萧何仍然把自己的家财全都捐助军队。让他几分意外的是，皇帝再次派来了使臣，询问他在做什么，频繁的问话让萧何已经记不清这是皇帝征讨黥布以来第几次询问了，以往的皇帝从来没有这么啰嗦过。萧何只能老老实实地再次汇报了一遍他所做的工作，他应该会觉得这个老头（刘邦）越来越执拗。

有一个门客劝告萧何说："您灭族的日子不远了。您位居相国，功劳数第一，还能够再加功吗？您当初进入关中就深得民心，至今十多年了，民众都亲附您，您还是那么勤勉地做事，与百姓关系和谐，受到爱戴。皇上之所以屡次询问您的情况，是害怕您震撼关中。如今您何不采取低价、赊借多买田地等手段来败坏自己的声誉？这样，皇上的心才会安定。"

独裁者是不能容忍有人比他更能收附人心的，他最希望他的手下不是好人，所以说独裁者拥有推动社会风气变坏的天然动力。萧何没有办法，只能听从了他的计谋，自毁名声以求让皇帝心安。

十一月，刘邦路过鲁地的时候，在弟弟刘交的要求下祭祀了他之前不是很喜欢的孔子。

十二月，刘邦下令："秦始皇、楚隐王陈涉、魏安厘王、齐缗王、赵悼襄王等都没有后代，分别给予守墓人十户，给秦始皇二十户，给魏公子无忌（即信陵君）五户。"又下令，代地官吏、百姓，凡是被陈豨、赵利所劫持的，全部赦免。

刘邦征罢黥布回到关中，民众拦路上书，控告萧相国低价强买百姓田地房屋数量极多。刘邦回到京城，萧何进见的时候。刘邦笑着说："你这个相国竟是这样'利民'！"把民众的举报信都交给相国，说："你自己向百姓们谢罪吧。"

看到刘邦心情不错。萧何趁这个机会为民众请求说："长安一带土地狭窄，上林苑（秦始皇时代的皇家动物园，已荒废）中有很多空地，已经废弃荒芜，希望让百姓们进去耕种打粮，留下禾秆作为牲畜的饲料。"刘邦一听大怒说："相国你大量接受商人的财物，然后就为他们请求占用我的上林苑！"于是就把相国交给廷尉，用镣铐拘禁了他。

几天以后，一个姓王的卫尉（皇宫警卫部队队长）当值护卫刘邦时，上前问道："相国犯了什么弥天大罪，陛下把他拘禁得如此严酷？"刘邦说："我听说李斯辅佐秦始皇时，有了成绩归于主上，出了差错自己承担。如今相国大量地收受奸商钱财而为他们请求占用我的苑林，以此向民众讨好，所以把他铐起来治罪。"

王卫尉说："在自己职责范围内，如果有利于百姓而为他们请求，这确是相国分内的事，陛下怎么怀疑相国收受商人钱财呢？况且陛下抗拒楚军数年，陈豨、黥布反叛时，陛下又亲自带兵前往平叛。当时相国留守关中，他只动一动脚，那么函谷关以西的地盘就不归陛下所有了。相国不趁着这个时机为己谋利，现在却贪图商人的钱财吗？再说秦始皇正因为听不到自己的过错而失去天下，李斯分担过错，又哪里值得效法呢？陛下为什么怀疑相国到如此浅薄的地步？"刘邦听后不太高兴。

就事论事，刘邦显然老了，人有点不清醒了，做法已经显得偏执了。不过好在他没有完全失去理智，还是接受了王卫尉的规劝。当大，刘邦派人持节赦免释放了萧何。萧何上了年纪，一向谦恭谨慎，入见刘邦，赤脚步行谢罪。刘邦酸溜溜地说："相国算了吧！相国为民众请求苑林，我不答应，我不过是桀、纣那样的君主，而你则是个贤相。我所以把你用镣铐拘禁起来，是想让百姓们知道我的过错。"

皇储保卫战

回到长安的刘邦，越来越感到力不从心，他预感到生命快要到尽头了。出于对刘如意的宠爱，刘邦更换太子的想法越来越迫切，和群臣在朝廷一次又一次辩论，刘邦给出的理由是"如意类我"。刘邦改易太子的态度显出非同以往的执拗，连一直为他所信任的张良的话他也不接受了。叔孙通在朝廷上以死相争，引导群臣集体抵制，迫使刘邦佯装答应不更换太子，然而刘邦仍不死心。

一次酒宴，太子在旁侍候。刘邦发现有四人跟着太子，他们的年龄都已八十多岁，须眉洁白，衣冠非常壮美奇特。刘邦感到很好奇，问道："他们是干什么的?"四个人向前对答，各自说出姓名，叫东园公、角里先生、绮里季、夏黄公。刘邦于是大惊说："我访求各位好几年了，各位都逃避着我，现在你们为何自愿跟随我儿交友呢?"四人都说："陛下轻慢士人，喜欢骂人，我们讲求义理，不愿受辱，所以惶恐地逃躲。我们私下闻知太子为人仁义孝顺，谦恭有礼，喜爱士人，天下人没有谁不伸长脖子想为太子拼死效力的。因此我们就来了。"刘邦听后呆了，缓缓地说："烦劳诸位继续好好调教保护太子吧。"

刘邦终于彻底认输了，他已经明白刘盈不是一个人在战斗，他背后有一股强大的力量在硬挺他，这是刘如意所不能比拟的。

即便自己不顾群臣的意愿强行下诏让刘如意继位，这股幕后的超级力量依然可以凭借武力强行将刘如意拉下宝座。

刘邦想通了，再这样继续对抗下去，刘如意只有死路一条。与其硬抗到底，不如退而求其次，让刘如意放弃储君之争，安心享有一国之君的富贵，不失为一个尚好的结局。其实自从张良下决心投效吕党以来，刘如意被淘汰出局已无悬念。如果这位非丰沛系的最重量级大佬都不肯帮刘如意一把，谁还有实力可以辅佐刘如意坐稳皇帝的位置呢？

四个人敬酒完毕，小步快走离去。刘邦目送他们走后，叫来戚夫人，指着他们的背影说："我本来也想更立太子，但太子有这四个人辅佐，羽翼已成，不好办了啊。"最后又说："你为我跳楚国的舞蹈吧，我用楚国的歌应和你。"刘邦唱到："鸿鹄高飞，一举千里。羽翮已就，横绝四海。横绝四海，当可奈何！虽有矰缴，尚安所施！"连续歌唱数次，戚夫人有感而泣，嘘唏流涕，刘邦起身罢酒离去。其实戚夫人是不适合搞政治斗争的，他除了依靠丈夫以外一无所有。看看人家吕后，不但有丰沛系的坚定支持，她和丰沛系外围的张良、郦商等人关系也都保持得不错。吕后捍卫儿子皇位继承权的成功不是侥幸。

又过了几天，刘邦将刘盈叫到身边来，交给他一份遗嘱，这份遗嘱我们通常称为《手敕太子文》。翻译成白话文就是：

> 我遭逢动乱不安的时代，正赶上秦皇焚书坑儒，禁止求学，我很高兴，认为读书没有什么用处。直到登基，我才明白了读书的重要性，于是让别人讲解，了解作者的意思。回想以前的所作所为，实在有很多不对的地方。
>
> 古代尧舜不把天下传给自己的儿子，却让给别人，并不是不珍视天下，而是因为他的儿子不足以担当大任。人们有

品种良好的牛马，还都很珍惜，况且是天下呢？你是我的嫡传长子，我早就有意确立你为我的继承人。大臣们都称赞你的朋友四皓，我曾经想邀请他们没有成功，今天却为了你而来，由此看来你可以承担重任。现在我决定你为我的继承人。

我平生没有学书，只是在读书问字时知道一些而已。因此文词写得不大工整，但还算能够表达自己的意思。现在看你作的书，还不如我。你应当勤奋地学习，每次献上的奏议应该自己写批复，不要让别人代笔。

你见到萧何、曹参、张良、陈平，还有和我同辈的公侯，岁数比你大一倍的长者，都要依礼下拜。也要把这些话告诉你的弟弟们。

我现在重病缠身，使我担心牵挂的是如意母子，其他的儿子都可以自立了，哀怜这个孩子太小了。

刘如意其实不是刘邦最小的孩子，他是刘邦的第三个儿子，还有五个弟弟比他小。刘邦真正担心的不是刘如意小，而是因为刘如意卷进了争夺皇位的闹腾，刘邦死后他一定会被吕后报复，甚至会有生命危险。

刘邦除了安排周昌保护刘如意外，还加了道保险，把刘如意托付给刘盈保护，说他"还小（不懂事）"，用近乎哀求的语气，希望他这位"柔质慈民"（刘盈的谥号是孝惠，柔质慈民曰惠）的儿子能尽力去保护他的这位异母弟弟，这反映出刘邦内心最深处的忧虑和牵挂。此时的刘邦距离他生命的尽头只有三个月左右的时间了。常言道："鸟之将死，其鸣也哀。"刘邦的这段《手敕太子文》，可谓字字情深、老泪纵横。

白马盟誓

这时突然发生了一件令刘邦意想不到的事情，彻底挤垮了他衰弱无比的身体，成了他生命的最后一道"催命符"。

陈豨的降将供出一份信息，说陈豨造反时，燕王卢绾曾经派人到陈豨那里参与密谋。这份报告非同小可，意味着燕王卢绾和叛军勾结，他的行为算得上叛逆。卢绾和刘邦同年同月同日生，从小玩到大，六十年的哥们，感情非同小可。刘邦根本不愿意相信这个事情，派出使者去召卢绾进京。刘邦原以为凭着二人的交情，一句话卢绾就会过来，没想到卢绾却推说有病来不了。

刘邦开始有点惴惴不安了，特地派出审食其（老乡）、御史大夫赵尧去迎接卢绾，他依然希望卢绾的叛逆不是事实。审食其、赵尧二人去了好说歹说，卢绾就是推托有病，拒绝进京。两人住在燕国首都，就顺便查问一下卢绾的部下臣属。

卢绾更加害怕，闭门躲藏不出，对自己宠信的臣属说："不是刘姓而被封为王的，只有我卢绾和长沙王了。去年春天，朝廷把淮阴侯韩信满门抄斩，夏天，又杀掉了彭越，这都是吕后的计谋。现在皇帝重病在身，把国事全部交给了吕后。而吕后是个妇女，总想找个借口杀掉异姓诸侯王和功高的大臣。"。

卢绾说这话其实颇为奇怪，他和他四嫂（吕后）的关系并不差，日后他流亡匈奴病死，他夫人就是搭上吕后的线回国的。

审食其听到了，便把这一切都报告了刘邦，刘邦听后更加生气。刘邦应该是这个想法："卢绾你是什么人？我一向把你当亲兄弟看，刀架在脖子上你也不能背叛我啊，你还跟我来这套。"再后来，汉军在战斗中俘虏了一些匈奴人，他们招认说燕王卢绾的使者张胜到匈奴活动，相互验证的供词彻底坐实了卢绾叛乱的事实。于是刘邦说："绾果反矣!"多么心酸而又无奈。兄弟情谊不敌现实利益。卢绾为了个人私利,在兄弟背后搞小动作,这让刘邦很是心痛。

汉十二年二月,刘邦正式下达讨伐燕王卢绾的命令,由樊哙带兵前往平叛。同之前处理叛乱的方式一样,同时宣布赦免了燕地参与造反的官吏与百姓,并立小儿子刘建为燕王。

面对卢绾的背叛,心痛又无奈的刘邦思前想后,觉得汉帝国还是交给"五百个家庭"(汉初功臣集团)才能比较和谐稳定。

汉十二年三月,刘邦拖着病体和群臣按照道上的规矩,搞了一个江湖盟誓,这就是著名的"白马盟誓"。就是以杀白马取血的方式定立盟约,这是古代盟誓的方式之一,杀牲取血,并用手指蘸血来涂在嘴上,以示恪守盟约。

"白马盟誓"主要内容有两点:"非刘氏而王者,天下共击之"和"非功不侯"。"非刘氏而王者,天下共击之"是刘邦对执政七年来的一种总结,包括这次的卢绾事件,让他认为所有的异姓诸侯王都是各怀鬼胎,感到只有骨肉亲情稍微可靠点。著名历史学家吕思勉非常怀疑"白马盟誓"的存在,因为此时还有一位非刘氏而王的,那就是长沙王吴臣。这个疑点不能推翻"白马盟誓"的真实性。

"非功不侯"标志着西汉王朝军功利益集团正式得到西汉中央政府的承认,并且政府还建立了一个大沟壑,基本断绝平民升入统治阶层的道路。可以说刘邦和侯爵们共同约定,汉帝国是我们老刘家和你们这五百个侯爵家庭共同拥有的,有福同享,有难同当,换取侯爵们对西汉皇帝的效忠。原本秦朝时已经铲除掉的"贵族世家"又被刘邦重新捡了起来,诞生了以刘氏家族为核心的新贵世家,这是中国社会在经历秦朝过快进步后的一次倒车。

当然这种倒车是适应当时社会生产力的，对社会的稳定有积极作用。但是，也为帝国未来一步步滑向东汉的部曲制和军阀混战奠定了一个不好不坏的基础。

生命的尽头

　　樊哙领兵出发，北上讨伐卢绾。有人跑到刘邦耳边告了樊哙的状。刘邦听后暴怒，说："樊哙见我病了，便盼望我死。"究竟告状说了什么话史书没有记载，笔者猜想这人讲给刘邦的话应该是：樊哙在某个聚会的场合上借酒扬言，戚夫人和刘如意对吕后如何如何不好，等刘邦死后，他作为刘盈的三姨丈一定好好修理她们母子两个。樊哙性情比较刚直，这种话料他说得出。

　　可想而知，此刻刘邦最担忧的就是刘如意母子的安危，听到这话绝对是暴跳如雷。但是，此时的他已经力不从心，没有时间更没有精力去选择一个较好的方式慢慢处理这件事情，只能采用最粗暴也是最简单的办法解决问题。刘邦召来陈平和周勃，在病榻前下令，说道："陈平速驾车马载着周勃接替樊哙的指挥权，陈平到了军中立即斩下樊哙的头！"此刻的刘邦心力衰退，老迈昏聩，已经全然不顾和樊哙的连襟之情，全然不顾和樊哙一起出生入死的战斗之谊，全然不顾樊哙在鸿门宴上舍命相救之义。

　　陈、周二人接受了诏命，驾驿站车马急行，还没有到达军中，边走边商议说："樊哙是皇帝的老朋友了，功劳很多，而且又是吕后妹妹吕嬃的丈夫，与皇帝有亲戚关系并且显贵，皇帝因为一时愤怒的缘故想杀他，只怕将来要后悔。我们还是把他囚禁起来交与皇帝，由皇帝自己来处决他。"陈周二人没进入军营，而是在军营外筑了个坛，用符节召来樊哙。樊哙前来接受诏令，立即被反绑起来装上囚车，由驿站送往长安。由于周勃、陈平二人的变通处理，樊哙捡回了一条命。周勃代替樊哙为将，率兵平定燕地反叛的各县。

汉军大兵压境。卢绾做了他一生最正确的决定，放弃抵抗，带着亲信逃走。周勃应该也顾及乡情旧谊，没有穷追不舍，放任卢绾带着亲信几千人逃到边境上。卢绾希望等到刘邦病愈以后，亲自到长安去请罪，但是他没有机会了，他的这位兄弟已经在愤恨和痛苦中死去了。

刘邦当时已经病得很严重了，讨伐黥布时他受的箭伤发作，让他的病情雪上加霜。终究是夫妻一场，吕后为他请来了一位良医。医生告诉刘邦："病可以治好。"刘邦却骂他说："我以一个平民手提三尺之剑，最终取得天下，这不是由于天命吗？人的命运决定于上天，纵然你是扁鹊，又有什么用处呢！"说完并不让他治病，赏给他五十斤黄金打发走了。

大家都知道刘邦一贯贪生怕死，被追得急连子女都可以扔下车，这时怎么突然就变得不怕死了？笔者的感觉是刘邦是个重情重义的男人，他一生信奉的理论是"人间自有真情在"，相信"情义无价"。可是卢绾的背叛似乎是对他信仰的嘲弄，刘邦的信仰在这一刻完全崩塌了，他仿佛觉得卢绾充满嘲笑地告诉他："情义多少钱一斤？"以往不管多么困难都未放弃的心灵寄托突然变得虚幻和不可靠，哀莫大于心死，他已经找不到活下去的理由和勇气了。于是，他先是情绪失控大骂这位医生，骂完后人恢复理智了，就重赏了这位医生打发了事。

汉十二年四月甲辰（公元前195年6月1日），刘邦病死在长安长乐宫，走完了他平凡而又不平凡的人生历程。

刘邦死后，樊哙被押解到长安，掌权的吕后马上释放了这位妹夫。卢绾流亡到匈奴，一年后在忧郁中死去。卢绾的妻子在吕后执政时期回归汉朝，长安在这时候却发生了针对吕氏的政变，卢绾的妻子因惊惧而再次出逃匈奴，直到卢绾的孙子卢他之在汉景帝的时候才回归汉朝。

在吕后的努力下，西汉王朝没有因为皇帝刘邦的死而发生大动荡。未来经历吕后、惠帝、文帝、景帝、武帝几代人的努力，西汉王朝迎来全盛，成为中国历史上武功强盛、威名赫赫的王朝。

后 记

刘邦

通过史书，我们阅读到了刘邦的一生：童年无忧无虑，少年血气方刚，中年狡黠钻营，老年稳重成熟，晚年昏庸憔悴，他是如此普通的一个人。其实笔者感受不到刘邦的任何雄才大略和君王霸气，只感受到他为了家人、为了朋友不断地在战斗，不经意间就走到了皇帝这条道路。

刘邦49岁从芒砀山起兵反秦，对比周边强大的各支反秦队伍，他相当于是一无所有。他遇到了一个又一个对手，他们往往都比刘邦更强大。可是刘邦却凭借着智慧、勇气和韧性在战斗，在奋斗中不断调整自己，一步步成长起来，直到取得最后的胜利。在笔者看来，刘邦的成功并不在于登基称帝，而在于他不断挑战并战胜强敌。

一个人一生成就的高低往往和他生活的幸福状态成正比。刘邦这一生享受了父爱、母爱、兄弟之爱、朋友之爱，他的一生是在爱的关怀下度过的，因而刘邦特别能体贴人、关爱人，并赢得他人的尊重。这是他成功的真正法宝！

刘邦、项羽、韩信三个人童年生活状态的差距直接影响了他们成就的高低。比较而言，刘邦最幸福，有父母兄弟的疼爱和关爱，过着幸福健康的童年，他可以天真无邪地做着儿童的幻想，人格最完善，心理最健康，成就最高。项羽次之，无父母，由叔父带大，浸泡在国仇家恨中成长，养成了一些性格上的乖癖，好在他还有监护人，人格还算基本健全，成就次之。韩信最差，无父无母，流落街头，靠人接济和怜悯，受尽白眼和艰辛，人格极度不健全，成就最低。

感谢太史公的直言不讳，由于他的努力，我们阅读到的刘邦不是千人一面的"伟光正"和"高大全"的开国皇帝。刘邦有太多太多的缺点。他贪生怕死，在逃亡的路上可以将子女抛弃。他厚颜无耻，项羽要烹杀他父亲，他居然可以说我爹就是你爹。他小家子气，一点小事记恨大嫂一辈子，封侄儿"羹颉侯"来调侃她。他冷酷残忍，为了江山稳固不惜拿彭越等无辜的生命开刀。

但是，我们更应该看到，刘邦还有太多太多的优点。他勇于担当，起兵初期环境险恶，萧何、曹参等人畏如老虎，他敢说"我来"。他善于听取意见，即使是无名小辈的意见他也一样听得进去。他善解人意、体贴他人，"解衣衣我，推食食我"温暖了韩信的心。他仁慈包容，对于叛逃复归的韩王信等人并不歧视。他克制大气，虽然恨雍齿入骨，却从未携忿报复。他胸襟开阔，可以容纳五湖四海的人为他效力。他关爱家人，心有仁爱，临终前和戚姬合唱"虽有矰缴，尚安所施"，老泪涕零。

刘邦的人生有没有遗憾呢？最少有三点。

一是哥们儿（卢绾）的背叛击碎了他"情义无价"的人生信仰。在利益面前，情义竟然如此脆弱，这是他始料未及的。

二是情人（戚姬）和爱子（刘如意）的将来令他忧心。他虽然尽了最大努力保全她们母子，但依然没有成功。或许在他闭眼的那一刻依然在担忧，但是那时候的他已经管不了了。

三是学识有限。马上得天下却不善于马下安天下，他为华夏这片土地脱离内战的苦海做出了贡献，却不能及时将国家的行政管理拉进法制轨道，使得西汉帝国仍未摆脱"强人政治"的局面。他死前，国家勉强还算稳定；他死后，帝国马上又出现动荡。当然，这是时代的局限性，我们不能苛责他。

不过，又有谁的人生是圆满的呢？

项羽

项羽是刘邦一生绕不过的人。刘邦同项羽首战（彭城），大败，再战（荥阳），又败，复战（成皋），再败，决战（垓下），终胜。刘邦屡仆屡起，永不言败，终获成功。项羽骁勇善战，却在垓下化作与虞美人的悲歌。可以说，刘邦在汉王朝建立的过程中，努力翻越的一座高山就是项羽。

项羽的一生辉煌而璀璨，临终时候犹能率二十八骑冲突汉军，斩将，刈旗，溃围而出，最后以一个华丽的死亡谢幕，极具英雄主义的美感。究其短暂一生，竟然充满浪漫主义的唯美色彩，不带丝毫妥协和迁就。

项羽和刘邦是两个性格截然相反的人。项羽高贵刚烈，宁折不弯；刘邦却能卑贱忍辱，宁弯不折。项羽满怀理想主义色彩，有如皎皎白玉；刘邦却是实用主义的典范，队伍内鱼龙混杂、泥沙俱下。项羽就像一块岩石，硬不可当；刘邦却像涓涓流水，看似柔弱，被岩石一次次划开，却一次又一次不厌其烦地反复盘绕、冲刷，直到岩石被迫低头。如此鲜明的两个人，彼此却成了一生的对手。

刘邦是幸运的，因为他有项羽这样的对手。当刘邦一次次败在项羽手下，我们总在猜想刘邦心里是什么滋味。但当他终于战胜了曾经不可战胜的敌人时，他心里应该是一种什么样的喜悦呢？或许苦涩和甜蜜都有，五味杂陈？

刘邦是幸运的，因为他所处的时代是大一统刚完成的初期，统治者尚未完全明白将"统一思想"作为既定国策的必要性。秦始皇的"焚书"或可以作为"统一思想"的一次尝试。作为思想文化上"漏网之鱼"的太史公可以毫不吝啬地给予刘邦的对手赞美。

"看一个人的身价，要看他的对手。"太史公赞美了项羽，也等于间接赞美了刘邦。后世官修史志，受到政治上的压力，为尊者讳，急于证明新政权的合法性和合理性。对对手极尽泼墨污蔑，将对手塑造成青面獠牙、草菅人命的混世魔王，对新朝太祖则百般粉饰，仁慈笃爱、英明神武、吊民伐罪、大军摧枯拉朽。戏剧化的编排反倒贬低了自己，脸谱化的结果使得人物在历史的长河中再也没有一丝趣味。

韩信

韩信可以说是刘邦的另一个"敌人"。刘邦曾经指出："连百万之军，战必胜，攻必取，吾不如韩信。"韩信就是一位这么了不起的军神。如何驾驭这样的下属对领导来说何尝不是一种挑战？

　　很多人把韩信的将星闪耀归功于萧何，笔者却更愿意归功于刘邦。韩信的前半生颠沛流离，到转投刘邦的初期，他始终是一事无成。韩信之所以得不到项羽的重用，不是项羽没眼光，而是韩信人格上的缺陷使得他缺乏独立做事的能力。

　　刘邦为了让韩信充分发挥他的特殊才能，可谓用心良苦。韩信被刘邦以超常规的速度提拔，为了避免他被人嫉恨，先"登坛拜将"给他造声势，用自己的威信给他背书。当韩信独立带兵时，还要将曹参配备给他，用曹参的人缘和威信继续帮他背书。韩信每次执行战斗任务时，刘邦都要为他配备充足的兵力，全力支持他的工作。没有刘邦的提携，韩信必将一事无成。但是韩信却不懂得感恩，他一直误以为他的成功是他努力的结果，全然不知道他的成功是领导在背后全力支持的结果。

　　刘邦用他识人用人的卓越才能死死地摁住韩信，让韩信在他手下最大程度地发挥出其才干，却始终无法反噬主人。韩信后来被刘邦擒获后，感叹："陛下不能将兵，而善将将，此乃信之为陛下禽也。且陛下所谓天授，非人力也。"这不是马屁，而是事实。对韩信的成功使用其实是刘邦最大的成功。

主要参考资料

[1] 孙星衍. 汉官六种 [M]. 1. 北京：中华书局.

[2] 郭沫若. 中国史稿地图集 [M]. 2. 北京：中国地图出版社.

[3] 辛德勇. 历史的空间与空间的历史 [M]. 1. 北京：北京师范大学出版社.

[4] 完颜绍元. 细说汉高祖 [M]. 1. 上海：上海人民出版社.

[5] 李开元. 复活的历史 [M]. 1. 北京：中华书局.

[6] 辛德勇. 秦汉政区与边界地理研究 [M]. 1. 北京：中华书局.

[7] 吕思勉. 秦汉史 [M]. 1. 北京：新世界出版社.

[8] 马汉麟. 中国古代文化常识 [M]. 1. 北京：新世界出版社.

[9] 谌旭彬. 汉朝被掩盖的真相 [M]. 1. 南京：江苏人民出版社.

[10] 张晓东. 汉唐漕运与军事 [M]. 1. 上海：上海书店出版社.

[11] 周振鹤. 西汉政区地理 [M]. 1. 北京：人民出版社.

[12] 邢义田. 治国安邦——法制、行政与军事 [M]. 1. 北京：中华书局.

[13] 于琨奇. 战国秦汉小农经济研究 [M]. 1. 北京：商务印书馆.

[14] 王国维. 国史四十四讲 [M]. 1. 北京：北京理工大学出版社.